MULHERES NEGRAS E REPRESENTATIVIDADE
RAÇA E GÊNERO NA LITERATURA DE CORDEL

CB009436

Editora Appris Ltda.
1.ª Edição - Copyright© 2024 da autora
Direitos de Edição Reservados à Editora Appris Ltda.

Nenhuma parte desta obra poderá ser utilizada indevidamente, sem estar de acordo com a Lei nº 9.610/98. Se incorreções forem encontradas, serão de exclusiva responsabilidade de seus organizadores. Foi realizado o Depósito Legal na Fundação Biblioteca Nacional, de acordo com as Leis nºs 10.994, de 14/12/2004, e 12.192, de 14/01/2010.

Catalogação na Fonte
Elaborado por: Dayanne Leal Souza
Bibliotecária CRB 9/2162

S235m
2024
	Santiago, Bruna
	    Mulheres negras e representatividade: raça e gênero na literatura de cordel / Bruna Santiago. – 1. ed. – Curitiba: Appris, 2024.
	    223 p. : il. ; 23 cm. – (Coleção Ciências Sociais – Seção História).
	
	    Inclui referências.
	    ISBN 978-65-250-7128-2
	
	    1. Feminismo negro. 2. Mulheres negras no cordel. 3. Jarid Arraes. I. Santiago, Bruna. II. Título. III. Série.
	
	                                                                      CDD – 305.42

Livro de acordo com a normalização técnica da ABNT

Editora e Livraria Appris Ltda.
Av. Manoel Ribas, 2265 – Mercês
Curitiba/PR – CEP: 80810-002
Tel. (41) 3156 - 4731
www.editoraappris.com.br

Printed in Brazil
Impresso no Brasil

Bruna Santiago

MULHERES NEGRAS E REPRESENTATIVIDADE
RAÇA E GÊNERO NA LITERATURA DE CORDEL

Appris editora

Curitiba, PR

2024

FICHA TÉCNICA

EDITORIAL Augusto Coelho
Sara C. de Andrade Coelho

COMITÊ EDITORIAL Ana El Achkar (Universo/RJ)
Andréa Barbosa Gouveia (UFPR)
Antonio Evangelista de Souza Netto (PUC-SP)
Belinda Cunha (UFPB)
Délton Winter de Carvalho (FMP)
Edson da Silva (UFVJM)
Eliete Correia dos Santos (UEPB)
Erineu Foerste (Ufes)
Fabiano Santos (UERJ-IESP)
Francinete Fernandes de Sousa (UEPB)
Francisco Carlos Duarte (PUCPR)
Francisco de Assis (Fiam-Faam-SP-Brasil)
Gláucia Figueiredo (UNIPAMPA/ UDELAR)
Jacques de Lima Ferreira (UNOESC)
Jean Carlos Gonçalves (UFPR)
José Wálter Nunes (UnB)
Junia de Vilhena (PUC-RIO)

Lucas Mesquita (UNILA)
Márcia Gonçalves (Unitau)
Maria Aparecida Barbosa (USP)
Maria Margarida de Andrade (Umack)
Marilda A. Behrens (PUCPR)
Marília Andrade Torales Campos (UFPR)
Marli Caetano
Patrícia L. Torres (PUCPR)
Paula Costa Mosca Macedo (UNIFESP)
Ramon Blanco (UNILA)
Roberta Ecleide Kelly (NEPE)
Roque Ismael da Costa Güllich (UFFS)
Sergio Gomes (UFRJ)
Tiago Gagliano Pinto Alberto (PUCPR)
Toni Reis (UP)
Valdomiro de Oliveira (UFPR)

SUPERVISORA EDITORIAL Renata C. Lopes

PRODUÇÃO EDITORIAL Daniela Nazario

REVISÃO Monalisa Morais Gobetti

DIAGRAMAÇÃO Amélia Lopes

CAPA Kananda Ferreira

IMAGEM (XILOGRAVA) Izabel Monteiro

REVISÃO DE PROVA Bianca Pechiski

COMITÊ CIENTÍFICO DA COLEÇÃO CIÊNCIAS SOCIAIS

DIREÇÃO CIENTÍFICA Fabiano Santos (UERJ-IESP)

CONSULTORES Alícia Ferreira Gonçalves (UFPB)
Artur Perrusi (UFPB)
Carlos Xavier de Azevedo Netto (UFPB)
Charles Pessanha (UFRJ)
Flávio Munhoz Sofiati (UFG)
Elisandro Pires Frigo (UFPR-Palotina)
Gabriel Augusto Miranda Setti (UnB)
Helcimara de Souza Telles (UFMG)
Iraneide Soares da Silva (UFC-UFPI)
João Feres Junior (Uerj)

Jordão Horta Nunes (UFG)
José Henrique Artigas de Godoy (UFPB)
Josilene Pinheiro Mariz (UFCG)
Leticia Andrade (UEMS)
Luiz Gonzaga Teixeira (USP)
Marcelo Almeida Peloggio (UFC)
Maurício Novaes Souza (IF Sudeste-MG)
Michelle Sato Frigo (UFPR-Palotina)
Revalino Freitas (UFG)
Simone Wolff (UEL)

*Às minhas mães, Josefa e Maria de Fátima, que aos seus modos
me ensinaram a lutar e sobreviver. Ao meu amor maior,
Bianca Santiago, que me ensina todo dia a amar e sonhar. Por vocês.*

AGRADECIMENTOS

O início desta pesquisa coincidiu com o advento da pandemia do coronavírus (Covid-19). Com isso, passamos a viver um período de inconstância, medo e luto cotidiano pelas mais de 628 mil vidas que foram ceifadas em nosso país. Atrelado ao vírus letal, a desilusão política, mais medo e revolta com a ascensão da extrema direita centralizada na figura de Jair Messias Bolsonaro, o então presidente do Brasil. O genocídio em curso contra as populações marginalizadas foi tomando cada vez mais forma e a eliminação da população pobre e preta se configura por bala, pela escassez do pão e pelo vírus mortal.

Eu, enquanto mãe, mulher, negra, nordestina e da classe trabalhadora, assisti a tudo isso com dores físicas e mentais. Sobreviver neste país não é fácil e nunca foi. Mas, dentro desse espetáculo em que a atração principal era uma grande roleta-russa da morte, só nos restou lutar e resistir. A militância exigiu ainda mais comprometimento, disposição e tempo. Os problemas não só do país, mas dos meus amigos, da minha família e de pessoas que nunca tinha visto, intensificaram-se e só restou lutar por mim e por eles. Foi nesse cenário que a pesquisa foi feita. E para poder agradecer a todos que participaram desse processo, eu precisava expor esse cenário, para dizer que este estudo é resultado de uma força coletiva e ancestral. De mãos, auxílios, conversas via telas quando o desespero tomava conta. Se não houvesse resistência, afeto e apoio, este livro não estaria em mãos.

Dito isso, começo agradecendo à minha mãe, Maria de Fátima Santiago, que é um dos meus pilares de força e meu auxílio. Pelo teto que eu não tinha no início da pesquisa, pelos cuidados com a minha filha e o afeto. Agradeço à minha filha, Bianca Santiago, pela compreensão, amizade e força que me sustentam e me motivam a seguir e lutar por dias melhores. À minha avó, Josefa, pelo amor, e às minhas irmãs, Erika Santiago e Carolina Santiago, pelas discussões que trazem emoção, cervejas e o apoio quando necessário. À minha família em geral.

Agradeço também à Manuela Aguiar, por todo carinho, respeito e afeto que durante a pandemia foram tão essenciais. Ao Bruno Oliveira, pelo apoio, correções, sugestões e pela presença em tantos momentos. À Carolina Brito, à Jessicalen Oliveira, à Shirley Silva e à Lia, amigas tão presentes nesse cenário.

Agradeço imensamente ao meu orientador, Petrônio José Domingues, que eu conhecia por meio de tantos livros e artigos, e tenho enquanto uma das minhas principais referências. Ter a oportunidade de ser sua orientanda foi um privilégio e certamente a pesquisa cresceu graças ao seu trabalho e apoio. Obrigada pela autonomia, confiança e respeito. Aproveito para agradecer aos professores que compuseram as bancas de qualificação e defesa — Henrique Marques Samyn e Camila Avelino. Além das importantes intervenções, são referências com quem venho tendo o prazer de aprender e me inspirar na busca por uma escrita e exercício docente transgressores.

Por fim, agradeço a todos os meus amigos, que são tão importantes nessa caminhada e a várias pessoas que cruzaram o meu caminho através das redes sociais, pelo Instagram @leituraspretas. As conversas, os mimos, os desabafos e todos os laços que puderam crescer no período pandêmico contribuíram para trazer um pouco de vida nesses dias.

"Eu sou porque nós somos".

*[...] Tem gente que se cala, descansa na neutralidade,
mas a história não é muda, um dia ela conta quem não perdeu a fala.*

(Sérgio Vaz)

PREFÁCIO

Zacimba Gaba

Foi com grande contentamento que recebi o convite de Bruna Santiago para escrever o prefácio de seu livro – *Mulheres negras e Representatividade: Raça e gênero na literatura de cordel* – que ora vem a público. Apresentada originalmente como dissertação de mestrado ao Programa de Pós-Graduação em História (PROHIS) da Universidade Federal de Sergipe (UFS) sob a minha orientação, a pesquisa, desde a sessão de defesa pública para a obtenção do título de mestra, arrancou elogios por parte da banca examinadora. Em breve intervalo de tempo, ela repercutiu no *métier* dos especialistas e, não sem motivos, foi indicada para concorrer aos editais de publicações de obras acadêmicas. Por isso, na minha opinião, ver essa pesquisa revisada se tornar livro significa o coroamento desta curta mas já auspiciosa jornada da autora como historiadora. Como acompanhei de perto essa jornada, sinto-me orgulhoso de constatar a *expertise* de Bruna Santiago no campo.

O livro investiga o mundo da literatura de cordel, também conhecida como "folheto" (pequeno livro que geralmente é confeccionado com capa de xilogravura) ou simplesmente cordel. Gênero literário popular, escrito frequentemente em versos, originou-se em relatos orais e depois impresso em folhetos. A literatura de cordel é uma das mais originais manifestações da cultura popular, especialmente no Nordeste. Quando surgiu, ela cumpria uma função dupla: entretenimento e informação. Para as classes populares, que tinham poucas opções de lazer e um acesso limitado à imprensa, os cordéis serviam a um só tempo como fonte de divertimento e veículo de notícias, que eram transmitidas por uma linguagem lúdica e esquemática.

Os folhetos traziam repertórios diversos e abordavam temas variados (a vida cotidiana, os costumes, as mazelas éticas, os valores morais, os problemas sociais, a violência e as injustiças da cidade e do campo, as denúncias em períodos de carestia, as espoliações das autoridades e dos regimes políticos, as relações raciais, de gênero e referentes à sexualidade etc), o que os tornam uma fonte fecunda para compreendermos o contexto histórico-social e a mentalidade de uma época.

A literatura de cordel reflete os anseios, as expectativas, as demandas, os projetos e as aspirações da população à luz de seu modo próprio de interpretar a vida e enfrentar os problemas, dilemas, impasses e desafios de seu tempo. Enquanto o saber institucionalizado tem recursos para atenuar, quando não escamotear, situações desfavoráveis, uma vez que maneja uma retórica capaz de maquiar a realidade, a literatura de cordel se revela mais como uma caixa de ressonância das diversas camadas da tessitura social.

O poeta popular vocaliza, dialeticamente, o pensamento do povo com os estereótipos e violências simbólicas que, não raro, afloram. Não é tarefa difícil identificar a discriminação de raça e gênero na literatura de cordel, mas ela não difere, no fundamental, da lógica de outras representações negativas, presentes nessa modalidade de produção literária.

No caso da população negra, os estereótipos se manifestam em diferentes graus, desde o conteúdo pejorativo explícito de inferiorização até a ironia branda, passando pela ridicularização, caricatura, animalização, demonização e pelas representações pictóricas negativas. Os clichês de personagens negras que aparecem na literatura de cordel são compartilhados pela sociedade como um todo. A existência do preconceito racial ali reflete a de outras manifestações culturais, como a literatura tradicional, a música, o teatro, o cinema e a televisão, que também produzem narrativas que reificam diversas dimensões dos estereótipos.

Sem dúvida, o estereótipo que recai sobre as pessoas negras decorre, em parte, da situação de tal segmento populacional no pós-Abolição. Alvo das elites – de políticas de marginalização e discurso de intolerância –, subalternizado no mercado de trabalho e sistema educacional, passou a viver muitas vezes sob regime de controle social, quando não foi tolhido no campo dos direitos e da cidadania. Para uma sociedade organizada a partir do racismo estrutural, não era uma tarefa difícil demonstrar insensibilidade frente aos afrodescendentes e suas manifestações sociais, culturais, religiosas e étnicas.

Contra as barreiras impostas pela sociedade, as pessoas negras viram-se na contingência de, subalternizadas, buscarem a sua afirmação identitária e, nessa trajetória, tiveram reforçada a imagem de seres perigosos, boçais, desviantes e transgressores. Essas imagens foram transpostas para as páginas dos folhetos, passíveis às criações fantasiosas que lhes acrescentaram uma dimensão racializada. Embora fantasiosas, essas criações retratavam o imaginário racial sobre as pessoas negras.

Para Clóvis Moura, a existência do preconceito racial contra as pessoas negras na literatura de cordel resulta da assimilação de valores cultivados pelas elites e disseminados entre o povo (MOURA, 1976). Não há como negar que a existência da escravidão por quase quatro séculos determinou um legado de clivagem, baseado na cor, no seio da sociedade brasileira. Porém, outros fatores contribuíram (e contribuem) para a reinvenção e atualização de um racismo tão duradouro e arraigado.

Daí a importância do livro de Bruna Santiago, que descortina a racialização da literatura de cordel, explorando como os folhetos focalizam personagens negros e, sobretudo, negras. A autora procurou nos versos selecionados atender à finalidade central da pesquisa, de examinar a representação estereotipada dessas personagens, procurando aí a relação literária e histórica; em última instância, ela buscou demonstrar como o folheto popular constitui e é constituído pelo imaginário racial e de gênero, relacionado ao racismo, antirracismo e às condições adversas de vida da população negra, especialmente das mulheres. Para atingir tal objetivo, a autora escolheu os folhetos que, de um modo ou de outro, se referem às pessoas desse segmento populacional, nas mais diversas situações da trama.

A mulher na ficção do cordel como personagem era retratada em situação de inferioridade tanto no nível da ação quanto no da narração. A ela eram reservados os papéis depreciativos, infames e degradantes, e para se reportar a sua pessoa o poeta geralmente o fazia despido do senso de humor e empatia. Num processo de desumanização, o aviltamento da mulher negra ocorria desde a posição referida, submetida ao vilipêndio, à execração pública, à objetificação, ao grotesco, à hipersexualização, chegando à demonização. Esse tratamento conferido à mulher negra pela literatura de cordel era notório, mas também é verdade que esse quadro tem sofrido modificações.

A propósito, o livro de Bruna Santiago promove um sobrevoo panorâmico pela história do cordel. Se a princípio tratava-se de um gênero literário cuja autoria era quase exclusivamente de homens brancos, que imprimiam suas concepções das relações raciais e de gênero tradicionais, com o tempo observou-se a publicação de folhetos escritos por mulheres e, mais recentemente, por mulheres negras, que têm produzido novos dizeres e contribuído para ampliar saberes, desnaturalizar olhares e diversificar o leque repertorial, difundindo outras perspectivas, vivências e sensibilidades.

Nas últimas décadas, o Brasil foi palco do avanço das mulheres na luta para alcançar novos lugares na sociedade, contrapondo-se a aspectos das relações de gênero patriarcais. Diante desse painel, vemos nos folhetos um rico material para acompanhar as mudanças das imagens e representações produzidas sobre esse segmento populacional, especialmente das mulheres negras. Para cartografar a presença feminina na autoria do cordel contemporâneo, Bruna Santiago tece alguns apontamentos acerca de coletivos e agenciamentos de cordelistas espraiadas pelo Brasil, que têm inovado a cena, versejando as experiências de mulheres de diversos perfis (negras, lésbicas, mães).

O livro dedica uma atenção especial à produção de Jarid Arraes, uma escritora negra, ativista, cordelista e, hoje, das mais eminentes referências nos debates interseccionados de raça e gênero. É autora de diversas obras – mais de setenta títulos –, que têm oferecido uma contribuição singular para a ressignificação das narrativas acerca das mulheres negras, com destaque para *As lendas de Dandara* (2016), *Heroínas negras brasileiras – em 15 cordéis* (2017), *Um buraco com meu nome* (2018) e *Redemoinho em dias quentes* (2019). Tratando-se de autoria negra, seus folhetos têm feito um sucesso editorial notável, configurando, assim, um marco no que concerne à produção, divulgação e circulação de uma literatura de cordel comprometida com a desconstrução de estereótipos e com uma agenda antirracista e antisexista, que passa pela afirmação da negritude e do feminismo, especialmente do feminismo negro e seu léxico identitário: autoestima, afetividade, participação proativa das mulheres "pretas" na história do Brasil etc.

No que tange às fontes para a realização da pesquisa, Bruna Santiago consultou o acervo de cordel da Biblioteca Átila Almeida, localizada em Campina Grande, no estado da Paraíba, e da Casa Rui Barbosa, no Rio de Janeiro. Empreendeu trabalho de campo, coletando folhetos em feiras artesanais e exposições nas cidades de Aracaju, Campina Grande e João Pessoa. Valeu-se, ainda, da consulta de parte da produção de Jarid Arraes – sobretudo dos folhetos *Não me chame de mulata* (2015) e *Quem tem crespo é rainha* (s.d.) – e acompanhou a trajetória literária da escritora entre os anos de 2015 e 2022, principalmente por meio das diversas entrevistas que estão disponíveis em portais e plataformas online.

Conforme argumenta a autora, o cenário do cordel tem passado por inflexões e mudanças de paradigmas, caracterizadas por uma significativa presença feminina, o que difere bastante da fase anterior, em que essa presença, quando ocorria, era residual. Fato é que a mulher negra ocupa em escala crescente a posição do eu enunciadora, tornando-se cordelista. De objeto, tem sido revalorizada como sujeita, do ponto de vista da autoria ou da trama, amiúde conferindo aos versos centralidade às questões de raça, gênero e sexualidade. Assim, temas como feminismo negro, empoderamento, afirmação identitária, politização dos corpos têm composto o mosaico de experiências que povoam as narrativas (textuais e iconográficas) dos folhetos. Novos tempos de ações afirmativas, novas demandas mercadológicas e novos discursos de autorrepresentação na literatura de cordel.

Atualmente, há um número não desprezível de cordelistas negras que estão produzindo versos, inspiradas pela linguagem dos poemas populares. Embora dotadas de uma subjetividade vincada pelas assimetrias de uma sociedade racista e machista, essas mulheres procuram produzir e colocar em circulação narrativas pulsantes, complexas, multifacetadas e plurais, que subvertem o sentido dos estigmas e estereótipos. Sua inserção no mercado editorial, contudo, ainda é um obstáculo. Jarid Arraes se revela uma das exceções, tendo em vista que a maioria das cordelistas publica por editoras independentes, algumas das quais sem capilaridade e estrutura técnico-comercial, embora o advento da internet tenha propiciado um espaço importante de difusão de versos disruptivos.

Durante o século XX, a população negra na literatura de cordel foi um tema que ganhou pouca atenção nos estudos acadêmicos, em geral, tendo sido praticamente negligenciado pela historiografia, em particular. No entanto, a partir do terceiro milênio, ventilou-se sinais de mudanças, descerrando um campo de possiblidades. Nesse sentido, o livro de Bruna Santiago é uma profícua contribuição, que descortina a racialização e as relações de gênero na literatura de cordel, privilegiando a (des)construção dos estereótipos relacionados às mulheres negras. A autora se lança a uma arrojada leitura historiográfica da produção dos folhetos, demonstrando como se operaram rupturas provocadas pela presença feminina na cena. Ganha destaque aí, ultimamente, o protagonismo da mulher negra, que de maneira assertiva tem se articulado e se imposto na esfera pública e, quer na condição de autoria ou personagem, vem colocando em xeque as hierarquias de *raça* e *gênero* tradicionais, que, ainda, incrustam-se nas narrativas versejantes.

Este livro junta fragmentos diversos, porém sugestivos, dos discursos de construção e desconstrução de estereótipos. Insere-se na tradição dos estudos sobre relações raciais e de gênero no Brasil, inovando em alguns aspectos. Ao lançar a mão na pena, Bruna Santiago convida um público mais amplo a acompanhá-la pelos caminhos cruzados da literatura e cultura popular e burilar os agenciamentos labirínticos das mulheres negras em sua peleja diuturna pela conquista da representatividade, condição *sine qua non* para a construção de uma sociedade mais justa, igualitária e comprometida com os direitos humanos. Aliás, um dos principais méritos desta obra talvez seja o de humanizar – ou investir na humanização das mulheres negras, que são apreendidas à luz de sua diversidade de experiências, narrativas, imagens e simbologias. Outro fulgurante mérito é o de revelar como a literatura de cordel pode servir como uma janela à compreensão da nação, inclusive no tocante aos impasses, dilemas e desafios das mulheres negras – do passado e do presente. Todavia, cabe frisar: os folhetos têm um sentido polissêmico, podendo ser apropriados, tanto para reificar o racismo e o sexismo, como para subvertê-los. Oxalá que a segunda opção impere! Sensível, pungente e genuíno, *Raça e gênero na literatura de cordel* é um desses livros que provoca os leitores a saírem de sua zona de conforto. Voz, corpo, afeto, consciência, ancestralidade e vez às mulheres negras, como verseja Jarid Arraes:

Diz que em mil seiscentos e noventa
Zacimba Gaba foi comprada
Trancoso era português
E no Brasil enricava
Às custas da escravidão
Do racismo que espelhava.

Assim como foi Zacimba
De Angola escravizada
Muitas outras também foram
No Brasil que castigava
Mas o espírito de luta
Nenhum branco lhes matava.

Tenho orgulho de Zacimba
De ser parte de sua gente
Meu cabelo e minha pele

O meu sangue aqui corrente
São herança da princesa
De bravura coerente.

Viva à princesa Zacimba!
Viva aos nossos ancestrais!
Viva Angola, viva o Congo!
E às tradições orais!
Viva à África, riqueiza!
E às raízes culturais!

(ARRAES, 2017:161-162)

Petrônio Domingues
Doutor em História (USP)
Professor da Universidade Federal de Sergipe (UFS)

Referências bibliográficas:

ARRAES, Jarid. Heroínas negras brasileiras em 15 cordéis. São Paulo: Pólen, 2017.

MOURA, Clóvis. O preconceito de cor na literatura de cordel. São Paulo: Resenha Universitária, 1976.

SUMÁRIO

PARTE III
"O IMPORTANTE NÃO É SER O PRIMEIRO OU PRIMEIRA, O IMPORTANTE É ABRIR CAMINHOS"

INTRODUÇÃO

A definição mais usual para a literatura de cordel é a que antes de tudo ela é poesia, é "a poesia nordestina impressa e são os folhetos os suportes que estabelecem a materialidade desse tipo de poesia que surge entre os poetas do povo"[1]. Além de essa ser a poesia do e para o povo, Maurílio Dias apresenta essa literatura como um importante veículo de comunicação de massa e suporte do legado poético de tantos poetas, sendo também um olhar sobre o mundo naquele momento. O mundo que se narra é o das histórias passadas e presentes. Sendo o folheto impresso essa possibilidade de conhecermos o legado dessa literatura, ela transpõe o escrito, não se reduz apenas ao impresso, dentro da sua diversidade, a literatura de cordel é ainda a poética das vozes e das memórias, que tem suas raízes nas cantorias e que através da oralidade inscreve na memória sua poesia[2] para depois ser escrita no papel.

O universo cordelista é marcado pela pluralidade narrativa e temática. As histórias que compõem os folhetos versam sobre temas que transitam desde o ciclo do boi, por exemplo, à adaptação de romances tradicionais, acontecimentos históricos e conhecimentos gerais, uma constituição do mundo em versos. Os folhetos eram e são vistos como ferramentas de lazer e também cumprem um papel importante enquanto uma fonte de informações para as populações mais empobrecidas, servindo como um veículo de notícias relevante.

Por meio dos folhetos, apresentavam-se visões de mundo dos poetas, bem como suas insatisfações com os governos vigentes, as denúncias em relação aos períodos de carestia, forte resistência às mudanças sociais e em torno dos costumes tradicionais de suas épocas. O século XX foi marcado por significativas mudanças, o alvorecer da República, as primeiras décadas do pós-abolição e o avanço das mulheres na luta para alcançar novos lugares na sociedade brasileira foram temas que inquietaram todas as produções intelectuais desse período. Diante disso, vemos nos folhetos um rico material para analisarmos a produção de imagens em torno dos

---

[1] DIAS, Maurílio Antônio. O cordel no prelo: trajetória e impressões. *In*: **Cordel nas Gerais**: Oralidade, Mídia e produção de sentido. p. 167.

[2] SANTOS, Francisca Pereira dos. Poéticas das vozes e das memórias. *In*: **Cordel nas Gerais**: Oralidade, Mídia e produção de sentido. p. 43.

sujeitos sociais marginalizados, como os homens negros, as mulheres e especificamente as mulheres negras.

O racismo e sexismo na sociedade brasileira foram tecidos fio a fio no imaginário social. Nossa produção intelectual que se dedicou amplamente a entender o que é o Brasil e sua composição étnica é marcada por estereótipos raciais. Estereótipos que estão presentes na literatura, no cinema, na televisão. Não podemos pensar a literatura de cordel de forma isolada, ou cairmos em argumentos que justificam o machismo e racismo presente nessa literatura, a partir de olhares xenofóbicos. Nesta pesquisa, tomamos outros rumos, compreendendo a formação do Nordeste, principal região produtora dessa literatura, há consenso que o patriarcado nordestino justificaria os preconceitos expostos. Essa análise, apesar de preponderante nos estudos, parece-me simplista, quando tecemos um panorama histórico de todas as produções de saberes em nosso país.

Buscando ampliar o leque de análise, debruçamo-nos sobre a produção intelectual das primeiras décadas do século XX, bem como sobre as principais obras literárias, e realizamos uma pequena análise sobre cinema e televisão. Nossa ideia central é que não há um único fator regional que explique o machismo e o racismo presentes nessa literatura, mas que o mundo cordelista se insere em uma sociedade onde todas as produções, em todas as regiões, estão carregadas de preconceitos e estereótipos. Para tal estudo, nosso livro se divide em três partes.

Na primeira parte, centralizamos as análises em relação à construção dos estereótipos e seus significados na vida da população negra. Acreditamos que destrinchar os meandros das imagens estereotipadas, situando-as na história, ajuda-nos a compreender a produção de cordel do século XX. Entendemos que a recorrência de imagens estereotipadas não se dá apenas na literatura de cordel, desse modo, analisamos as diversas formas de produção de conhecimento para identificar a recorrência de imagens preconceituosas. Assim, trabalhamos o pensamento social brasileiro, a literatura, o cinema e a televisão. Não é objetivo do estudo o aprofundamento em todos esses temas, visto que não é o foco central da pesquisa, mas compreendendo a necessidade de pensar as diversas dimensões dos estereótipos, acreditamos que este é um exercício necessário. Assim, dedicamos parte desta obra a refletir exclusivamente sobre os estereótipos.

Na segunda parte, entramos no mundo do cordel, no primeiro momento refletimos sobre as origens do folheto no Brasil, principais temas abordados, bem como a representação das mulheres, dos homens negros e das mulheres negras nessa literatura. Assim, identificamos uma literatura escrita por homens brancos que ditavam sua visão de mundo. Também abordamos a autoria feminina no cordel e os novos ventos do século XXI. A inserção dessas novas sujeitas se dá através de inovação temática, bem como uma grande difusão dos folhetos de protestos, agora escritos por mãos de mulheres lésbicas, negras e mães. Também o surgimento do movimento de mulheres no cordel contra o machismo que conta atualmente com mais de 1.500 mulheres que se organizam por meio das redes sociais.

Para traçar a presença das mulheres no cordel contemporâneo, apresentamos organizações de cordelistas espalhadas por todo Brasil. A presença de cordelistas paraibanas, cearenses, sergipanas, pernambucanas e todas as movimentações que estão promovendo na área. Para análise comparativa, apresentamos folhetos escritos por homens e mulheres. Falaremos mais detidamente da escrita de Anne Karollyne e Daniela Bento — escritoras nordestinas que tematizam a experiência das mulheres em seus folhetos.

A terceira parte dedica-se à produção de Jarid Arraes, escritora, ativista, cordelista, e, hoje, uma das grandes referências nos debates de gênero e raça. É autora de diversas obras em que traz uma escrita poética e apresenta novas narrativas sobre mulheres negras, entre elas, As Lendas de Dandara[3], Heroínas Negras Brasileiras – Em 15 cordéis[4], Um buraco com meu nome[5], Redemoinho em dias quentes[6], tendo ainda uma vasta produção com mais de 70 títulos publicados em Literatura de Cordel nos últimos anos.

Seus folhetos compõem o corpus principal de análise. Contextualizamos a cordelista dentro do movimento de mulheres no cordel no Brasil que cresce de forma exponencial na atualidade, reconhecendo os seus folhetos como um marco na divulgação e circulação dessa literatura. Na última parte, refletimos como a escrita de Jarid Arraes estabelece o enfrentamento e desconstrução dos estereótipos no folheto, suas obras

---

[3] ARRAES, Jarid. **As lendas de Dandara**. São Paulo: Cultura, 2016.
[4] ARRAES, Jarid. **Heroínas negras brasileiras em 15 cordéis**. São Paulo: Pólen, 2017a.
[5] ARRAES, Jarid. **Um buraco com meu nome**. São Paulo: Jandaíra, 2018.
[6] ARRAES, Jarid. **Redemoinho em dia quente**. Rio de Janeiro: Alfaguara, 2019.

abordam questões como Feminismo Negro, autoestima, afetividade e participação das mulheres negras na história do Brasil.

Um exercício recorrente na obra da cordelista é frisar a importância de tornar acessível o debate e a história em torno das mulheres negras à população em geral. Buscando pensar, de maneira interseccional, as formas como as opressões de uma sociedade racista e sexista afetam a subjetividade de mulheres negras e como, a partir da informação e o contato com o Feminismo Negro, essas agruras podem ser compreendidas, enfrentadas e as dores causadas por estereótipos racistas podem ser desconstruídas.

Analisando a função dos folhetos de Jarid Arraes na cena do cordel, vemos como necessário fazer dois movimentos: o primeiro é pensar a consolidação dos estereótipos e quais suas funções culturalmente, economicamente e subjetivamente na vida da população; o segundo é pensar como a literatura de cordel será um meio fundamental para difusão dos estereótipos. Nosso marco temporal parte de quando os folhetos foram publicados, neste caso no ano de 2015, assim, uma história do tempo presente, mas, como propomos refletir sobre os estereótipos na literatura de cordel, faz-se necessário o retorno à produção das primeiras décadas do século XX, conhecido como o tempo áureo do cordel.

Esse retorno se dá para analisarmos de que modo essa literatura retrata a mulher negra, quais narrativas são elaboradas em torno dessas sujeitas e em que ponto essas produções divergem das produções contemporâneas. No atual contexto brasileiro, é possível afirmar que novos sujeitos emergem na cena do cordel trazendo, de forma bastante enfática, as pautas raciais, de gênero e de sexualidade, cenário marcado por uma grande presença feminina, o que difere totalmente do século anterior, em que essa presença aparecia de forma bastante pontual. Novos tempos no cordel, novas demandas mercadológicas e novos discursos de autorrepresentação partindo daquelas que sempre foram representadas.

É nesse contexto de significativas mudanças no cenário do cordel que se insere a produção que aqui será analisada. A mulher negra ressurge como cordelista, protagonista e faz dos temas relacionados a si, o centro do debate nos folhetos. Os temas como feminismo negro, empoderamento e ressignificação identitária passam a ser fortemente versados, trazendo as experiencias das mulheres negras como o principal fio condutor para elaboração dos folhetos.

Aqui, tomo a palavra em primeira pessoa por se fazer necessário ressaltar que minha experiência pessoal está intimamente ligada às questões presentes nesta obra. Em primeiro lugar, ser mulher, nordestina e negra, compreendendo a dinâmica do racismo e do sexismo na minha trajetória acadêmica, entendo a escrita como um compromisso político com as que nos antecederam e as que ainda estão por vir.

A falta de referência em relação às mulheres negras após inserção na academia foi um peso que me guiou a buscá-las e através do cordel obtive esse primeiro encontro. A história que aprendi foi escrita e ensinada por pessoas brancas, caracterizada pela população negra relegada ao epistemicídio ou a aparições temáticas. As "raízes do Brasil" sem homens negros e sem mulheres negras, enquanto seus intérpretes brancos falavam sobre todos os outros desse país, moveu-me a investigar e trazer à tona a produção de uma mulher nordestina, a partir do feminismo negro como um exercício intelectual e político.

Outro aspecto importante na escolha do tema foi o ofício da docência na educação infantil. Nesse campo escolar, senti falta de produções e também de conteúdos que abordassem a presença negra no Brasil de forma lúdica e didática. Os livros didáticos, apesar dos avanços, ainda se limitam a apresentar um negro escravizado e ligado às imagens de dor e sofrimento. Sempre dedicada a desenvolver materiais pedagógicos para crianças que trouxessem o protagonismo negro, encontrei nos cordéis de Jarid Arraes uma possibilidade de trabalhar a presença negra na história do Brasil, protagonismo negro de forma coletiva e didática. Essa experiência instigou a escrita, os conteúdos e formas de abordagem presentes na produção da cordelista.

Retomando, compreendemos que as mulheres negras ainda vivem em posição marginalizada, econômica e culturalmente, no Brasil, e que isso se deu através de uma longa construção que perpassa, também, o campo da representação. Buscamos estudar as possibilidades de desconstrução dos estereótipos a partir dessa produção literária que trabalha o protagonismo das mulheres negras, a desusos dos termos racistas, bem como instigar um novo olhar da mulher negra em relação a si mesma através de folhetos que retratam a beleza negra.

Diante da vasta produção de Arraes, nossa fonte principal será o corpus composto pelos folhetos "Não me chame de mulata", "Quem tem crespo é rainha" e "Feminismo Negro". Embora não seja a fonte principal, também, analisaremos a importância da coletânea de folhetos *Heroínas Negras Brasileiras: em 15 cordéis* pelos fatores a seguir: a recepção no mercado editorial, a recepção pública e a percepção da cordelista em relação à produção historiográfica e como ela situa seus cordéis em contraponto aos processos de silenciamento das mulheres negras na "história oficial".

Para compreendermos a visão e trajetória da cordelista na terceira parte, trabalhamos com diversas entrevistas que estão disponíveis em veículos on-line. A trajetória literária da escritora entre os anos de 2015 e 2022, passa por mudanças significativas, e com o advento das redes sociais, os processos de divulgação e recepção da obra podem ser observados. Como veremos, a cordelista passa de um processo de produção independente para ser publicada em uma das maiores editoras do país nesse intervalo de tempo.

A recepção da obra, dentro e fora do ambiente acadêmico das universidades, chama-nos a atenção, principalmente, pelos temas levantados por Jarid Arraes, que versa sobre transexualidade, negritude, feminismo etc. A literatura de cordel, durante muitas décadas, representou a população negra de forma estereotipada[7], assim, chamou-nos atenção uma produção voltada a trazer enquanto protagonista a mulher negra, em um ciclo ainda bastante permeado pelo racismo e o sexismo. A produção e receptividade, no atual cenário político no Brasil, traz-nos indícios da relevância do tema. No campo editorial, podemos dizer que Arraes é uma das exceções, tendo em vista que a maioria das cordelistas é publicada por editoras independentes e com menos reconhecimento nacional, embora, o advento da internet nos propicie um rico trânsito entre essas mulheres.

Por fim, trabalharemos as obras presentes a partir dos conceitos de *interseccionalidade* para compreensão de como a representação da mulher negra é perpassada por elementos que a atingem de maneira específica, principalmente no intercruzamento de raça, classe, gênero e sexualidade. A categoria de *autodefinição*, elaborada pela socióloga Patrícia Hill Collins, será aplicada para compreendermos a relação entre autodefinição e empoderamento. A relação dos conceitos permite analisar e identificar em que medida os folhetos de Arraes contribuem para a construção de uma identidade negra fortalecida no campo do cordel. Outra autora relevante para as respectivas análises é Lélia Gonzalez, pois, a partir dela, poderemos compreender as raízes coloniais para a produção dos estereótipos

---

[7] Entre trabalhos relevantes nessa área, temos como referência *O preconceito de cor na literatura de cordel* (1976), que faz uma amostragem de cordéis e os estereótipos em relação ao negro, e a tese "A Mulher Negra Mapeada: trajeto do imaginário popular nos folhetos de cordel" (2009).

que alcançam as mulheres negras no pós-abolição, junto a Clóvis Moura, para termos um panorama das razões econômicas que contribuíram com a construção desses estereótipos.

Nossas análises foram ancoradas em 18 folhetos de cordel. Empreendemos uma análise comparativa dos folhetos do início do século e apresentamos como as mulheres e os negros eram retratados dentro da poesia popular. Buscamos assim reunir folhetos que fazem parte do acervo da Biblioteca Átila Almeida, localizada em Campina Grande, na Paraíba. Consultamos o acervo de cordel da Casa Rui Barbosa e foi empreendida pesquisa de campo onde coletei em feiras artesanais folhetos em Aracaju, Campina Grande e João Pessoa. Devido à pandemia, tivemos que nos ater a essas três regiões. Acrescento ainda a contribuição da tese de doutorado "A mulher negra mapeada", de autoria da Francinete Sousa, que fez ainda em 2009 um trabalho enriquecedor para campo das análises de cordel, raça e gênero e que muito contribuiu com esta pesquisa.

Nossa escolha por abarcar pensamento social, expressões culturais como literatura, cinema e televisão, dá-se por fugirmos de uma análise simplista do racismo no cordel. A literatura de cordel está situada num todo de produção racista, não sendo a mais, nem a menos violenta, e sim fazendo parte de um conjunto de violências da produção brasileira. Como posto anteriormente, não concordamos com a ideia de que por estar situada em uma região, o Nordeste, essa literatura apresentaria traços mais arcaicos em relação à produção da literatura "oficial", como já foi posto em outras pesquisas. Ao contrário, buscamos apresentar como a sofisticação do racismo se dá em todas as formas de conhecimento do país, sendo o cordel mais uma destas.

Por fim, as pesquisas feitas sobre raça e gênero no cordel são encontradas em maior presença no campo da crítica literária. Sendo ainda pouco explorado no campo da historiografia, então acreditamos que podemos estar caminhando sobre um campo que ainda não recebeu a devida atenção sob as lentes dos(as) historiadores(as). Nossa pesquisa se distingue nesse aspecto, pois visa apresentar uma leitura historiográfica da produção cordelista escolhida. As produções sobre cordel e racialidade da mulher negra são encontradas em maior presença nas áreas de Letras e Sociologia, assim, acreditamos que o campo da História pode contribuir com o debate, ao analisar: os processos históricos em que foram criadas e difundidas as imagens pejorativas em relação às mulheres negras; pensar as consequências dos estereótipos e as violências que estas acarretam no mercado de trabalho, educacional; a produção de imagens racistas na escrita dos homens; e, por fim, as rupturas provocadas pela presença das mulheres na cena do cordel.

PARTE I

"O NEGRO SÓ É LIVRE QUANDO MORRE"[8]

---

[8] JESUS, Carolina Maria de. **Diário de Bitita**. Rio de Janeiro: Nova Fronteira, 1986. p. 58.

OS ESTEREÓTIPOS E A CONSTRUÇÃO DO NEGRO COMO NÃO-SER

A voz de minha bisavó
ecoou criança
nos porões do navio.
Ecoou lamentos
de uma infância perdida.

(Conceição Evaristo)

Nesta parte, propomo-nos trabalhar três dimensões da representação do negro e as construções dos estereótipos. A primeira é a invenção do negro no mundo moderno enquanto a antítese da ideia de perfectibilidade da branquitude e sua construção como ser universal e o negro como seu outro definitivo. A segunda é compreender como o pensamento social brasileiro contribuiu para o fortalecimento dos estereótipos em relação à população negra no pós-abolição no Brasil. E a terceira é como esses estereótipos não se limitaram às produções acadêmicas, difundindo-se em toda produção cultural do país. Caminhamos pela literatura, pelo cinema e pela televisão, e identificamos um padrão de representação da população que se assemelha bastante ao presente na literatura de cordel. É possível afirmar que há uma representação estereotipada que focaliza a criminalidade, a sexualidade, a inferioridade da população negra, que se repete em todas as formas de saber do nosso país. Aqui iremos falar da população negra em geral, por entendermos que minha experiência social, enquanto mulher negra, assemelha-se à de nossos irmãos de raça, que também são vítimas das violências simbólicas e sociais causadas pela construção estereotipada das imagens em torno da população negra.

1.1 O MUNDO MODERNO E A CRIAÇÃO DO NEGRO

Para compreender a representação do negro na nossa sociedade contemporânea, bem como o seu afetamento pelas imagens estereotipadas, faz-se necessária a compreensão do chão em que foram fincadas essas raízes. Precisamos assim, refletir sobre a função dos estereótipos no pós-abolição e como eles foram fundamentais para a exclusão dos negros, sendo uma estratégia de dominação bastante eficaz que faz parte da ideologia da escravização[9] e que não se dissipou com o processo de abolição.

Pensar a estereotipação dos corpos negros requer trazer a dimensão cultural, econômica e subjetiva em que atua essas imagens simplificadas e deturpadas, destacando que os estereótipos serviram e servem, para manter as hierarquias sociais. Aqui focamos no pós-abolição, mas ressaltamos que eles foram pacientemente tecidos ao longo dos séculos, sendo uma ferramenta usada desde o início da escravização. Em certa medida, tiveram seus aportes primeiramente na religião e posteriormente na ciência, ambas as formas com o objetivo de provar a inferioridade do negro para a sua espoliação. De acordo com Kabengele Munanga: "[...] a condição social do negro no mundo moderno criará uma literatura descritiva de seus pretendidos caracteres menores [...]"[10].

A imagem do negro será produzida a partir do não lugar do ser branco. Ao branco serão atribuídas as qualidades de inteligência, beleza, progresso, em contrapartida, o negro receberá todos os estigmas negados pelo branco. De forma dual, como se o bem fosse sintetizado na brancura e o mal na negrura. Intelectuais como Silvio Almeida, Kabengele Munanga e Enrique Dussel apontam que os séculos XVII e XVIII foram fundamentais para essa estruturação baseada em qualidades atribuídas a raças possibilitando sua hierarquização. Se tivemos durante um período a inferioridade do negro pela ausência da alma a partir da perspectiva religiosa, com o advento do Iluminismo, temos o negro como uma antítese do sujeito pensado pela filosofia ocidental.

É no século XVIII, o século das luzes, da racionalidade, que há um processo de centralização do homem como o principal objeto do fazer filosófico, vamos ter um período de profunda observação do homem que partirá para observação biológica, econômica, psicológica e linguística. Silvio Almeida analisa que, do ponto de vista intelectual, é no Iluminismo

---

[9] Bryan Stevenson (2017), ao analisar o processo de sofisticação do racismo que se caracteriza em sua transmutação e adaptação com os avanços do capitalismo, aponta para a necessidade de refletirmos como a ideologia da escravidão resistiu e se renovou na nossa sociedade contemporânea. Para o autor, embora tenha ocorrido a libertação legal da população negra, há um investimento nos processos ideológicos para alcançar novas formas de punição, exclusão e justificativa para a morte e encarceramento dos mesmos. O discurso sobre a inferioridade negra não morre com a abolição, ao contrário, ele é ressignificado e reforçado para a construção de uma sociedade que se diz moderna, mas baseada nas castas raciais dos séculos anteriores. Assim, a instituição da escravidão foi naturalizada, aceita e defendida com argumentos tidos como científicos, instaurou o panorama do que é ser ou não humano e sua extinção não retirou sua influência, ao contrário, vivemos até hoje com fortes consequências dessa ideologia de inferioridade.

[10] MUNANGA, Kabengele. **Negritude**: usos e sentidos. São Paulo: Ática, 1988, p. 9.

que serão constituídas "as ferramentas que tornaram possível a comparação e, posteriormente, a classificação, dos mais diferentes grupos humanos a partir de características físicas e culturais"[11]. É nesse ínterim que teremos a dicotomia entre *civilizado* e *selvagem*, tratando-se do continente africano, teremos esse território como a personificação da escuridão, o que representava atraso e precisava ser retirado do seu estado de *barbárie*[12], tornando-se uma antítese da Europa do Iluminismo.

Para a criação das imagens de uma África atrasada que precisava do avanço do Ocidente, cria-se a ideia de superioridade que levaria às luzes, leia-se civilização, para os mais atrasados. Assim, os negros teriam sua imagem associada à falta de conhecimento, aptos ao trabalho pesado, cabendo ao homem branco, tido como civilizado, o fardo de civilizar o mundo. Percebamos que aqui já temos duas construções de identidade racial em curso: o herói civilizador e os *bárbaros* atrasados. Dessa forma, ocorre a construção racial do grupo branco a partir de um método comparativo que supervalorizou um elemento em detrimento do outro tendo em vista que, para criar uma identidade positiva de si, ele cria um inimigo racializado. Vemos que branco e negro são, necessariamente, resultados de construções sociais[13] que irão se expressar na dominação exercida pelos indivíduos brancos em todas as formas de relação social.

Assim, os ideais iluministas passam a ser desenvolvidos para satisfazer as necessidades econômicas do regime de exploração capitalista. Se o argumento religioso chega em sua exaustão enquanto justificativa para exploração, a ideia de civilização se alinha aos objetivos de exploração de um povo. A cor passa a ser ponto fundamental para a exaltação de diferenças e justificativa de hierarquização. O trabalho forçado seria o tipo de remissão para esses indivíduos que sequer tinham status jurídico de pessoa. Enquanto mercadoria, eles não possuíam nenhum tipo de direito e eram alienados de sua existência, uma tripla perda: do lar, dos direitos sobre seu corpo e do estatuto político[14].

Achille Mbembe coloca esse estado do indivíduo negro como uma dominação absoluta e uma morte social. O negro será narrado, criado a

---

[11] ALMEIDA, Silvio. **O que é racismo estrutural?**. Belo Horizonte: Letramento, 2018. p. 20.

[12] MBEMBE, Achille. **Crítica da razão negra**. Lisboa: Antígona, 2014.

[13] CARDOSO, Lourenço. **O branco ante a rebeldia do desejo**: um estudo sobre o pesquisador branco que possui o negro como objeto científico. Curitiba: Appris, 2020.

[14] MBEMBE, Achille. **Necropolítica**: biopoder, soberania, estado de exceção, política da morte. São Paulo: 1 Edições, 2018. p. 27.

partir das premissas da branquitude e a esse sujeito será atribuído todo o ideal de perversidade[15]. O racismo irá se sofisticando e criando imagens e representações do negro de maneiras pejorativas e ligadas à violência. No século XIX, ocorrerá uma nova abordagem para a manutenção das mesmas ideias de inferioridade racial, de objeto filosófico o homem passa a ser objeto científico — nesse processo, teremos o desenvolvimento do determinismo biológico e geográfico[16].

A pele não branca, nesse contexto, indicava falta de inteligência e comportamento imoral, sendo um indicador de criminalidade e violência[17]. É nesse cenário que há uma inclusão de "critérios morfológicos como a forma do nariz, dos lábios, do queixo, do formato do crânio, o ângulo facial, etc. para aperfeiçoar a classificação"[18], assim teremos a imagem do grupo negro enquanto inferior moralmente e politicamente. Silvio Almeida pontua que nesse século tivemos a primeira grande crise do capitalismo em 1873, dando origem ao imperialismo e, em consequência disso, o neocolonialismo. Do ponto de vista ideológico, "o neocolonialismo assentou-se no discurso da inferioridade racial dos povos colonizados que, segundo seus formuladores estariam fadados à desorganização política e ao subdesenvolvimento"[19].

É perceptível que as teorias raciais são o amadurecimento de um projeto de institucionalização da exploração dos indivíduos racializados. A construção e fortalecimento de imagens estereotipadas da população negra fazem parte do projeto de exploração que teceu, dentro de cada temporalidade histórica, a justificativa dessa população, o arcabouço teórico para a institucionalização de uma série de ideologias políticas e ideológicas racistas. Nesse sentido, Homi Bhabha afirma que:

---

[15] Deivison Faustino (2017), ancorado nos estudos de Frantz Fanon, apresenta o que ele chama de narciso castrado. Para o autor, o branco é deificado à medida que incorpora no negro o seu oposto, que é a encarnação absoluta do mal. Assim, o branco toma para si o lugar de civilizador e se apresenta enquanto um indivíduo sem contradições, à medida que transfere, ao menos simbolicamente, para o negro "tudo aquilo que transgrida a imagem pretensamente coerente a respeito de si" (p. 129). Esse processo de projeção de todos os elementos negativos nos corpos racializados criará também o branco em nossa sociedade.

[16] ALMEIDA, 2018, p. 23.

[17] Idem.

[18] MUNANGA, Kabengele. Uma abordagem conceitual das noções de raça, racismo, identidade e etnia. In: SEMINÁRIO NACIONAL RELAÇÕES RACIAIS E EDUCAÇÃO, PENESB, 3, 2003, Rio de Janeiro. Anais [...]. Rio de Janeiro: [s. n.], 2003. Disponível em: https://www.geledes.org.br/wp-content/uploads/2014/04/Uma--abordagem-conceitual-das-nocoes-de-raca-racismo-dentidade-e-etnia.pdf. Acesso em: 15 set. 2021, p. 4.

[19] ALMEIDA, 2018, p. 23-24.

> [...] a diferença de raça, cultura e história como sendo elaboradas por saberes estereotípicos, teorias raciais, experiência colonial administrativa e, sobre esta base, institucionaliza uma série de ideologias políticas e culturais que são preconceituosas, discriminatórias, [...] "míticas", [...] Ao conhecer a população nativa nesses termos, formas discriminatórias e autoritárias de controle político são consideradas apropriadas [...][20].

Vemos, durante o passar dos séculos, que há uma sofisticação da construção da racialidade que busca diversas ferramentas para manter as hierarquias raciais. A construção do racismo foi fundamental para a estrutura econômica do sistema de exploração capitalista. Homi Bhabha mostra que, ao produzir uma imagem a partir dos saberes estereotípicos e teorias raciais, teremos uma justificativa para a repressão e desumanização desses indivíduos. Nesse mesmo sentido, Toni Morrison analisa a necessidade do fortalecimento da construção do *outro* para consolidação do racismo científico como uma forma de "identificar um forasteiro de modo a definir a si mesmo", processo que ela irá chamar de outremização[21].

As imagens negativas da população negra se tornam fundamentais para uma definição da humanidade branca[22]. A construção do *outremizado*, para a autora, funciona como uma via de mão dupla: justifica a violência sofrida pela população negra ao passo que não desumaniza o branco mesmo ele praticando atos de desumanidade latente. Assim, entende que todo o processo de construção do outro faz parte do processo no qual a branquitude tenta "confirmar sua própria humanidade ao cometer atos desumanos" e "busca convencer-se da distinção natural e divina"[23]. Desse modo, são construídas entre negros e brancos, imagens estereotípicas em relação aos dois grupos, uma com uma carga extremamente positiva e outra com carga extremamente negativa.

Essa produção irá partir de uma história única, onde os estereótipos criam imagens incompletas[24] dos grupos raciais partindo de uma dicotomia baseada no "bom x mal", a qual não explica a humanidade de nenhum

---

[20] BHABHA, Homi. **O local da cultura**. Tradução de Myriam Ávila, Eliane Livia Reis e Glauce Gonçalves. Belo Horizonte: Editora UFMG, 1998. p. 127.

[21] MORRISON, Toni. **A origem dos outros**: seis ensaios sobre racismo e literatura. São Paulo: Companhia das Letras, 2019. p. 27.

[22] *Ibidem*, p. 42.

[23] *Ibidem*, p. 13.

[24] NGOZI, Chimamanda Adichie. **O perigo de uma história única**. São Paulo: Companhia das Letras, 2019. p. 26.

dos grupos, ao criar imagens fictícias e também meias-verdades que buscam reforçar as ideias racistas[25]. Ainda pensando essa construção do *Outro*, a partir dessa dualidade e imagens estigmatizadas, Grada Kilomba fala do racismo cotidiano partindo de um processo de *outridade* que é a personificação no negro dos aspectos reprimidos na sociedade branca.

> O racismo cotidiano refere-se a todo vocabulário, discursos, imagens, gestos, ações e olhares que colocam o *sujeito negro* e as Pessoas de Cor não só como "Outra/o" – a diferença contra a qual o *sujeito branco* é medido – mas também como Outridade, isto é, como personificação branca dos aspectos reprimidos na sociedade *branca*. Toda vez que sou colocado como "outra" – seja a "outra" indesejada, a "outra" intrusa, a "outra" perigosa, a "outra" violenta, a "outra" passional, a "outra" suja, a "outra" excitada, a "outra" selvagem, a "outra" natural, a "outra" desejável ou a "outra" exótica – estou inevitavelmente experienciando o racismo, pois estou sendo forçada a me tornar a personificação daquilo que o sujeito branco não quer ser reconhecido. Eu me torno a/o *"Outra/o"* da branquitude, não o *eu* – e, portanto, a mim é negado o direito de existir por igual[26].

Muitos pesquisadores da área dos estudos críticos da branquitude[27], de acordo com a análise feita por Grada Kilomba, reconhecem as imagens criadas sobre o negro como uma projeção do tabu do branco que rondam sempre entre incivilizados e selvagens, concatenando todas as imagens de agressão e sexualidade, muito presentes no colonialismo e exercidas pelo poder branco e que foram projetadas nos corpos negros. Temos a construção de um grupo (o negro), preso a imagens inferiorizadas, em

---

[25] É importante frisar que se afirmamos que o segmento negro é o que mais sofre com o desemprego na atualidade, isso é um fato, mas o ideário racista atribui esse desemprego à incapacidade do negro, ao desinteresse e à má formação e não analisa todas as formas de embarreiramento social que essa população experiencia no acesso à educação, ao mercado de trabalho, ao lazer. Individualiza e responsabiliza o negro pelos próprios infortúnios sem refletir sobre as mazelas coloniais presentes na nossa sociedade. Nesse sentido, Chimamanda aponta para a violência dos estereótipos, pois sempre estão carregados de incompletudes sobre os fatos, mesmo quando partem de dados como no exemplo citado.

[26] KILOMBA, Grada. **Memórias da plantação**: episódios de racismo cotidiano. Rio de Janeiro: Cobogó, 2019. p. 78, grifos do autor.

[27] Frantz Fanon, apesar de não ser um intelectual dos estudos críticos, antecipa diversos debates em torno da racialização do branco e principalmente do debate da construção do negro enquanto antítese do branco. O autor fala da interiorização da epidermização tanto pelo colonizador quanto pelo colonizado, ambos, negros e brancos, vivem uma experiência alienante onde o primeiro é reduzido à animalidade e o outro posto num lugar de universalidade genérica, os dois são assim impedidos de gozar da condição humana. Aqui no Brasil, intelectuais como Maria Aparecida Bento, Lourenço Cardoso e Deivison Faustino também exploram esse aspecto na construção da identidade branca.

contrapartida, o outro grupo (o branco), será visto como o molde a ser seguido. Assim, a branquitude passa a ser a personificação de humanidade e autoridade para determinar como a população negra será tratada.

Temos assim, a construção da população negra como o não ser. Intelectuais contemporâneas do feminismo negro analisam como: outro do outro, outremizado, outridade — independentemente da variação terminológica, todas se referem ao fato de o negro ser visto como a antítese do mundo branco, aquele que foi dito, dissecado, tematizado pela branquitude, enquanto estes construíram uma imagem positivada de si. O negro no mundo dos brancos é um ser que tem sua humanidade negada em todas as instâncias, perdendo sua complexidade e sendo reduzido à projeção branca.

Nesse sentido, Neusa Santos mostra que "todo um dispositivo de atribuições de qualidades negativas aos negros é elaborado com o objetivo de manter o espaço de participação social do negro nos mesmos limites estreitos da antiga ordem social"[28]. Junto à pensadora, compreendemos que há um objetivo de embarreiramento social do negro e que a produção de imagens negativas terá uma função primordial na justificativa da manutenção da exclusão mesmo no pós-abolição. Os estereótipos fazem parte da manutenção da exclusão do negro em todos os setores da nossa sociedade, também, como está presente de forma difusa em toda produção de saber.

No Brasil existiu um investimento significativo na ideia de que os problemas em torno da população negra seriam resolvidos a partir de sua ascensão social, escamoteando a centralidade das questões raciais no país. Nesse sentido, foi difuso nas diversas esferas do pensamento que o racismo não tinha centralidade nas nossas formas relacionais e era mais ameno em relação a países como os Estados Unidos e África do Sul. Diversos fatores contribuíram para a criação mítica de que vivíamos em um estado democrático racialmente, isso gerou, por um lado, a construção de um racismo violento, de difícil combate e com fortes raízes em nossa cultura.

---

[28] SOUZA, Neusa Santos. **Tornar-se negro**: as vicissitudes da identidade do negro brasileiro em ascensão. Rio de Janeiro: Edições Graal, 1983. p. 20.

1.2 ENTRE DEMOCRACIA RACIAL E ESTEREOTIPAÇÃO: O NEGRO NO PENSAMENTO SOCIAL BRASILEIRO

O debate público sobre o racismo ganha fôlego no século XXI. Em partes, o advento tecnológico propiciou um espaço virtual para debates e produções de conteúdo nas inúmeras redes sociais no ciberespaço, por outro lado, somos a geração que herda dos movimentos negros brasileiros o acúmulo de experiências, o grande avanço na denúncia pública do racismo e o rompimento do véu do mito da democracia racial.

É fincado na ideia de um país democrático racialmente que o Brasil solidificou um vasto discurso que nós, brasileiros, vivenciávamos uma relação harmônica entre as raças. Historicamente os movimentos negros se impuseram contra essa narrativa oficial do Estado, a exemplo da década de 1980, a qual é marcada pelo rompimento desse mito, no entanto, com o avanço da extrema direita brasileira e uma militarização do governo, vivemos um retrocesso nesse aspecto. Em 2020 temos um cenário político que reforça e retoma o discurso de que não existe racismo no Brasil e de que vivemos ainda num país onde há harmonia racial por parte dos próprios governantes[29]. Isso demonstra que ainda é pertinente falarmos sobre a democracia racial em nosso país, e a dissimulação do racismo enquanto um projeto político das elites para o seu não enfrentamento.

Com o fim da escravização em 1888, há uma mobilização da elite brasileira, intelectual e política para se pensar os rumos do país no pós-abolição, bem como a elaboração de um projeto de nação e identidade nacional onde a população negra seria vista como um atraso nesse processo[30]. Se por um lado o Estado irá investir ideologicamente no mito da democracia racial, por outro, promoverá um processo de exclusão sistemática do negro do mercado de trabalho. O pensamento social brasileiro será embebido de teorias racialistas que ganharão fôlego no final do século XIX e início

---

[29] O atual governo brasileiro retoma o discurso da democracia racial e assim como na ditadura civil militar, opta por construir uma imagem do Brasil como um país livre do racismo. O vice-presidente atual Hamilton Mourão, no ano de 2020, após o assassinato de um homem negro em um supermercado que mobilizou o país, afirmou que o racismo não existe no país e que os movimentos negros querem importar isso do exterior. HAMILTON Mourão diz que não existe racismo no Brasil. **DW**, 20 nov. 2020. Disponível em: https://www.dw.com/pt-br/hamilton-mour%C3%A3o-diz-que-n%C3%A3o-existe-racismo-no-brasil/a-55682037. Acesso em: 06 out. 2021.

[30] Nesse sentido, ver as obras *Onda Negro, Medo branco: o negro no imaginário das elites – século XIX* (1987) de Célia Maria Marinho de Azevedo, e *Rediscutindo a mestiçagem no Brasil: identidade nacional versus identidade negra* (2019) do Kabengele Munanga.

do século XX, que buscarão justificar a exclusão do negro da sociedade e promoverão, assim, uma série de estereótipos e estigmas.

Silvio Almeida aponta que as "características biológicas e culturais só são significantes de raça ou gênero em determinadas circunstâncias históricas, portanto políticas e econômicas"[31]. É correto falar que a forma como o racismo irá operar numa sociedade está ligada diretamente a cada processo de formação social específico. Como mostra Clóvis Moura, o racismo não é "epifenomênico, porém tem suas causas econômicas, sociais, históricas e ideológicas"[32], de modo que, para se pensar a estereotipação dos corpos negros, é preciso compreender o processo de construção de um país que vivencia o seguinte dilema: tentativa de camuflar seu racismo, ao passo que marginaliza e exclui a população negra do cenário econômico, político e a fetichiza no âmbito cultural. No Brasil, o racismo opera atrelado ao mito da democracia e da ideologia da mestiçagem, formas que irão paulatinamente desenvolver métodos de exclusão dessa população.

Em síntese, Petrônio Domingues aponta que democracia racial "a rigor, significa um sistema racial desprovido de qualquer barreira legal ou institucional para a igualdade racial, e, em certa medida, um sistema racial desprovido de qualquer manifestação de preconceito ou discriminação"[33]. A partir dessa ideia, será colocado que o negro no Brasil não possui nenhum impedimento legal que o impeça de ter acesso à educação, à saúde, ao emprego e a qualquer outro tipo de direito em um Estado democrático. Caso ele não alçar determinadas camadas sociais, será por sua incapacidade. O mito da democracia racial camufla as desigualdades na medida em que responsabiliza o negro pela sua posição social no país.

Podemos dizer que historicamente temos um esforço intelectual para reafirmar essa incapacidade do negro, a saber a produção científica e a literatura terão um papel importante. Clóvis Moura chama atenção para o papel dessa *intelligentsia* ao criar uma historiografia que possui uma visão desfocada da realidade étnica e social brasileira, "tendo como embasamento teórico um conjunto de pensamento elitista, eurocêntrico e racista muitas vezes, jamais colocou o negro como agente histórico-social dinâmico, quer como indivíduo, quer como grupo ou segmento"[34]. O

---

[31] ALMEIDA, 2018, p. 43.

[32] MOURA, Clóvis. **Sociologia do Negro Brasileiro**. São Paulo: Perspectiva, 2019. p. 32.

[33] DOMINGUES, Petrônio. O mito da democracia racial e a mestiçagem no Brasil (1889-1930). **Diálogos latino-americanos**, n. 10, 2005.

[34] MOURA, Clóvis. **As injustiças de clio**: O negro na historiografia brasileira. Belo Horizonte: Nossa Terra, 1990. p. 11.

autor aponta alguns historiadores como intelectuais orgânicos do sistema escravista, ele traz-nos nomes como: Rocha Pita, Francisco Adolfo Varnhagen, Robert Southey, Euclides da Cunha[35] e Oliveira Vianna, os dois últimos atribuem ao negro o motivo do subdesenvolvimento do país.

Aqui é importante se fazer um parêntese para falar da contribuição de Oliveira Vianna para as teorias racialistas brasileiras. Joel Rufino dos Santos analisa que Viana foi um dos intelectuais mais lidos e que mais influenciou a geração até a década de 1940 no Brasil[36]. O autor irá centralizar a raça como o problema principal do país, operando, assim, uma biologização da história que buscava, através da raça, explicar todos os problemas sociais do Brasil, processo esse que escamoteia "os elementos econômicos, sociais, políticos e culturais"[37].

Joel Rufino dos Santos e Clóvis Moura apresentam a respeitabilidade científica das produções de Viana, apesar da leitura biologizante ser, segundo os autores, uma forma fácil e simplificada de explicar os problemas sociais do Brasil, ela veio revestida de toda a respeitabilidade científica europeia. Joel Rufino chega a ironizar o chamando de "o nosso grande repetidor de prestígio"[38] que importou todas as teorias racistas e desenvolveu no país a tese arianista. Defendendo que o negro nunca foi capaz de criar civilizações e que o comportamento de um povo é determinado pela sua raça, propunha assim, "que as raças inferiores, a negra principalmente deveria desaparecer na luta com outras raças mais fortes e superiores"[39].

Além do mais, Oliveira Viana acreditava no atavismo e na degenerescência dos mulatos, defendendo que o processo de perpetuação de características morais do negro no mestiço causaria um desarranjo moral nessa sociedade derivada, também, de africanos. Para ele, ao se encontrar duas tendências étnicas distintas, brancos e negros, esse encontro revela especialmente os mulatos como uns "desorganizados morais, uns desarmônicos psíquicos, uns desequilibrados funcionais"[40]. Ele centraliza no

---

[35] Embora Euclides da Cunha não seja historiador, Clóvis Moura apresenta sua obra *Os sertões* como sendo de grande influência no pensamento social brasileiro.

[36] SANTOS, Joel Rufino dos. **O que é racismo**. São Paulo: Abril Cultural Brasiliense, 1984. p. 28.

[37] MOURA, 1990, p. 198.

[38] SANTOS, 1984, p. 30-31.

[39] MOURA, 1990, p. 198.

[40] MUNANGA, Kabengele. **Rediscutindo a Mestiçagem**: identidade nacional versus identidade negra. Belo Horizonte: Autêntica Editora, 2019. p. 72.

indivíduo todos os problemas sociais ignorando completamente a ação colonial. Seu projeto de resolução para os problemas brasileiros se dá pela via biológica que é a aposta na arianização da raça que seria conquistada através da miscigenação quando uma parte dos mestiços fosse eliminada, seja "pela degenerescência ou pela morte, pela miséria moral e física"[41].

Uma das grandes contradições presentes no autor é que, ao passo que afirma a inferioridade da população negra e dos mestiços, aponta para sua degenerescência e atavismo social, sempre acentuando as diferenças e incompatibilidade das três raças (negros, indígenas e brancos), ainda assim defende o quanto o Brasil é um país racialmente democrático com oportunidades sociais e políticas para todos, quando necessário, usa como exemplo algum mulato tido como tipo superior.

> Em nenhum país do mundo coexistem uma tamanha harmonia e tão profundo espírito de igualdade entre os representantes de raças tão distintas. Homens de raça branca, homens de raça vermelha, homens de raça negra, homens mestiços dessas três raças, todos têm aqui as mesmas oportunidades sociais, as mesmas oportunidades políticas. Está, por exemplo, ao alcance de todos a propriedade da terra, franqueados a todos os vários campos de trabalho, desde a lavra da terra às mais altas profissões[42].

É importante trazer o pensamento de Oliveira Viana para percebermos, junto aos autores citados, como seus estudos irão influenciar os intelectuais brasileiros do século XX. Como veremos mais adiante, inúmeros intelectuais atribuíram à raça o atraso econômico tanto do país, de uma forma geral, quanto do negro de forma específica. Afastando-se assim em muitos momentos do entrelaçamento do sistema de exploração e as formas de opressões raciais decorrentes do colonialismo. Esse movimento irá alimentar o mito da democracia racial no que tange a responsabilização do indivíduo e não do Estado pelas práticas de exclusão racial no país.

O fato que nos chama atenção é que no final do século XIX e início do século XX é o momento em que há o maior processo de desenvolvimento teórico do mito da democracia racial. Nesse mesmo período, tem-se o desenvolvimento, no âmbito intelectual, de teorias raciais embebidas pelo determinismo biológico que buscava apontar a inferioridade do negro enquanto cidadão após a sua libertação — período que será demarcado

---

[41] *Ibidem*, p. 73.

[42] *Ibidem*, p. 75.

pelo racismo científico. Intelectuais como Nina Rodrigues apontavam que o atraso econômico do Brasil se dava pela grande presença do elemento negro em nossa sociedade[43]. Atribuía ao branco europeu uma capacidade natural de dominação e controle social, afirmando que "os extraordinários progressos da civilização europeia entregaram aos brancos o domínio do mundo", o que seria impossível para a população negra, já que "em geral são povos fracos e retardatários"[44].

Mariza Corrêa observa que a ciência da época preparou um terreno onde o racismo se acomodou muito bem, e, ainda assim, a ideologia racista no Brasil se constitui acompanhando a retórica da igualdade formal e tem o desenvolvimento de um sistema teórico e político para justificar sua existência:

> Mais importante do que afirmar a inutilidade de uma ideologia racista no Brasil, seria talvez notar que ela se constitui acompanhando a retórica de igualdade formal de uma prática de manutenção de desigualdades sociais que embora tal prática tivesse a "raça" como avatar proposto pela ciência num determinado momento, esta não seria sua única maneira de expressar-se. Isto é, observar que o racismo tinha seu lugar assegurado dentro de um sistema teórico e político compatível com sua existência[45].

Não é nosso intuito mergulhar em uma revisão bibliográfica dos intelectuais que defenderam um fazer científico através da biologização dos problemas sociais do país, apenas frisar que as teorias raciais foram amplamente usadas para justificar, por meio da ciência, a inferiorização da população negra recém-liberta. Um velho dito popular da época do pós-abolição já anunciava: "A liberdade é negra, mas a igualdade é branca[46]", de modo que, mesmo em condição de liberdade formal, a elite brasileira desenvolve métodos para impedir os exercícios de uma liberdade e igualdade efetiva para a população negra através da ideia de inferioridade natural dessa população[47].

---

[43] MOURA, Clóvis. **Sociologia do negro brasileiro**. São Paulo: Perspectiva, 2019.

[44] CORRÊA, Mariza. **As ilusões da liberdade**: a escola Nina Rodrigues e a antropologia no Brasil. Rio de Janeiro: Editora Fiocruz, 2013. p. 50.

[45] *Ibidem*, p. 52.

[46] SCHWARCZ, Lilia M. Teorias Raciais. *In*: SCHWARCZ, Lilia M.; SANTOS, Gomes Flávio dos (org.). **Dicionário da Escravidão**: 50 textos críticos. São Paulo: Companhia das Letras, 2018. p. 403-409.

[47] SCHWARCZ, Lilia M. **O espetáculo das raças**: cientistas, instituições e questão racial no Brasil, 1870-1930. São Paulo: Companhia das Letras, 1993.

Assim, precisamos ver a democracia racial como um projeto de nação que tem suas bases ideológicas fincadas de forma tão profunda que reverbera até a atualidade. Como destaca Silvio Almeida, a ideologia é uma visão falseada, ilusória e mesmo fantasiosa da realidade, assim, o problema do racismo se conecta diretamente com a concepção individualista do racismo[48]. Encontramos em Petrônio Domingues uma definição bem articulada do processo ideológico da construção do mito da democracia racial:

> As ideologias são imagens invertidas do mundo real e as relações sociais de dominação as produzem para ocultar mecanismos de opressão. Assim, o mito da democracia racial era uma distorção do padrão das relações raciais no Brasil, construído ideologicamente por uma elite considerada branca, intencional ou involuntariamente para maquiar a opressiva realidade de desigualdade entre negros e brancos[49].

O historiador analisa os vários fatores que contribuíram para o desenvolvimento do mito da democracia racial no Brasil durante o século XIX. A imagem que os viajantes que passavam pelo país levavam para o exterior; a produção política e intelectual; o próprio movimento abolicionista institucionalizado; e o processo de mestiçagem[50]. O papel da miscigenação na construção do mito é um ponto a ser analisado. Para Kabengele Munanga, o que temos no Brasil é uma ideologia da mestiçagem que foi usada tanto enquanto processo político no país, quanto no exterior. São extensas as narrativas dos intelectuais brasileiros ao diferenciarem os processos do racismo, por exemplo, nos Estados Unidos com o Brasil, como uma forma de apresentar as relações raciais no Brasil como não conflituosas e que o processo de mestiçagem aproximou as raças de tal modo que em um país mestiço não se existiria racismo[51].

Esse pensamento irá se consolidar de forma definitiva na década de 1930, tendo como um de seus grandes expoentes Gilberto Freyre, que nos oferece uma história do espaço privado para compreensão das relações sociais da época. As relações da casa-grande e da senzala serão palco para uma nova leitura social que focalizará no âmbito cultural as relações de

---

[48] ALMEIDA, 2018, p. 50.
[49] DOMINGUES, 2005, p. 118.
[50] *Ibidem*, p. 119.
[51] MUNANGA, 2019, p. 81.

trocas entre as raças no Brasil. Gilberto Freyre aponta que "as casas-grandes foi o lugar onde melhor se exprimiu o caráter brasileiro; a nossa continuidade social"[52]. Desse modo, ele descreve uma vida privada com inúmeros aspectos da vida colonial ofuscados pela brandura da família patriarcal que estabeleceu laços em todos os âmbitos com os negros e indígenas. O autor chega a lamentar a condição do negro no pós-abolição após ser desfeito o patriarcalismo com o fim da escravização:

> De modo que da antiga ordem econômica persiste a parte pior do bem-estar geral e das classes trabalhadoras – *desfeito em 88 o patriarcalismo que até então amparou os escravos, alimentou-os com certa largueza, socorreu-os da velhice e na doença, proporcionou-lhes* aos filhos oportunidades de acesso social[53].

Reconhecemos que, embora Gilberto Freyre denuncie o processo de marginalização que a população negra está sofrendo no pós-abolição e critique ainda a concentração de terra, ele faz isso à luz de uma exaltação do patriarcalismo que, em sua leitura, ampara de algum modo essa população negra — o amparo que o autor tanto fala se chama escravização. Assim, partindo de uma premissa paternalista e trazendo uma dupla mestiçagem biológica e cultural, ele irá ancorar suas ideias de trocas culturais e seus entrecruzamentos, bem como o de um contexto de convivência harmônica e passiva. Para isso, destaca a grande plasticidade do português para se adaptar aos climas e também sua tendência à miscigenação que explicaria o fato de que ao chegar ao Brasil foi "misturando-se gostosamente com mulheres de cor"[54].

Um ponto importante na obra do sociólogo é mostrar as contribuições positivas de negros, indígenas e mestiços na cultura brasileira[55], centralizando o papel do negro na identidade nacional algo que, como vimos até aqui, tinha pouca adesão no período. Inova, também, em uma leitura positivada dos mestiços partindo para um tipo de brasilidade; no entanto é necessário dizer que ele usa essa justificativa de uma miscigenação de via dupla, em alguns momentos a narrativa perde o caráter impositivo, o autor ameniza, assim, as violências sexuais que se deram,

---

[52] FREYRE, Gilberto. **Casa Grande & Senzala**. São Paulo: Global, 2006. p. 45.

[53] *Ibidem*, p. 51, grifo nosso.

[54] *Ibidem*, p. 70.

[55] MUNANGA, 2019, p. 83.

num primeiro momento, origem do processo de miscigenação no país. Além de fortalecer a ideia de um tipo brasileiro mestiço.

Essas análises, usadas enquanto ferramenta para enfatizar as formas harmônicas de convivência entre a população negra, indígena e portuguesa centralizada em muitos momentos nas experiências sexuais, recai em comportamentos estereotipados e passivos dos indivíduos negros, como veremos à frente, na forma como a mulher negra é apresentada em sua obra. Podemos dizer que, apesar dos avanços em Gilberto Freyre, temos uma produção que objetifica os corpos negros e apela para uma criação fictícia de harmonia racial que tem na sexualidade seu foco central.

A essa altura, podemos dizer que a ideologia do racismo à brasileira opera de maneira bastante eficaz através do mito da democracia racial e da miscigenação. Poucos intelectuais conseguiram romper com a ideia de uma anomia do sujeito negro diante da sociedade brasileira, para o período um nome que se destaca é o de Guerreiro Ramos, que faz uma dura crítica à antropologia e à sociologia que tematiza o negro em seu fazer acadêmico, a qual chamou de sociologia enlatada.

Ele aponta que esses intelectuais elaboram um "negro tema", que é o sujeito negro engessado e posto em um lugar único de observação e não de agência sócia. Essa sociologia enlatada não daria conta de ver o *negro-vida* ou *niger sum* que, como define Guerreiro Ramos, é uma categoria de autoafirmação que destaca os elementos positivos da identidade negra, assim, dizia que o "negro-tema é uma coisa examinada, olhada, vista, ora como ser mumificado, ora como ser curioso, ou de qualquer modo um risco"[56]. Em contrapartida, há um *negro-vida* que não desperta o interesse desses intelectuais, a visão engessada no fazer científico acaba não percebendo esse *negro-vida* que é "entretanto, algo que não se deixa imobilizar, é despistador, proteico, multiforme, do qual na verdade não se pode dar versão definitiva, pois é hoje o que não era ontem, e será amanhã o que não é hoje"[57].

Essa visão de Guerreiro Ramos teve pouca atenção na época, grande parte da nossa intelectualidade continuou seus estudos partindo de uma ideia de anomia do sujeito negro que havia sido deformado pela escravização. De certo, essa visão contribuiu bastante para inúmeros estereótipos

---

[56] RAMOS, Alberto Guerreiro. Patologia social do 'branco' brasileiro. *In*: RAMOS, Alberto Guerreiro. **Introdução crítica à sociologia brasileira**. Rio de Janeiro: Editora UFRJ, 1957. p. 171.

[57] *Ibidem*, p. 171.

em relação à população a negra, um dos principais e que serviu para exclusão sistemática é que esse negro não estaria qualificado para o trabalho formal, assim, sua imagem foi atrelada à incapacidade de ocupar postos de trabalho, o que acarretou o estigma da vagabundagem. Essa ideia teve na prática diversas consequências, uma delas foi a exclusão sistemática da população negra do mercado de trabalho e a inserção do imigrante branco que representava o oposto dessa população.

Corroboram com esse pensamento grandes intelectuais como Celso Furtado que, ao falar da economia de transição para o trabalho assalariado do século XIX, chega a afirmar que o homem recém-liberto, formado no sistema da escravização, não saberia lidar com as demandas do trabalho livre[58]. O autor afirma que na região cafeeira esses homens sendo bem remunerados nada trouxeram de positivo, mesmo com uma redistribuição de renda em favor dos mesmos, os efeitos eram negativos, apresentando que:

> Sem embargo, essa melhora na remuneração real do trabalho parece haver tido efeitos antes negativos que positivos sobre a utilização dos fatores. Para bem captar esse aspecto da questão é necessário ter em conta alguns traços mais amplos da escravidão. O homem formado dentro desse sistema social está totalmente desaparelhado para responder aos estímulos econômicos. Quase não possuindo hábitos de vida familiar, a ideia de acumulação de riqueza é praticamente estranha. *Demais, seu rudimentar desenvolvimento mental limita extremamente suas "necessidades".* Sendo o trabalho para o escravo uma maldição e o ócio o bem inalcançável, a elevação de seu salário acima de suas necessidades - que estão definidas pelo nível de subsistência de um escravo - determina de imediato uma forte preferência pelo ócio[59].

Celso Furtado, além da afirmação da necessidade de braços para o trabalho no Brasil e a incompatibilidade do recém-liberto com o trabalho livre, também aponta para um rudimentar desenvolvimento mental que não permite aos negros possuírem hábitos de vida familiar, acumulação de riqueza e que são indivíduos que não respondem aos estímulos econômicos. Nessa mesma perspectiva, permaneceu presente a ideia de que esse negro não servia para o trabalho livre, uma das nossas grandes referências nos estudos das relações raciais no Brasil, Florestan

---

[58] FURTADO, Celso. **Formação econômica do Brasil**. São Paulo: Companhia Editora Nacional: Publifolha, 2000.

[59] *Ibidem*, p. 144, grifo nosso.

Fernandes, também recaiu nessa ideia do negro desajustado pelo sistema da escravização.

Florestan Fernandes traz-nos uma importante contribuição para romper com a ideia de que o processo de abolição teria extirpado consigo as hierarquias raciais, bem como teria surgido em seu lugar uma democracia racial. Ao contrário, ao analisar a população negra da cidade de São Paulo, afirma que esse grupo não colheu nenhum proveito imediato com a abolição, de modo que "ela permaneceu na mesma situação de dependência econômica, sem poder beneficiar-se coletivamente com as novas oportunidades oferecidas pela renovação do sistema de trabalho e pela livre-iniciativa"[60].

Florestan Fernandes traz-nos ainda que o modo como ocorreu o processo de abolição, no Brasil, não englobou um plano para pensar a integração do negro, o próprio movimento abolicionista teria se confinado "à libertação do escravo, em vez de evoluir no sentido de sua recuperação econômica"[61]. Ainda analisa como esse processo, que alguns apontam como democrático racialmente com possibilidades para todos, na realidade consistia em uma população que havia sido largada pela sociedade brasileira a sua própria sorte.

> Em suma, a sociedade brasileira largou o negro ao seu próprio destino, deitando sobre os seus ombros a responsabilidade de se reeducar e de se transformar para corresponder aos novos padrões e ideais de ser humano, criados pelo advento do trabalho livre, do regime republicano e do capitalismo[62].

Se por um lado temos um grande avanço no que tange à leitura dos resquícios do colonialismo na sociedade brasileira contemporânea e um estudo sério que trouxera à tona ferramentas para o combate do mito da democracia racial, por outro, a ideia de deformidade do negro, heteronômico e alienado[63] é recorrentemente reafirmada em sua produção. A irracionalidade do sistema escravista gerou indivíduos deformados

---

[60] BASTIDE, Roger; FERNANDES, Florestan. **Brancos e negros em São Paulo**: Ensaio sociológico sobre aspectos da formação, manifestações atuais e efeitos do preconceito de cor na sociedade paulistana. São Paulo: Global, 2008. p. 138.

[61] *Ibidem*, p. 134.

[62] FERNANDES, Florestan. **A integração do negro na sociedade de classes**. São Paulo: Editora Contracorrente, 2021. p. 64.

[63] *Ibidem*, p. 87.

culturalmente, moralmente e sem preparo para um plano de vida na sociedade que está em processo de reorganização.

A escravidão deformou seu agente de trabalho[64], essa deformação poderia ser atenuada, mas a forma de reorganização do trabalho não permitiu. O colono, ao contrário, comportava-se como assalariado típico, possuía mais técnicas e tinha uma perspectiva de poupança com base nos ideais capitalistas. Para intelectuais como Celso Furtado, Caio Prado Jr., Florestan Fernandes, o negro não estava apto a competir com os colonos por falta de preparo e também devido as suas próprias incapacidades.

Florestan Fernandes chega a afirmar que o "isolamento econômico, social e cultural do negro, com suas indiscutíveis consequências funestas, foi um produto natural de sua incapacidade relativa de sentir, pensar e agir socialmente como homens livres"[65]. Esse estado de anomia social justificaria até certo ponto a marginalização do negro, como Petrônio Domingues analisa nesse aspecto da obra de Fernandes, o negro aparece "bestializado, entorpecido e impotente no sentido de se fazer valer sujeito de sua história, o escravo teria sido assolado pelos rigores e atrocidades do cativeiro, desajustando-se em estado de anomia"[66].

Esse pequeno transitar pela produção acadêmica[67] sobre o negro brasileiro é importante para compreendermos como os mecanismos ideológicos presentes na nossa intelectualidade, "inconscientes para a maioria, mas elaborados por uma elite racista, refletir-se-á no processo concreto da seleção econômica dos negros"[68], de modo que há uma instrumentalização da ideologia da democracia racial e da miscigenação para se difundir que nós vivemos em uma sociedade que se democratizou racialmente e que os atrasos da população negra no pós-abolição se deveriam ao seu próprio estado de deformidade mental.

---

[64] Aqui Florestan toma enquanto referência Caio Prado Junior, que diz: "O trabalho escravo nunca irá além do seu ponto de partida: o esforço físico constrangido não educará o indivíduo, não o preparará para um plano de vida humana mais elevado. Não lhe acrescentará elementos morais; e, pelo contrário, degradá-lo-á, eliminando mesmo nele o conteúdo cultural que porventura tivesse trazido seu estado primitivo. *Ibidem*, p. 90.

[65] *Ibidem*, p. 124.

[66] DOMINGUES, Petrônio. **Protagonismo Negro em São Paulo**: história e historiografia. São Paulo: Edições Sesc, 2019. p. 20.

[67] Apesar do pequeno número de intelectuais, esses conhecidos como os demiurgos do Brasil são as grandes referências na historiografia e sociologia brasileira que surgem a partir da década de 1930. O olhar sobre a população negra em certa medida aproxima, principalmente, a relação do negro e a economia, por esse motivo achamos relevante pincelar sobre a presença negra em suas obras.

[68] MOURA, 2019, p. 107.

Nesse sentido, nem mesmo os críticos da democracia racial aqui expostos conseguiram romper com esses pensamentos do estado de anomia da população negra. Clóvis Moura demonstra como essas duas pontes ideológicas agiram de maneira simbiótica no processo de marginalização da população negra:

> Criaram-se assim, em cima disso, duas pontes ideológicas: a primeira é de que, com a miscigenação, nós democratizamos a sociedade brasileira, criando aqui a maior democracia racial do mundo; a segunda de que, se os negros e os demais segmentos não brancos estão na atual posição econômica, social e cultural, a culpa é exclusivamente deles que não souberam aproveitar o grande leque de oportunidade que essa sociedade lhes deu. Com isso identifica-se o crime e a marginalização com a população negra, transformando-se em criminosos em potencial[69].

Junto a Clóvis Moura é possível afirmar que a população negra, ao ingressar no trabalho competitivo no pós-abolição, irá sofrer um processo sistemático de marginalização, e a conclusão de que o seu estado social se dá mais pelas suas incapacidades do que pelo racismo, é apenas uma forma de justificar essa marginalidade. Muitos pesquisadores na década de 1980 contribuíram para esse debate[70] apontando os equívocos dessa tese, é um processo que no ambiente acadêmico começará ter um confronto maior com as perspectivas que já vinham sendo perpetuadas nas ciências humanas.

Ao contrário de defender que o problema estava no negro, esses intelectuais irão pontuar como o racismo se moderniza e desenvolve novas técnicas de marginalização do negro dentro da sociedade brasileira. Rompem com a ideia de que o negro não se adequava ao trabalho livre e se dedicam a pensar os projetos imigrantistas enquanto duas vias de extermínio da população negra, pelo branqueamento e exclusão econômica[71], e combatem o mito da democracia racial de forma cada vez mais enfática.

Célia Maria Marinho de Azevedo mostra-nos como o projeto imigrantista no Brasil se fez com um objetivo explícito de excluir o negro

---

[69] *Ibidem*, p. 106.

[70] Nesse sentido, intelectuais como Clóvis Moura, Abdias Nascimento, Célia Maria Marinho de Azevedo, Lélia Gonzalez, Karl Monsma, Carlos Haselbang são nomes importantes na construção de um embate acadêmico em relação à ideia que o problema da marginalização do negro estava nele enquanto indivíduo.

[71] NASCIMENTO, Abdias. **O genocídio do Negro Brasileiro**: processo de um racismo mascarado. São Paulo: Perspectiva, 2016.

da sociedade brasileira no pós-abolição[72]. De um lado, tratava-se de um projeto de branqueamento no qual os intelectuais da época apostavam que, através dos processos de miscigenação, o elemento negro se diluiria, por outro, era um projeto de exclusão dessa população negra dos postos de trabalhos que ela ocupava até então, partindo da justificativa que ela não estaria apta a competir com os imigrantes.

> A reivindicação de imigrantes brancos tem claramente o objetivo de substituir o negro em todos os setores, não só rurais como também urbanos. Longe de pretender que o imigrante ocupasse lugares vazios de atender, enfim, ao problema da escassez de braços — um dos argumentos centrais com que a historiografia convencionou justificar a imigração para o país — Tavares Bastos, acalentava um sonho bem distinto: deslocar os escravos como um todo e substituí-los pelos agentes da civilização, os trabalhadores europeus[73].

A elite brasileira alinhou o projeto imigrantista ao desejo de branquear sua população pela via da miscigenação, ao mesmo tempo, excluir o negro do mercado de trabalho de modo que perecesse sem o básico para sua subsistência. Esse processo é chamado por Abdias Nascimento de estratégias de genocídio da população negra brasileira[74], já que para ele, as "leis de imigração nos tempos abolicionistas foram concebidas dentro da estratégia maior: a erradicação da 'mancha negra' na população brasileira"[75].

Não é nossa pretensão estendermos no debate dos projetos de branqueamento através da miscigenação, antemão, nosso desejo é mostrar que houve uma grande influência racista no pós-abolição que viu no imigrantismo a saída para excluir a população negra, e como esse projeto teve um apoio intelectual considerável, tendo em vista que, era majoritária a ideia de que o negro tinha corrupções morais e não era adepto ao trabalho. De modo que as elites intelectuais do nosso país obtiveram bastante êxito no

---

[72] AZEVEDO, Celia Maria Marinho de. **Onda negra medo branco**: o negro nos imaginários das elites – século XIX. Rio de Janeiro: Paz & Terra, 1987.

[73] *Ibidem*, p. 67.

[74] Abdias do Nascimento demonstra como o projeto de imigração tinha pretensamente o desejo de eliminar a presença negra do Brasil. Trazendo a citação de um historiador e político da época, João Pandiá Calógeras, no início da década de 1930, apontava que "A mancha negra tende a desaparecer num tempo relativamente curto em virtude do influxo da imigração branca em que a herança de Cam se dissolve" (2016, p. 86).

[75] *Ibidem*, p. 86.

âmbito ideológico e político onde desenvolveram a ideologia do racismo e utilizaram a ideia de inaptidão do negro para organização do trabalho excluindo essa população[76].

Assim, é possível constatar que embora o negro tivesse exercido todo tipo de trabalho em condição de escravizado ou livre até a abolição, após 1888 esses segmentos passam a ser afastados do sistema de produção e são substituídos pela mão de obra branca[77]. O estigma do negro como vadio, não apto ao trabalho e sua criminalização será elaborado a partir de nossas elites intelectuais. Isso irá contribuir de forma significativa para a forma como o negro será visto na nossa sociedade. O negro será marginalizado pelo Estado através de um projeto genocida para sua exclusão, à medida que será responsabilizado por essa exclusão.

A ideia de inaptidão para o trabalho ou aptidão apenas para o trabalho braçal sem a necessidade de uso intelectual, concentrará a população negra em subempregos e daí temos dois fortes estereótipos: o vadio, em relação ao homem negro, e a doméstica, em relação à mulher negra. Ambos com fortes significados até os dias atuais.

1.3 A PERSISTÊNCIA DOS ESTEREÓTIPOS: A POPULAÇÃO NEGRA EM OUTRAS FORMAS DE PRODUÇÃO DE SABER

Vimos até aqui que a construção dos estereótipos em torno dos corpos negros faz parte de um projeto de nação que possuía o objetivo de exclusão e extermínio desses sujeitos. Podemos dizer que o pensamento social brasileiro irá ligar diretamente a imagem do negro ao de inapto ao trabalho, seja consciente ou não, irá manter a presença dessas imagens estereotipadas que coadunam em palavras mais explícitas, com a ideia de vagabundagem. O negro vai ser visto como vagabundo e leis como Lei da Vadiagem[78] serão criadas durante o período republicano com o objetivo

---

[76] MOURA, Clóvis. **Dialética Radical do Brasil Negro**. São Paulo: Anita Garibaldi, 2020. p. 148.

[77] MOURA, 2019, p. 116.

[78] A primeira lei que coloca a vadiagem como contravenção foi o Decreto-Lei n. 145, de 11 de julho de 1893, que foi homologado no governo do então presidente Floriano Peixoto, esse decreto centraliza em vagabundos e capoeiras, permitindo assim a criação de um centro de correções através do trabalho para todos aqueles que se enquadrarem nessas categorias. Em 1941, o Decreto-Lei nº 3.688/41 traz em seu artigo 59 o tipo penal de vadiagem, que ainda é presente em nossa constituinte, onde mendicância e embriaguez entram enquanto tipos penais.

de "agir como elemento de repressão e controle social contra essa grande franja marginalizada de negros e não brancos em geral"[79].

O estereótipo de vadio irá contribuir de forma significante enquanto justificativa para sua exclusão econômica como vimos até aqui. Roger Bastide e Pierre Van den Berghe apontam em sua pesquisa, a partir dados da década de 1950, feita na cidade de São Paulo[80], que detectam ao menos 23 estereótipos contra os negros e mulatos[81]. A pesquisa aponta que entre os entrevistados a porcentagem que associam negros à falta de higiene é de 91%; falta de moralidade, 76%; falta de constância no trabalho, 62%; e a presença de agressividade com o percentual de 73%.

> Os estereótipos mais largamente aceitos são: falta de higiene (aceito por 91% para negros), falta de atrativos físicos (87%), superstição (80%), falta de previdência financeira (77%), falta de moralidade (76%), agressividade (73%), indolência (72%), falta de constância no trabalho (62%), perversidade "sexual" (51%) e exibicionismo (50%)[82].

Algo que a pesquisa traz é como a população negra é perpassada por diversos estereótipos em relação a sua sexualidade. Tratando-se especificamente do homem negro, teremos atrelados violência, irracionalidade e apetite sexual insaciável, o que consiste em estratégia de atribuir o fardo do mito do homem negro estuprador a esses indivíduos[83].

No que pese a mulher negra, "o estereótipo da preta sensual e pronta a prostituir-se continua"[84]. Sueli Carneiro analisa como o estereótipo da mulher negra[85] lasciva sexualmente, retratada como exótica e sensual, irá aproximá-la a uma forma de animalização, na qual será vista exclusivamente para o prazer sexual[86]. Nessa mesma linha, Lélia Gonzalez compreende que há uma bifurcação na imagem da mulher preta no pós--abolição: as mais escuras serão vistas como a mucama para o trabalho

---

[79] *Ibidem*, p. 116.

[80] Os dados usados na obra são resultantes da pesquisa feita pela Lucilla Hermann.

[81] Em nossa pesquisa, optamos pela categoria negra que politicamente engloba preto e pardos, no entanto, veremos com recorrência que termos como pessoas de cor, mulatos por serem termos utilizados pelos intelectuais em sua época, apareceram majoritariamente em citações.

[82] BASTIDE; FERNANDES, 2008, p. 296.

[83] DAVIS, Angela. **Mulheres, raça e classe**. São Paulo: Boitempo, 2016.

[84] BASTIDE; FERNANDES, 2008, p. 183.

[85] A mulher negra é a sujeita central da nossa pesquisa, neste tópico optamos por falar da população negra de forma geral, mas no decorrer do livro, falaremos da mulher negra de maneira específica.

[86] CARNEIRO, Sueli. **Escritos de uma vida**. São Paulo: Editora Jandaíra, 2020. p. 153.

braçal e as mais claras serão as mulatas exportação, que serão vistas com única finalidade sexual[87].

Chegando neste ponto, compreendemos que há uma construção de um pensamento social brasileiro que tem suas "raízes sociais na estrutura despótica e racista do aparelho do Estado"[88]. Clóvis Moura traz-nos o aspecto alienante em relação ao negro estar presente na literatura antropológica, histórica e sociológica do nosso país e que irá ser notada também na produção literária ficcional no período escravista[89], mas que mantém permanências mesmo após a abolição. Assim, é possível dizer que a reprodução estereotipada dos negros não foi exclusividade de uma área específica, mas um processo difuso que reverbera em todas as formas de produção de saber que irá criar imagens inferiorizantes da população negra.

Estudos importantes já trabalharam a relação dos estereótipos e o negro na literatura, no cinema, na teledramaturgia, nos livros didáticos, por exemplo. Iniciamos pensando como o racismo irá consolidar imagens pejorativas do negro na literatura brasileira. Como aponta Sandra Pesavento, "a literatura é, no caso, um discurso privilegiado de acesso ao imaginário das diferentes épocas"[90]. Giovana Xavier analisa que a ficção (inclui romances, peças, poesias, contos) do século XIX é um lugar privilegiado para compreender as representações da população negra durante a escravização[91].

Segundo Clóvis Moura, tem-se na literatura a repetição da imagem estereotipada do negro. Se, como vimos, Guerreiro Ramos afirma existir uma sociologia enlatada sobre o negro brasileiro que objetifica e cria o negro tema na produção intelectual brasileira, Domício Proença apresenta uma literatura *sobre* o negro que ele classifica como uma visão distanciada. O que caracteriza essa literatura é a presença negra como personagens e que suas vivências, na realidade histórico-cultural do Brasil, tornam-se temas, no entanto, "envolve, procedimentos que, com

---

[87] GONZALEZ, Lélia. **Primavera para as rosas negras**: Lélia Gonzalez em primeira pessoa. Diáspora Africana. Editora Filhos da África, 2018.

[88] MOURA, 2019, p. 50.

[89] *Ibidem.*

[90] PESAVENTO, Sandra Jatahy. História & literatura: uma *velha-nova* história. *Nuevo Mundo Mundos Nuevos* [En ligne], Débats, mis en ligne le 28 janvier 2006, consulté le 14 octobre 2021. Disponível em: http://journals.openedition.org/nuevomundo/1560. Acesso em:23 set. 2021.

[91] XAVIER, Giovana. Entre personagens, tipologias e rótulos da "diferença": a mulher escrava na ficção do Rio de Janeiro do século XIX. *In*: XAVIER, Giovana; FARIAS, Juliana Barreto; GOMES, Flávio (org.). **Mulheres negras no Brasil escravista e do pós-emancipação**. São Paulo: Selo Negro, 2012. p. 67.

poucas exceções, indicam ideologias, atitudes e estereótipos da estética branca dominante"[92]. Temos uma literatura que constrói o negro a partir do olhar da branquitude.

Domício Proença analisa que é no século XIX que a presença negra ganha considerável presença na literatura brasileira, embora, tenha sido tema em obras de séculos anteriores[93]. É nesse período propriamente dito que se presentifica na produção literária imagens estereotipadas que irão ser presentes até a atualidade com poucas variações[94], assim, ele destaca os estereótipos que foram mais evidentes em sua pesquisa, que são: o escravo nobre, o negro vítima, o negro infantilizado, o escravo demônio, o negro pervertido, o negro fiel e a morena sensual.

Analisando o período oitocentista, pensando a primeira geração romântica[95], Clóvis Moura reflete que essa é uma produção que surge para negar a existência negra seja social ou estética, assim, os principais escritores da época foram cooptados pelo aparelho ideológico e burocrático do sistema escravista, de modo que, em maior ou menor grau, o racismo irá permear o conteúdo dessa produção[96]. Algo reforçado na análise do autor é que nessa literatura o negro não aparece como ser ou com status de homem como o homem branco, mas como coisa, objeto, propriedade, como escravizado.

Esse indivíduo do sexo masculino só é apresentado como escravo e sempre se reforça o seu sofrimento ou sua lealdade[97], um corpo digno de pena ou perverso, digno de ódio, sempre uma exposição dicotômica. As mulheres negras também terão suas imagens centralizadas na figura da escravizadas, dividindo-se nas imagens da mãe preta, da mucama doméstica, carregando forte carga erótica das relações sexuais.

---

[92] PROENÇA FILHO, D. A trajetória do negro na literatura brasileira. **Estudos Avançados**, v. 18, n. 50, p. 161-193, 2004. Disponível em: https://www.revistas.usp.br/eav/article/view/9980. Acesso em: 05 out. 2021 p. 161.

[93] *Ibidem.*

[94] *Ibidem.*

[95] O romantismo no Brasil foi um importante movimento literário do século XIX, no qual entre as suas principais características temos uma produção marcada pelo nacionalismo e o ufanismo. É dividida em três gerações: os indianistas, os ultrarromânticos e os condoreiros. Os indianistas estarão ligados a um forte nacionalismo e seus romances, poesias trarão a exaltação da natureza do país, bem como o indígena será posto como o herói nacional. Os ultrarromânticos caracterizam-se pelo pessimismo e busca pela fuga da realidade. Já a terceira fase, na qual aparece a temática da escravidão, é caracterizada por uma produção que traz diversas críticas sociais.

[96] *Idem.*

[97] *Idem.*

As análises de Clóvis Moura em muitos momentos focalizam na população negra de forma geral, no homem negro de maneira específica. Pensando através de uma perspectiva de gênero mais aprofundada e analisando o mesmo período, Giovana Xavier irá pensar em como a mulher negra escravizada é apresentada na ficção literária do Rio de Janeiro, afirmando que essa ficção, do século XIX, constitui-se como um espaço privilegiado para estudarmos as imagens produzidas na escravização que giram em torno da patologia, da corrupção e do primitivismo. Aponta que:

> Ao longo dos oitocentos, suas imagens foram utilizadas por diferentes escritores como metáfora da patologia, da corrupção e do primitivismo, configurando o corpo feminino negro como doente e, portanto, nocivo à saúde de uma nação em construção. Dezenas de narrativas ficcionais da época convergem para a mesma direção: o esforço em demonstrar a confluência entre traços físicos "anormais" e o caráter "duvidoso" como a principal marca da mulher "de cor" e do seu corpo[98].

Essa produção com ênfase em mostrar uma anormalidade física e moral das mulheres negras resultará em algumas tipologias literárias que irão estereotipar e coisificar essas sujeitas, são elas: a bela mulata, a crioula feia, a escrava fiel, a preta resignada, a mucama sapeca e a mestiça virtuosa. É importante frisar que Giovana Xavier, Clóvis Moura e Domício Proença Filho enfocam na figura do escravizado resignado, seja homem ou mulher, sendo de grande relevância para um país que buscava fixar sua imagem como de uma escravização mais branda e paternalista. Esse escravizado submisso, fiel e que chega a dar a vida pelo seu senhor foi usado na literatura como um recurso para uma visão afetiva entre as relações de violência e exploração que configuram o sistema escravocrata.

Percebemos que os três pesquisadores apontam as mesmas categorias estereotipadas com nomes diferentes, mas sendo persistente a mulata sensual, a mucama, o escravo fiel e a ausência de protagonistas negros, ou de personagens que não reforcem imagens com cunho racista. Se a literatura oitocentista reflete essas imagens, é inocente de nossa parte acreditar que sua influência foi extirpada ao longo dos séculos, como afirmava coerentemente Clóvis Moura, suas influências ideológicas são persistentes e deixaram seus frutos.

---

[98] XAVIER, 2012, p. 67.

Em pesquisa sobre a literatura contemporânea, Regina Dalcastagnè afirma que os personagens negros transitam entre silenciamento e imagens estereotipadas. Ao analisar 258 romances publicados em 2008 por três grandes editoras do país (Rocco, Companhia das Letras, Record), traz-nos dados necessários para compreendermos o lugar do negro na literatura. Em seu estudo, a primeira afirmativa é que a personagem do romance brasileiro é branca[99], com persistente ausência negra na literatura, principalmente como protagonista. Em seu estudo do total de 1245 personagens, 994 são brancas somando um montante de 79,8%. Além da presença massiva, é importante considerar como esses personagens são escritos. São majoritariamente protagonistas ocupando nas narrativas posições como artistas (teatro, cinema, música), donas de casa, escritores, estudantes, jornalistas, mas o principal é o fato de que apenas 3,2% são personagens contraventores.

Como vimos no início deste estudo, para a construção positivada do branco, faz-se necessária a construção do negro como não-ser, o que será refletido pela literatura contemporânea de modo a percebermos que não se trata de um processo restrito ao cientificismo. Regina Dalcastagné mostra que, além desse lugar de protagonismo branco e de estabilidade financeira, intelectual e moral, é, em contrapartida, criada para a personagem negra o lugar de dependente química, bandida, prostituta, empregada doméstica. Sobre a representação do negro, autora traz-nos os seguintes dados:

Quadro 1 – O quadro evidencia que 20,4% dos(as) personagens são retratados(as) na condição de negros bandidos/contraventores, enquanto 5,1% aparecem enquanto estudantes e 4,1% enquanto professores(as)

Principais ocupações das personagens		
Negras bandido/contraventor	20	20,4%
Empregado(a) doméstico(a)	12	12,12%
Escravo	9	9,2%
Profissional do sexo	8	8,2%
Dona de casa	6	6,1%

---

[99] DALCASTAGNÈ, Regina. Entre silêncios e estereótipos: relações raciais na literatura brasileira contemporânea. **Estudos de literatura brasileira contemporânea**, v. 31, 2008. p. 90.

Artista (teatro, cinema, artes plásticas, música)	6	6,1%
Estudante	5	5,1%
Escritor	4	4,1%
Governante	4	4,1%
Mendigo	4	4,1%
Oficial militar	4	4,1%
Professor	4	4,1%
Religioso	4	4,1%
Não pertinente	4	4,1%

Fonte: reprodução do quadro presente na pesquisa feita por Regina Dalcastagné[100]

No quadro, constata-se que mais de um quinto dos personagens negros são contraventores. A autora apresenta que há uma significativa desproporção no que tange ao uso de drogas entre as personagens, uma forma de aproximar o negro da criminalidade é este aparecer sempre como usuário de drogas. Sendo que "nada menos do que 33% das crianças e 56% dos adolescentes negros retratados no romance brasileiro atual são dependentes químicos, mas apenas 4% das crianças e 8% dos adolescentes brancos estão na mesma situação"[101].

Junto à análise de Sandra Pesavento, compreendemos que a imagem de criminalidade é preponderante acrescentando, ainda, o alto consumo de drogas e bebidas alcóolicas, alinhando-se com o estereótipo de vagabundo e beberrão, muito utilizado no pós-abolição[102]. Ainda é persistente a imagem do sujeito escravizado, o que demonstra que a relação negro/escravo, na literatura, é perpassada pela predominância do negro não como sujeito, mas como escravizado, ocupando, assim, lugar de propriedade.

A sexualidade da mulher negra continua a ser explorada, seria necessário o desenvolvimento de novos estudos para pensarmos a permanência da mulata ou não nesses romances. Diante do exposto, é possível observar que essa sexualidade lasciva e sempre disponível será presentificada na imagem da prostituta negra. Se mulheres brancas são majoritariamente

---

[100]   Quadro disponível em: DALCASTAGNÈ, Regina. Entre silêncios e estereótipos: relações raciais na literatura brasileira contemporânea. **Estudos de literatura brasileira contemporânea**, v. 31, p. 87-110, 2008.

[101]   *Ibidem*, p. 92.

[102]   PESAVENTO, 2006.

donas de casa, as mulheres negras aparecem em grande número como suas empregadas domésticas, outro padrão de trabalho relacionado à escravização[103]. Por fim, podemos dizer que em relação à estereotipação de personagens negros na literatura brasileira, há, ainda, um padrão que vai ao encontro dos estereótipos reforçados desde a literatura do período oitocentista.

Como vimos, o pensamento social e a literatura brasileira são ferramentas importantes para a construção dessas imagens, no entanto, não são os únicos meios. Silvio Almeida analisa o racismo enquanto ideologia que irá apresentar não a realidade no que diz respeito ao negro, mas a representação do imaginário social acerca desse grupo racial. Esse imaginário constituído pelo racismo é retroalimentado pelos meios de comunicação, pela indústria cultural e pelo sistema educacional[104].

> Após anos vendo telenovelas brasileiras, um indivíduo vai acabar se convencendo de que mulheres negras têm uma vocação natural para o trabalho doméstico, que a personalidade de homens negros oscila invariavelmente entre criminosos e pessoas profundamente ingênuas, ou que homens brancos têm personalidades complexas e são líderes natos, meticulosos e racionais em suas ações.

Junto ao autor, acreditamos que os meios de comunicação possuem um papel crucial na reprodução e difusão das imagens dos negros, de modo que os estereótipos identificados até aqui também irão compor as produções midiáticas do nosso país, que, como veremos, estarão empenhadas em propalar a imagem da democracia racial do país, consistindo, assim, na dualidade de investir em estereótipos que inferiorizam o negro, criam narrativas que buscam afirmar a forma harmônica que o nosso país vivencia.

Pensando a representação negra no cinema, a obra *Olhares Negros: raça e representação* nos oferece perspectivas interessantes para pensarmos a produção cinematográfica e o negro, ao problematizar a branquitude que atua na produção de filmes[105]. bell hooks mostra-nos que o que ela chama de um olhar sádico da branquitude por trás das produções cinematográficas, irá investir em inúmeras produções que retratam o negro em

---

[103] SILVA, B. G. S.; ARAUJO, M. A. D. de; SPOSATO, K. B. "Eu, empregada doméstica": as reminiscências da escravização no emprego doméstico no Brasil. **Revista de Direito**, [S. l.], v. 13, n. 2, p. 1-24, 2021.

[104] ALMEIDA, 2018, p. 65.

[105] hooks, bell. **Olhares negros**: raça e representação. São Paulo: Elefante, 2019.

condições de violência. No caso das mulheres negras, ela mostra que os filmes com protagonismo negro de maiores audiências, inclusive ganhadores do Oscar[106], trazem essas personagens sempre em lugares de submissão, reforçando "os velhos estereótipos negativos de mulheres negras sexualmente licenciosas, nuas, estupradas ou surradas"[107]. O que explica o grande número de produções com a temática da escravização e que em muitos momentos despersonaliza completamente os escravizados que servem em algumas cenas apenas como corpo para violência explícita[108].

Na obra citada, em seu ensaio "Comendo o outro: desejo e resistência", bell hooks analisa que grande parte das produções cinematográficas reflete uma fascinação do Ocidente com o que este denominou de primitivo. Segundo a autora, é com esses corpos racializados que os tabus culturais acerca da sexualidade e da violência são quebrados, tornando-se explícitos na mídia imagens que refletem degradação desses corpos[109]. Dentro do patriarcado supremacista branco capitalista, há um investimento na construção de imagens fantasiosas sobre o outro e que possam ser exploradas de forma contínua com o intuito de reforçar e manter o status quo. Assim, mostra que:

> A "verdadeira diversão" é trazer à tona todas aquelas fantasias e desejos inconscientes "obscenos" associados ao contato com o Outro, incrustados na estrutura profunda

---

[106] Nas análises da autora, aparecem os filmes *Histórias Cruzadas* (2011) e *Doze Anos de Escravidão* (2013), as películas que receberam inúmeras premiações e foram destaques no evento do Oscar, para a autora, trazem para as telas de cinema um amontoado de estereótipos. Em um primeiro momento, trabalha com o flagelo do negro, os personagens negros são ligados a imagens de sofrimento e dor, outro elemento é o branco salvador, a remissão negra só surge através do branco e, por fim, os lugares subalternizados dos negros são exaltados em ambos os filmes.

[107] hooks, 2019, p. 27.

[108] No Brasil, vemos a mesma persistência da temática da escravização nas telenovelas brasileiras, como demonstra Joelzito Araújo em *A negação do Brasil* (2000).

[109] Para a autora, o cinema cumpre um papel fundamental na desumanização do negro, desde o marcante filme *O nascimento de uma nação* (1915), a sétima arte vem sendo usada para criminalização e animalização do negro, esse filme é significativo, pois é colocado como um dos responsáveis pela renovação da imagem positiva do movimento supremacista branco Ku Klux Klan. Recentemente esse debate voltou à tona com a produção estadunidense *Them* (2021), produzida pela Amazon Prime. A série retrata a vida de uma família negra que decide morar em um bairro totalmente branco em Los Angeles, ambientada na década de 1950. Utilizando de terror psicológico e se propondo a denunciar as violências do racismo, a série acaba se resumindo a uma produção sádica de horrores que conta com episódios de torturas de negros por brancos, estupros, assassinatos de crianças negras, doenças mentais. A grande crítica apontou essa produção como algo sádico em que "o maior racista se regozija assistindo a série". No Brasil, alguns canais de cultura pop também teceram críticas aos conteúdos explícitos de violência, entre eles o site *Omelete*: https://www.omelete.com.br/amazon-prime-video/criticas/them-outros-critica.

> secreta (nem tão secreta) da supremacia branca[110]. [...] Certamente, do ponto de vista do patriarcado supremacista branco capitalista, a esperança é que os desejos pelo "primitivo" ou fantasias sobre o Outro possam ser exploradas de modo contínuo, e que tal exploração ocorra de uma maneira que force e mantenha o status quo[111].

A construção do Outro, que foi consolidada com o racismo científico, cumpre um papel fundamental no cinema. As imagens dos corpos racializados serão criadas como uma antítese dos personagens brancos que estarão sempre no lugar de protagonismo com os atributos de beleza, racionalidade e coragem. Ainda na mesma obra, no ensaio "Vendendo uma buceta quente: representações da sexualidade da mulher negra no mercado cultural", bell hooks analisa que a literatura, a música e o cinema reforçam o aparato ideológico da escravização de que o corpo da mulher negra está disponível para todo e qualquer intercurso sexual, buscando reforçar a antiga tese da sexualidade desviante dessas mulheres, que irá trazer uma consequência devastadora na atualidade com a cultura do estupro[112].

Pensando no cinema brasileiro, é possível identificar esses padrões de representação de imagens citadas anteriormente. Analisando a presença do negro no cinema brasileiro, Noel dos Santos Carvalho, define como recorte temporal o período que vai de 1889 a 1920, o que nos permite terum panorama da presença do negro nos primórdios do cinema brasileiro, período que dialoga com as primeiras décadas do pós--abolição e o início da República. Noel Carvalho tece uma análise sobre o papel do cinema em registrar um período que "coincide com o início do processo da marginalização econômica da população negra na então jovem, 'liberal' e racista República"[113].

---

[110] Aqui a autora traz supremacia branca não no sentido apenas dos movimentos supremacistas, mas como toda uma estrutura que se concentra nas mãos da população branca, a supremacia é justamente no sentido de estarem com o controle total nos meios de comunicação, econômicos, escolares, é viver em um mundo projetado pelo branco e para o branco.

[111] hooks, 2019, p. 67.

[112] Angela Davis apresenta uma ligação importante entre a "licença para estuprar" da escravização com a cultura do estupro contemporânea. É no período colonial que o estupro será usado como uma forma de opressão e ferramenta de poder para controle dos corpos de mulheres negras, juridicamente os senhores de escravos não eram penalizados pelas atrocidades feitas com suas escravizadas, essas mulheres que não eram vistas como sujeitas, mas como propriedades, não possuíam nenhum intercurso legal para sua proteção. Assim, temos uma licença para violência sexual no período colonial que reverbera até a atualidade.

[113] CARVALHO, Noel dos S. O negro no cinema brasileiro: O período silencioso. **Plural**, v. 10, 2003. p. 162.

É nessa República racista com um projeto de branqueamento que o negro irá ser apagado do cinema. O historiador analisa os poucos documentários em que o negro aparece e que essa aparição é sempre de forma lateral: nas bordas, nos fundos sem enquadramento e sem nenhuma função dramática[114]. Essas produções exigem que as análises da presença negra sejam feitas naquilo que não deseja ser mostrado, mas foi captado pelos documentários da época. Em relação aos filmes, poucos retratam a presença negra e alguns se mantiveram em estado de conservação para análise, ainda assim, Noel Carvalho debruça-se sobre cinco títulos[115] que proporcionam um panorama da presença negra nos primórdios cinematográficos no país.

Em suas análises, ele destaca que as características recorrentes das personagens negras são trabalhadores braçais (normalmente de fazendas), grotescas, infantis, cômicas, dóceis, viciado, animalizado, incivilizado, corruptível[116]. O autor ainda aponta que há uma ambiguidade notória entre os personagens brancos colocados enquanto valentes e virtuosos, cabendo aos personagens negros a covardia e vícios. A partir disso, afirma que "os estigmas e representações negativas devem ser entendidos no contexto de lutas e disputas de poder"[117], já que os grupos brancos criam imagens distorcidas e prejudiciais ao grupo racializado que será apresentado através de suas lentes.

Noel Carvalho situa o contexto histórico dessas produções cinematográficas que se dá em um período que tenta solidificar uma identidade nacional a partir de um projeto de nação em que que não há espaço para o negro[118]. É coerente afirmar que se tinha por parte do Estado um projeto racista de uma República sem negros que seriam exterminados pela marginalização ou branqueamento. As representações culturais irão refletir essa presença vista como um peso para o país. Assim, a pouca presença no cinema durante esse período é caricatural e carregada de estereótipos. Faz-se importante ainda reforçar que poucos atores negros atuavam, pois a técnica de *black face* era preponderante.

---

[114] *Idem.*

[115] Os filmes analisados são *O segredo do corcunda* (Alberto Travessa, 1924), *Aitaré da Praia* (Gentil Ruiz, 1925), *Jurando se vingar* (Ary Severo, 1925), *A filha do advogado* (Jota Soares, 1926) e *Thesouro Perdido* (Humberto Mauro, 1927).

[116] CARVALHO, N. dos S., 2003, p. 172.

[117] *Idem.*

[118] *Idem.*

Pensando as décadas de 1940 e 1950, Carolinne Mendes da Silva aponta que as chanchadas, da pela Atlântida, seguiram esse mesmo caminho corroborando com a construção de uma imagem pejorativa do negro e com uma subestimação dos atores negros. Ela analisa que esse período colocou o negro no centro da cena com uma grande potencialização dos estereótipos em relação à população negra[119]. Investindo também no mito da democracia racial, bem simbolizado pela dupla Grande Otelo e Oscarito[120] e em *Carnaval Atlântida*[121], onde há um desfecho que simboliza a diluição racial em uma grande festa carnavalesca.

A autora ainda chama atenção para um elemento importante, que é o grande uso de elementos de origem cultural negra para a composição de um ideário nacional. Apoiando-se em Stam, afirma que essa grande presença de elementos negros nos musicais da Atlântida não geram nenhum tipo de protagonismo para o negro, apenas uma sub-representação "como se os produtores quisessem exibir a cultura sem precisar lidar com as pessoas que a produzisse"[122], ou seja, um negro sempre em segundo plano e comumente com papéis estereotipados.

Faz-se importante um parêntese para falarmos sobre o Cinema Novo, que foi uma verdadeira inovação considerando tudo que já havia sido produzido no cinema brasileiro.

> O Cinema Novo, um movimento artístico-cultural caracterizado pelo projeto de criar um "moderno" e "autêntico" cinema brasileiro, que descolonizasse a linguagem dos filmes e abordasse criticamente o subdesenvolvimento, as desigualdades sociais, a penúria dos segmentos subalternos, as contradições e outras mazelas do país[123].

O projeto político do cinema novo via na produção cinematográfica uma ferramenta não só de denúncias das nossas mazelas sociais, mas também de possibilidades de transformação. O movimento irá criticar

---

[119] SILVA, Carolinne Mendes da. **O negro no cinema brasileiro**: uma análise fílmica de Rio, Zona Norte e A grande cidade. São Paulo: LiberArs, 2017. p. 26-27.

[120] Carolinne Silva analisa a forma nítida de tratamento em relação aos atores, um negro e um branco, apresentando inclusive falas de insatisfação por parte de Otelo durante as tramas, mas que não causavam tensão para abrir um debate racial sólido, tendo em vista que esses momentos eram usados para um balanço moral e união conciliadora entre os personagens.

[121] *Carnaval Atlântida* é um filme de 1952, dirigido por Carlos Manga e José Carlos Bule.

[122] SILVA, C. M. da, 2017, p. 27.

[123] CARVALHO, Noel dos S.; DOMINGUES, Petrônio. A representação do negro em dois manifestos do cinema Brasileiro. *Estudos Avançados*, v. 31, Issue: 89, p. 377.

duramente o tipo de sub-representação e estereotipação dos negros nas Chanchadas e irá reposicionar o negro no cinema brasileiro, e é com o advento do cinemanovismo que a população negra irá fazer parte de um grande número de produções.

A tela ganha, assim, um cinema de oposição ao que estava sendo produzido e em sua primeira fase centraliza temas como violência, religiosidade, fome e desigualdade social. É nessa fase que temos uma grande centralidade de temas no que tange à presença negra nos diversos aspectos de sua história e cultura, Noel Carvalho e Petrônio Domingues afirmam que a produção cinemanovista não se centrava na problemática racial, mas era permeada por ela, mesmo não tendo o segmento negro como ponto focal, o inseria de algum modo[124].

> De fato, é a partir do Cinema Novo que o negro constitui objeto de preocupação da sétima arte no Brasil. A presença desse segmento populacional, quer nas chanchadas, quer na produção da Vera Cruz, era inconstante, se não estereotipada ou enquadrada pela ideologia da "democracia racial"[125].

Fechando esse importante parêntese, vemos no cinema novo um importante avanço na produção cinematográfica brasileira, que conseguiu fugir da representação simplista do negro e que faz parte das produções de resistência que reconfiguram o olhar sobre o negro no cinema. Apresentando o negro dentro de suas complexidades e diversas formas de ser e estar no mundo.

Retomando o percurso do cinema e sua construção de imagens estereotipadas, vale a menção das pornochanchadas que dominaram a produção cinematográfica na década de 1970 e meados de 1980. Nessa produção, temos uma centralidade no corpo e sexualidade feminina, a mulher de forma geral será amplamente exibida com conotações sexuais. As comédias eróticas desse período irão investir em diversos estereótipos, tendo destaque os estereótipos sexuais, as mulheres negras ganham destaque em diversas capas de filmes e com títulos muitas vezes bastante sugestivos.

> Se os cartazes da pornochanchada carregavam imagens eróticas para atender os interesses comerciais de seus produtores, também construíram um determinado tipo de

---

[124] *Ibidem*, p. 388.
[125] *Ibidem*, p. 388.

representação usualmente forte em seu acervo de filmes baseada na temática racial. Cartazes que produziam representações raciais de mulheres negras, de homens negros. As mulheres negras, enaltecidas na categoria de mulatas, foram as que mais apareceram nos cartazes pesquisados[126].

Jairo Carvalho do Nascimento analisa um corpus de 15 pornochanchadas[127] em que as personagens negras estão presentes. Para nós, é válido a partir da pesquisa citada destacar as representações raciais que mais se repetem quando falamos de mulheres e homens negros. Para exemplo, o cartaz do filme *Como é boa nossa empregada*, de 1973, dirigido por Ismar Porto e Victor Di Mello, apresenta um retrato de uma mulher que se enquadra no perfil de mulata com quadris largos, seios destacados, e ela está vestida com o uniforme de trabalhadora doméstica, o uniforme muito curto, e ela segura uma bandeja em posição de servir, à sua frente um homem branco, de paletó, está em postura de quem vai se alimentar da própria mulher.

---

[126]   NASCIMENTO, Jairo Carvalho. **Erotismo e relações raciais no cinema brasileiro**: a pornochanchada em perspectiva histórica, 2015. Tese. p. 181-182.

[127]   Os filmes analisados por Nascimento são: *Como é boa nossa empregada* (1973), de Ismar Porto e Victor Di Mello; *As granfinas e o camelô* (1976), de Ismar Porto; *Manicures a domicílio* (1977), de Carlo Mossy; *A mulata que queria pecar* (1977), de Victor Di Mello; *As taradas atacam* (1978), de Carlo Mossy; *Bonitas e gostosas* (1978), de Carlo Mossy; *Histórias que nossas babás não contavam* (1979), de Osvaldo de Oliveira; *Uma cama para sete noivas* (1979), de Raffaele Rossi; *Delícias do sexo* (1981), de Carlos Imperial; *A menina e o estuprador* (1982), de Conrado Sanches; *Uma mulata para todos* (1975), de Roberto Machado; *Piranha de véu e grinalda* (1982), de Roberto Machado. E mais três filmes secundários: *As 1.001 posições do amor* (1978), de Carlo Mossy; *A gostosa da gafieira* (1980), de Roberto Machado; e *Giselle* (1980), de Victor Di Mello. Aqui não poderemos nos debruçar sobre essa filmografia específica, mas apenas dar um panorama dos estereótipos mais reproduzidos.

Figura 1 – Cartaz do filme *Como é boa nossa empregada* (1973)

Fonte: Banco de Conteúdos Culturais[128]

Nos filmes *Uma mulata para todos*, de 1975, de Roberto Machado, e *A mulata que queria pecar*, de 1977, de Victor Di Mello, os cartazes são de cunho bastante agressivo, tendo na centralidade de ambos os cartazes a "bunda". No primeiro, uma mulher negra está de costas com o vestido levantado mostrando as nádegas para vários homens que estão em uma posição de admiração e cobiça; no segundo, a mulher negra está de costas envolta em uma cobra, clara referência à Eva, e mostrando a bunda. Ambos os filmes centralizam a presença da mulata e sua sexualidade tanto nos títulos, quanto nos cartazes e também no conteúdo.

---

[128] Disponível em: http://www.bcc.org.br/cartazes/450237. Acesso em 4 jul. 2024.

Figura 2 – Cartazes dos filmes *A mulata que queria pecar* (1975) e *Uma mulata para todos* (1977)

Fonte: Banco de Conteúdos Culturais[129]

---

[129] Disponível em: http://www.bcc.org.br/cartazes/450197 / http://www.bcc.org.br/cartazes/450229. Acesso em 4 jul. 2024.

O cinema da década de 1970 contribui diretamente para uma venda de um corpo feminino para consumo, esse padrão não é só do nosso cinema, como alerta Lélia Gonzalez[130], há uma construção da mulher negra como um produto para ser consumido no país e também para atrair o turismo sexual, o que ela vai chamar da criação de uma mulata exportação. Assim, em todos os lugares que representarem a mulata, normalmente estará ligada ao elemento da bunda, uma mulher reduzida a nádegas. Nesse mesmo sentido, Sueli Carneiro fala de um *continuum* do abuso sexual da mulher negra em diferentes matizes, para ela, a forma como o corpo negro é visto e representado no Brasil atual vem de um padrão da escravidão que irá desdobrar a mucama em doméstica e em mulata[131].

O estereótipo da mulata será problematizado neste estudo nos próximos capítulos, tendo em vista que todas as produções ligam diretamente a mulher negra a esse estereótipo. Por hora, podemos dizer que, a partir da pesquisa de Jairo Carvalho do Nascimento, há uma exploração do símbolo sexual da mulata e que diversas produções centralizaram a bunda da mulher negra enquanto ponto central dos seus cartazes[132]. Ele ainda aponta para a violência sexual em torno da figura do homem negro no filme *A menina e o estuprador*, de 1982, de Conrado Sanches, onde os cartazes com um grande apelo sexual colocaram o ator Zózimo Bulbul em uma imagem sugestiva do abuso sexual contra uma mulher loira desacordada[133].

---

[130] GONZALEZ, 2018.

[131] CARNEIRO, 2020.

[132] *Ibidem*, p. 202.

[133] Esse filme específico tem muitos elementos para análise, inclusive no decorrer da trama descobre-se que o estuprador não foi o ator principal, o Zózimo, mas outros dois negros. De toda forma, a única possibilidade de violência sexual aparece centralizada na presença dos homens negros. Outro ponto relevante é que as vítimas nas pornochanchadas são majoritariamente mulheres brancas, as mulheres negras entregam-se com facilidade para qualquer um.

Figura 3 – Cartaz do filme *A menina e o estuprador* (1982)

Fonte: Banco de Conteúdos Culturais[134]

É fortuito afirmar que a presença dos estereótipos no cinema não se dá apenas em um momento histórico específico. João Carlos Rodrigues, em seu estudo *O negro brasileiro e o cinema*, apresenta um panorama de vários trabalhos em que a população negra esteve presente no cinema brasileiro, sua pesquisa é exitosa em categorizar os principais papeis atribuídos aos negros[135]. Ele define, assim, 13 arquétipos que irão condensar a maior presença da população afrodescendente: "preto velho", "mãe preta", "mártir", "negro de alma branca", "nobre selvagem", "negro revoltado" ou "militante politizado", "negão", "malandro", "favelado", "crioulo doido" ou "nega maluca", "mulata boazuda", "musa" e "afro-baiano".

Na edição revisada do livro, o autor transita nos filmes até a primeira década dos anos 2000, identificando em muitos personagens elementos

---

[134] Disponível em: http://www.bcc.org.br/cartazes. Acesso em 4 jul. 2024.

[135] RODRIGUES, João Carlos. **O negro brasileiro e o cinema**. Rio de Janeiro: Pallas, 2011.

do crioulo doido, da mulata boazuda, a mãe preta. Um elemento importante nessa produção é tanto seu pioneirismo quanto a vasta filmografia representada, no entanto, o próprio autor recai naquilo que ele tenta denunciar: o racismo. Ao analisar e separar os estereótipos em 13 categorias arquetípicas, o mesmo direciona uma crítica aos setores negros que direcionaram sua insatisfação ao cinema brasileiro, para o autor da obra em questão, não há mal que em um momento de humor os estereótipos raciais sejam usados no cinema.

Adilson Moreira argumenta que o humor é também uma ferramenta para estabelecimento de relações de poder, através de justificativa humorística se tem uma liberdade para prática do racismo que o autor irá chamar de racismo recreativo, de modo que imagens pejorativas são vinculadas em nome do humor ou da arte, dificultando a identificação e penalização das práticas racistas que são feitas de formas descontraídas, mas que possuem o objetivo explícito de humilhar e reforçar lugares de hierarquias raciais[136].

A título de conclusão, João Carlos Rodrigues ainda responsabiliza o negro pela sua própria condição de exclusão, o que não difere em nada do pensamento social brasileiro que responsabilizava o negro pela sua marginalidade. O autor chega a afirmar que "Na realidade, parece existir ainda um profundo desinteresse do negro brasileiro *por qualquer atividade intelectual reflexiva sobre si próprio*"[137]. Esse olhar de um dos nossos grandes críticos de cinema nos fala muito de uma produção que marginaliza, estereotipa e justifica, culpabilizando por uma criação da própria branquitude que é alienada em relação à presença e à luta negra em todos os âmbitos da história do nosso país.

Na atualidade, ausência negra ou a presença negra estereotipada ainda é notável no cinema nacional, e não podemos incorrer à afirmativa simplista e racista de Rodrigues quando afirma parecer um profundo desinteresse do negro, aqui em particular, em relação à sétima arte. Em trabalho recente, Marcia Rangel Candido e João Feres Júnior empreenderam uma pesquisa por amostragem composta por 257 produções audiovisuais, produzidas entre 2002 e 2014, em que foram selecionados os 20 principais títulos de bilheteria brasileiros lançados no país nos últimos 13 anos[138].

---

[136] MOREIRA, Adilson. **Racismo recreativo**. São Paulo: Pólen, 2019.

[137] RODRIGUES, J. C., 2011, p. 151, grifo nosso.

[138] CÂNDIDO, Márcia Rangel; FERES JÚNIOR, João. Representação e estereótipos de mulheres negras no cinema brasileiro. **Revista Estudos Feministas**, v. 27, n. 2, 2019.

O foco da pesquisa era analisar a presença de mulheres negras no cinema contemporâneo brasileiro. Os dados seguem os mesmos padrões de ausência e estereótipos. De 1181 personagens, apenas 5% foram interpretados por mulheres negras (2% pretas e 3% pardas). Nas 257 produções cinematográficas, apenas 7% foram protagonizadas por mulheres negras. Os autores identificam ainda que essas mulheres representam papéis preponderantemente de pessoas pobres, trabalhadoras domésticas, prostitutas e definem sete categorias de estereótipos mais comuns nos filmes, que são: (1) mulata; (2) favelada; (3) crente; (4) trombadinha; (5) revoltada ou militante; (6) empregada; e (7) batalhadora[139].

Vemos que, apesar dos avanços, o cinema brasileiro mantém um padrão de exclusão, tendo em vista que dos 257 títulos, apenas 18 tiveram protagonismo de mulheres negras, e a manutenção de imagens estereotipadas que tendem a retratar a mulher negra no espaço doméstico, a serviço sexual e em situação de pobreza como se estes fossem os únicos lugares reservados para essas mulheres.

> Embora o cinema brasileiro tenha passado por transformações consideráveis ao longo dos últimos anos, o padrão estrutural de representação das mulheres negras ainda não evidenciou mudanças significativas. Os estereótipos, fontes de preconceitos e discriminações, mostraram-se recorrentes quando as protagonistas pertenciam ao grupo. Qualquer sugestão de que o audiovisual espelha a realidade, ao invés de ser fonte de discriminação e sexismo, esbarra na limitação dos resultados: as mulheres negras no mundo real estão longe de terem sua existência inscrita exclusivamente no espaço doméstico, ou reduzida a objetos de sexualização e agentes de dissimulação[140].

Os autores apontam a limitação do recorrente argumento, usado no audiovisual, de que essas retratações espelham simplesmente a realidade dessas pessoas, para os autores, essas produções apenas reafirmam um olhar limitador sobre a visão em torno da população negra como uma massa homogênea. Primeiramente, sabemos que nem toda produção cinematográfica busca essa função e mesmo assim excluem as pessoas negras de seus filmes de fantasia, por exemplo, em outro polo afirmar que a realidade de todas as mulheres pode ser pautada pelo trabalho

[139] *Ibidem*, p. 6.
[140] *Ibidem*, p. 10.

doméstico e sexualidade exacerbada é uma ferramenta racista que não permite ver os negros enquanto indivíduos, mas engessados em uma representação grupal.

Pensando ainda nas telenovelas do mesmo período, década de 2000, vemos um padrão semelhante dessa representação negra. Wesley Grijó e Adam Sousa analisaram 53 novelas dos três horários de apresentação de telenovelas da principal emissora de TV do país, a rede Globo[141]. A constatação é que a maior presença negra foi em novelas de época, muitas que ambientam o período da escravização, o que coincide com os principais papéis interpretados por negros, que são empregadas doméstica, escravo, capataz, vendedor ambulante. Os autores analisam ainda uma maior presença negra na classe média, no entanto, na maioria das vezes, sua presença na narrativa permanece de forma plana, secundária ao encaminhamento desta, por vezes, até descartável, ainda com o estigma de um personagem negro circulando no espaço dos brancos[142].

Apesar dos avanços já prenunciados por Joel Zito Araújo, os mesmos estereótipos que ele identificou em décadas passadas como a mãe preta, o escravo, o guarda-costas, o jagunço e a mulata ainda não perderam espaço na televisão brasileira[143]. É notório também que os apontamentos de Araújo em relação a uma TV que reafirma em suas produções a democracia racial, muitas vezes sintetizadas em relacionamentos inter-raciais, ou em relações paternalistas entre escravizados e escravizadores, ou patrões e empregadas, que ainda fazem parte do núcleo de produção audiovisual brasileira.

Como nos apresenta Silvio Almeida[144], o racismo faz parte de uma produção ideológica que precisa ser reafirmada em todas as dimensões das produções de imagens em relação à população negra e em contrapartida à população branca. Um processo de fabricação de imagem do Eu e do Outro que seguem os padrões desde a abolição e se mantêm apesar de se modernizarem. Esse percurso até aqui se faz necessário por entendermos que, para pensarmos os efeitos dos estereótipos no imaginário coletivo, bem como sua persistência na atualidade, foi necessária uma articulação

---

[141] GRIJÓ, Wesley Pereira; SOUSA Adam Henrique Freire. O negro na telenovela brasileira: a atualidade das representações. **Estudos em Comunicação**, n. 11, p. 185-204, 2012.

[142] *Ibidem.*

[143] ARAÚJO, Joel Zito. O negro na dramaturgia, um caso exemplar da decadência do mito da democracia racial brasileira. **Estudos Feministas**, Florianópolis, p. 979-995, 2008.

[144] ALMEIDA, 2018.

da elite brasileira nos seus diversos setores para estigmatizar a população negra brasileira com a finalidade bem delineada de ora excluir, para justificar essa exclusão.

E é nesse contexto que situamos a literatura de cordel. Falar da representação de mulheres negras na literatura de cordel contemporânea exige um esforço para situarmos a potência dos estereótipos, bem como suas reproduções no decorrer das décadas do pós-abolição até a atualidade. Apontar o pensamento social, a literatura, o cinema e a televisão nacional como reprodutores de estereótipos recorrentes e que são quase sempre os mesmos é por entendermos que a produção cordelista faz parte desse *continuum* de representações estereotipadas. Como veremos, no final do século XIX e início do século XX, os folhetos serão uma ferramenta importante para a difusão desse ideário racista e machista que permeia a sociedade brasileira.

Embora tenhamos situado no decorrer deste capítulo a representação da população negra de maneira geral, nosso foco é pensar as representações específicas em torno das mulheres negras. Alguns estereótipos recorrentes como o da mulata serão fundamentais para uma análise da literatura de cordel, como veremos na segunda parte. De todo modo, é preciso destacar que, por se tratar da mulher negra de forma específica, trabalharemos à luz metodológica da *interseccionalidade* para termos um panorama de como os intercruzamentos de opressões de gênero e raça atingem-nas de forma particular. Outra categoria que será de grande importância é a do *empoderamento* para analisarmos como essas mulheres desenvolveram métodos individuais e coletivos de resistir às imagens estereotipadas sobre seus corpos e comunidades.

1.4 AS ESPECIFICIDADES DE SER MULHER NEGRA: UM OLHAR INTERSECCIONAL

Como vimos até aqui, os estereótipos atingem de forma violenta a população negra, se por um lado essa população sofre uma exclusão sistêmica em todos os campos sociais, por outro, os produtos culturais reforçam e justificam sua exclusão. Aqui nos deteremos no lugar da mulher negra na sociedade brasileira e como estas são estigmatizadas dentro da nossa sociedade.

Intelectuais feministas negras como Lélia Gonzalez, Sueli Carneiro, Beatriz Nascimento, a partir da década de 1970, passaram a analisar como o racismo, atrelado ao sexismo e à exploração de classe, atingiram as mulheres negras. Na obra *Pensamento Feminista Brasileiro: formação e contexto*, Heloísa Buarque de Holanda situa essas intelectuais como pioneiras no feminismo brasileiro no que tange à interseccionalidade[145]. E é a partir dessas intelectuais que iremos nos debruçar sobre os fatores que atingem essas mulheres negras de maneira específica.

É importante frisar que o termo interseccionalidade não existia até o final da década de 1970 e início de 1980. Os debates em torno das mulheres negras são feitos em torno da categoria, tripla opressão, usada por feministas negras brasileiras que estavam problematizando intensamente o lugar da mulher negra na sociedade brasileira. Em 1976, Beatriz Nascimento escreveu para o *Jornal Última Hora*, do Rio de Janeiro, o artigo "A mulher negra no mercado de trabalho" em que faz um panorama sobre as diferenças raciais dentro do gênero e como mulheres negras e brancas partem de lugares diferentes estruturadas pela ótica racista. Ela afirma que para a criação de uma mulher do tipo ideal — boa esposa, mãe que dedica toda sua vida à família e que carrega marcas da ociosidade, delicadeza, fragilidade — só poderia ocorrer a partir de uma antítese, que é justamente a mulher negra.

No artigo, a autora destaca a categoria trabalho e seus significados a partir da racialidade das mulheres. Revelando que o ócio é algo extremamente reforçado na imagem da mulher branca advinda do período colonial, ela apresenta essa mulher que não se ocupa dos afazeres domésticos quando assim lhe é possível financeiramente, pois esse serviço será relegado às mulheres escravizadas. É nesse ponto a grande diferenciação que Beatriz Nascimento apresenta, se há uma construção de fragilidade longe dos trabalhos fora e até dentro de casa, há quem ocupa esses espaços de exploração; se a mulher branca pode ser vista dentro desse aspecto de ociosidade, ao contrário, a mulher negra é em tempo integral uma produtora[146].

> Contrariamente a mulher branca, sua correspondente no outro polo, a mulher negra, pode ser considerada como uma mulher essencialmente produtora, com um papel semelhante ao do seu homem, isto é, como tendo um papel ativo. Antes de mais nada, como escrava, ela é

---

145 HOLLANDA, H. B. de. **Pensamento feminista brasileiro**: Formação e contexto. Bazar do Tempo, 2019.
146 NASCIMENTO, Beatriz. **Quilombola e Intelectual**: Possibilidade nos dias de destruição. Diáspora Africana: Editora Filhos da África, 2019. p. 80-81.

> uma trabalhadora, não só nos afazeres da casa grande (atividade que não se limita somente a satisfazer os mimos dos senhores, senhoras e seus filhos, mas como produtora de alimentos para escravaria) como também, no campo, nas atividades subsidiárias do corte do engenho. Por outro lado, além da sua capacidade produtiva, pela sua condição de mulher, e, portanto, mãe em potencial de novos escravos, dava-lhe a função de reprodutora de nova mercadoria, para o mercado de mão de obra interno[147].

É notado, assim, que a mulher negra é uma trabalhadora em tempo integral, sua experiência de vida perpassada pelo trabalho forçado. Beatriz Nascimento reforça um aspecto importante, nas relações de trabalho advindas do período colonial não se tem distinção de gênero na exploração do trabalho escravizado, as mulheres negras ocuparam os mesmos postos na reprodução do trabalho ativo[148]. Nesse sentido, uma década depois, Angela Davis irá trazer a mesma afirmativa de que as mulheres negras vão ter todos os aspectos da sua vida ocupados pelo trabalho, também, que não havia distinção de gênero nas senzalas e que, quando ocorria, era imposta pelos senhores brancos[149].

Beatriz Nascimento e Angela Davis também estão em sintonia quando afirmam que as diferenças de gênero que eram impostas de cima para baixo diferenciavam homens e mulheres na violência sexual. O estupro era assim usado como uma ferramenta de dominação, controle e imposição do medo, além da reprodução de mão de obra escravizada. Outro elemento ainda em consonância é o de que o padrão de trabalho e exploração do período escravocrata se mantêm na atualidade.

Beatriz Nascimento escreveu, em 1976, que havia na sociedade brasileira daquela época uma herança escravocrata que perpassa esse ser mulher e negra a qual continuará ocupando os lugares e papéis que foram atribuídos desde o processo da escravização. Angela Davis, em 1981, fará a mesma afirmativa analisando que o espaço de tempo que o trabalho ocupa na vida da mulher negra apresenta o mesmo padrão da escravização, essa mulher do século XX ainda sofre as violências coloniais que se modernizaram e continuam explorando-as, mesmo libertas.

---

[147] *Ibidem*, p. 81.

[148] *Idem*.

[149] DAVIS, Angela. **Mulheres, Raça e Classe**. Boitempo: São Paulo, 2016.

Nesse mesmo período no Brasil, Lélia Gonzalez escrevia, entre seus vários artigos, quatro que merecem devidas menções sobre o tema, "Mulher Negra: um retrato", de 1979, "Mulher Negra", de 1980, "A mulher negra na sociedade brasileira: uma abordagem política e econômica", de 1981, e "E a trabalhadora negra, cumê que fica?", de 1982. O final da década de 1970 foi marcado pelas efervescências dos debates sobre as questões de raça, classe, gênero e sexualidade no país (período que compreende a ditadura civil militar no Brasil). Nesse cenário, os movimentos sociais ganham um novo fôlego e um novo rearranjo político. Assim, temos os movimentos negros do país que buscam se organizar, pela via institucional, trazendo já um acúmulo das lutas negras onde buscam reivindicar seus direitos nos âmbitos sociais e uma construção identitária positivada no campo simbólico.

Lélia Gonzalez, nos artigos anteriormente citados, proporciona-nos um panorama da atuação das mulheres negras tanto na década em questão quanto na participação das mesmas em todo o processo histórico de luta e resistência. A autora enfatiza que a atuação das mulheres negras antecede as organizações dos Movimentos de Mulheres no país e que suas experiências advindas do acúmulo de atuação dentro da luta negra (entre algumas entidades temos, por exemplo, a Frente Negra Brasileira e o Movimento Negro Unificado), que eram ativas nas lutas pelo fim da discriminação racial por um lado e, por outro, denunciavam o machismo fora e dentro das organizações negras[150]. Para a autora, é no seio do movimento negro que se fortalece a luta das mulheres negras e com o acúmulo de experiências adquiridas junto ao movimento negro que surge naquele momento o embrionário movimento de mulheres negras.

Outro ponto abordado pela intelectual é o fato de que, se por um lado existiam os embates dentro das organizações negras no que tange ao machismo, é dentro dessas organizações que surgem os primeiros coletivos de mulheres negras que se voltariam a pensar a especificidade da tríade de opressão e exploração que as perpassam. Ela cita a exemplo os coletivos Aqualtune, fundado em 1979, Luíza Mahin, em 1980, Grupo de mulheres negras do Rio de Janeiro, em 1982, que nascem das construções e acúmulo de experiência do Movimento Negro Unificado em 1978 e que essa autonomia do movimento de mulheres negras não significou um rompimento, ao contrário, as atuações políticas destas buscavam

---

[150] GONZALEZ, 2018, p. 275.

engajar dentro do Movimento Negro os debates de gênero e sexualidade que foram sendo absorvidos, embora lentamente, pelo movimento.

Nesse contexto, ela situa a força da presença de mulheres dentro dos movimentos negros e que, apesar dos problemas explicitados, as experiências de homens e mulheres negras partem de uma experiência histórico-cultural comum, o que permite, assim, a construção de uma base igualitária e o espaço que foi conquistado pelas mulheres na luta negra.

> E vale notar que, em termos de MNU, por exemplo, não apenas nós, mulheres, como nossos companheiros homossexuais, conquistamos o direito de discutir, em congresso, as nossas especificidades. E isto, num momento em que as esquerdas titubeavam sobre *"tais questões"*, receosas de que viessem a *"dividir a luta do operariado"*[151].

Ao traçar alguns elementos da trajetória das mulheres negras e a busca por uma análise que destacasse as violências da raça, classe e gênero, Lélia Gonzalez aponta para elementos importantes. Primeiro é romper com a ideia de que o feminismo negro é apenas uma bifurcação do feminismo branco, uma réplica sem diferenças substanciais, ao contrário, ela destaca que a experiência racial é central no movimento de mulheres negras e por isso estão engajadas na luta conjunta com os homens negros devido à experiência comum do racismo. Rompe também com uma ideia falaciosa de sororidade inata a partir do gênero, destoando disso, ela apresenta as contradições entre mulheres brancas e negras e como o Movimento Feminista, ao universalizar as mulheres, fugia da sua responsabilidade na manutenção do racismo.

É ainda com Lélia que vemos que os movimentos feministas brasileiros contribuíram consideravelmente para a propagação dos estereótipos de "agressivas" e o rótulo de "não feministas". As negras que se posicionavam de forma enfática e eram assertivas em relação às desigualdades de raça e classe dentro do gênero, sofriam com esses estigmas. Um exemplo relevante é "quando, por exemplo, denunciávamos a opressão da exploração das empregadas domésticas por suas patroas, causávamos grande mal-estar"[152], dizer que havia diferenças substanciais dentro do debate gênero e trabalho era algo que tensionava os debates, como aponta a autora, ao enfatizar que o trabalho doméstico exercido por mulheres negras feito

---

[151] *Ibidem*, p. 276-277, grifos da autora.
[152] *Ibidem*, p. 278.

à base de exploração foi um dos elementos centrais para a libertação das mulheres brancas, era algo que gerava um incômodo geral.

Outro tensionamento exposto é que quando as mulheres negras centralizavam o debate da violência policial contra homens negros, havia uma resistência para pensar esse tema, já que alguns setores do movimento feminista buscavam nivelar as relações a partir apenas do gênero. Nesse sentido, o movimento de mulheres negras não abria mão de uma análise mais cuidadosa das relações de trabalho, raça e gênero, tendo em vista que o fator racial permeia essas relações. Não é nosso intuito afirmar que não houve relações construtivas entre os Movimento de Mulheres e o Movimento de Mulheres Negras, ao contrário, a própria Lélia Gonzalez enfatiza que alguns setores mais avançados conseguiram manter esses laços de construção com uma base que era colaborativa nas construções de pautas[153]. No entanto, são necessárias devidas menções para entendermos que pensar a especificidade da mulher negra sempre foi um embate árduo dentro dos próprios setores progressistas que buscavam se desresponsabilizar pela exclusão para as margens das mulheres negras.

Para refletir sobre esse lugar de marginalidade, a autora refletiu, assim como Beatriz Nascimento, sobre o mercado de trabalho. Em sua produção, ela constata que, na década de 1980, o cenário de exclusão das mulheres negras não é alterado, elas permanecem sendo as que mais trabalham e menos recebem. Constata-se com os dados da época que as trabalhadoras negras ocupavam 87% dos trabalhos manuais em setores e subsetores de menor prestígio e tinham a pior remuneração, e 60% das mulheres não tinham carteira assinada[154]. Ela relaciona diretamente o lugar da mulher negra no mercado de trabalho com o padrão de trabalho no período da escravização:

> Nossa situação atual não é muito diferente daquela vivida por nossas antepassadas: afinal, a trabalhadora rural de hoje não difere muito da *"escrava do eito"* de ontem; a empregada doméstica não é diferente da *"mucama"* de ontem; o mesmo poderia dizer da vendedora ambulante, da *"joaninha"*, da servente ou da trocadora de ônibus de hoje e *"escrava de ganho"* de ontem[155].

---

[153] *Idem.*

[154] *Ibidem*, p. 127.

[155] *Ibidem*, p. 128, grifos da autora.

Assim, ela aponta que há uma construção da mulher negra inapta ao trabalho livre e que, no mercado de trabalho nos pós-abolição, as categorias empregatícias seguiram o mesmo padrão de exclusão. Nesse mesmo sentido, Sueli Carneiro, no artigo "Mulher Negra", de 1985, ao analisar as desigualdades entre mulheres em São Paulo, constata que, nesse período, conhecido como a "década da mulher", poucas mudanças ocorreram de fato com relação às mulheres negras. Em termos educacionais, analisa que 90% das mulheres negras tinham apenas até quatro anos de instrução, comparando-se com mulheres brancas (69,8%) e amarelas (51%)[156]. O padrão de desigualdade na educação se mantém no mercado de trabalho e as mulheres pretas e pardas estão concentradas na prestação de serviços e agropecuária. Já em ocupações administrativas, técnico/científicas e artísticas, as mulheres negras em relação a São Paulo chega apenas em 10,6%, em nível nacional, 8,8%, em uma relação desproporcional às mulheres brancas que, em ambos, ficam na faixa de 36% e amarelas, também em ambos, sobrepõe 50%[157].

Um parêntese, para pensarmos a atualidade sobre a permanência das desigualdades raciais e de gênero no mercado de trabalho, trata-se de pesquisa realizada no ano de 2020[158] que aponta que as mulheres negras ainda ocupam os piores lugares no mercado de trabalho e sofrem uma sub-representação. Os dados demonstram que na cidade de São Paulo apenas 6,6% ocupam cargos de liderança (gerência, CEO, supervisora ou coordenadora), sendo que pelos dados do IBGE, as mulheres negras representam em média 28% da população brasileira. É importante acentuar que os homens negros ocupam apenas 9% dos cargos de liderança, em relação às mulheres brancas, que ocupam 31%, e homens brancos, que lideram de forma preponderante com 39%.

Relacionando mulheres e homens negros, estes formam 54,9% da força de trabalho, mas geralmente em trabalhos precarizados. Em relação ao salário, a pesquisa ainda demonstra que uma mulher negra recebe em média 44% do salário de um homem branco, ou seja, menos da metade. Se a mulher negra tem sua existência preenchida pela exaustão do trabalho, o retorno financeiro não é o mesmo. Essa observação é a cunho de reflexão da atualidade das análises nas quais as pesquisadoras brasileiras identificaram

---

[156] CARNEIRO, 2020, p. 26.

[157] *Idem*.

[158] FEIJÓ, Janaína. A mulher negra no mercado de trabalho. **FGV, Blog do Ibre**, 26 jul. 2021. Disponível em: https://blogdoibre.fgv.br/posts/mulher-negra-no-mercado-de-trabalho. Acesso em: 6 nov. 2021.

um padrão de marginalidade e exploração advindo do processo colonial. Retomando Sueli Carneiro, ela afirma que a cor relacionada ao gênero funciona como "fator não somente de expulsão da população feminina do mercado de trabalho, como também determina os mais baixos rendimentos"[159], a cunho de conclusão, afirma:

> A forte presença das mulheres negras na prestação de serviços ratifica que, tal como no passado pós-abolicionista, essa continua sendo, para as mulheres negras a principal modalidade de atividades econômicas a quê tem acesso, apesar de estarmos próximos dos cem anos de Abolição da Escravatura e, no entanto, nem a "tradição" nem o "know how" que historicamente, vimos acumulando tais funções são suficientes para que ao menos nessas ocupações as mulheres negras percebam rendimentos semelhantes aos das mulheres brancas"[160].

Essas reflexões apresentadas demonstram que o que viria a ser nomeado *interseccionalidade*, já era debate recorrente entre elas, que visavam à especificidade de ser uma mulher negra em uma sociedade marcada pela exploração de classe e as opressões de raça e gênero. Algo que Patrícia Hill Collins e Sirma Bilge defendem é a existência de uma práxis interseccional, antes mesmo da existência terminológica. Para elas, quando a interseccionalidade é usada como uma forma de práxis crítica, "refere-se às maneiras pelas quais pessoas, como indivíduos ou parte de um grupo, produzem, recorrem ou aplicam estruturas interseccionais na vida cotidiana"[161].

Para as autoras, a interseccionalidade é prática que pode ser desenvolvida dentro e fora do mundo acadêmico e que, teoricamente e nos movimentos de luta por libertação negra, já era aplicada e teorizada[162]. Assim, é possível afirmar que as demandas pela reflexão sobre a concatenação de diversas opressões, sobre um grupo perpassado por diversos

---

[159] CARNEIRO, 2020, p. 36.

[160] *Ibidem*, p. 36.

[161] COLLINS, Patrícia; BILGE, Sirma. **Interseccionalidade**. São Paulo: Boitempo, 2021. p. 51.

[162] Uma reflexão relevante é que nesta obra optamos por intelectuais brasileiras que acreditamos terem exercido uma produção intelectual que se enquadra nas definições das autoras enquanto uma práxis interseccional. No entanto, na obra *Interseccionalidade*, elas trazem nomes importantes da tradição socialista que antecederam o debate acadêmico após a década de 1990, quando surge o termo, entre elas, intelectuais como Claúdia Jones, Audre Lorde, Bárbara Smith, Angela Davis, que estavam diretamente preocupadas com o lugar da mulher negra na sociedade de classes e apresentaram obras fundamentais que contribuíram definitivamente com o que seria posto como estudos interseccionais.

marcadores, já eram pautadas antes do que veio a ser conhecido como estudos interseccionais.

Como conceito da teoria crítica racial, ele surge através da intelectual estadunidense Kimberlé Crenshaw, que buscava, no campo do direito, demonstrar que para lidar com os problemas de justiça social, era relevante pensar a relação frequente entre racismo e sexismo, criando, assim, múltiplos níveis de injustiça social[163]. Sua análise inicial derivou do caso que ela teve acesso através de um parecer legal sobre Emma DeGraffenreid. Em resumo, uma mulher negra que denunciou sofrer discriminação de raça e gênero por uma empresa automobilística. A alegação de Emma foi negada, tendo em vista que o parecer do juiz alegou que a empresa contratava mulheres brancas e homens negros, não podendo, assim, ser acusada nem de machismo nem de racismo. No entanto, algo que será enfatizado é que as mulheres brancas contratadas eram para trabalhos como secretariado, recepção, funções que não admitiam negros, e os negros contratados ocupavam vagas da manutenção, que não aceitavam mulheres. Sendo mulher e negra, Emma não se enquadrava em nenhuma das ofertas.

O caso despertou em Crenshaw o sentimento de urgência para compreender e atuar em casos como esse, que traziam os intercruzamentos de ser trabalhadora, negra e mulher. A partir dele, reflete que Emma foi atingida pelo que ela chamou de uma discriminação organizada, tendo sido aplicada tanto pela fábrica e quanto pela justiça:

> Eu me senti atingida por esse caso. Ele me pareceu uma injustiça organizada. Primeiro, mulheres negras não podiam trabalhar na fábrica. Segundo, o tribunal duplicou a exclusão ao torná-la juridicamente inconsequente. E, para piorar, o problema nem sequer tinha um nome. E todos sabemos que, quando os problemas não têm um nome, não os enxergamos, e, quando não os enxergamos não podemos revolvê-los[164].

Kimberlé Crenshaw aponta esse caso como o fator embrionário do desenvolvimento do conceito, trazendo que, a partir de algumas

---

[163] CRENSHAW, Kimberlé. Documento para o encontro de especialistas em aspectos da discriminação racial relativos ao gênero. **Revista Estudos Feministas**, 2002.

[164] A URGÊNCIA da "interseccionalidade". Kimberlé Crenshaw, **TED Women**, out. 2016. 1 vídeo (18 min). Disponível em: https://www.ted.com/talks/kimberle_crenshaw_the_urgency_of_intersectionality?language=pt-br#t-407955. Acesso em: 6 nov. 2021.

reflexões, percebeu que estava diante de um problema de enquadramento. O enquadramento, em uma super-inclusão, seja na categoria mulher ou população negra, não dava conta do lugar específico de uma mulher negra. A interseccionalidade surge então como uma busca por essa explicação da particularidade que envolve o mesmo sujeito. A interseccionalidade nega "uma perspectiva voltada para a super inclusão, o que podemos compreender como uma categoria única, priorizando a necessidade de olhar como as diversas opressões perpassam um indivíduo"[165].

No campo dos Direitos Humanos, a autora vem constatando que "tais elementos diferenciais podem criar problemas e vulnerabilidades exclusivos de subgrupos específicos de mulheres, ou que afetem despro-porcionalmente algumas mulheres"[166]. Assim, como foi possível perceber através das pesquisas das intelectuais brasileiras, a mulher negra, tra-balhadora, está em uma situação específica dentro da nossa sociedade tanto no acesso à educação, quanto no mercado de trabalho. Nos mapas da violência, consistem nas principais vítimas das violências domésticas e feminicídio no Brasil. Em linhas gerais:

> A interseccionalidade visa dar instrumentalidade teórico--metodológica à inseparabilidade estrutural do racismo, capitalismo e cisheteropatriarcado – produtores de avenidas identitárias em que mulheres negras são repetidas vezes atingidas pelo cruzamento e sobreposição do gênero, raça e classe, modernos aparatos coloniais[167].

Assim, a interseccionalidade torna-se esse instrumento que per-mite analisar essas avenidas identitárias nos mais diversos fenômenos sociais. Um conceito que tem tanto aplicabilidade na teoria quanto na prática, como exemplo, o caso de Emma utilizado por Crenshaw que a definiu para utilização no campo do direito em busca por justiça social, ou diversas políticas públicas que surgem para pensar a condição espe-cífica das mulheres negras e a necessidade de um olhar que interconecta esse transitar de violências sobre um mesmo grupo. Ainda é importante acentuar, junto a Collins e Bilge, que a adoção da interseccionalidade como ferramenta analítica apresenta dois pontos que serão importantes no decorrer deste estudo:

---

[165] SANTIAGO, Bruna. **O pensamento de Angela Davis**: perspectivas de liberdade e resistência. Belo Horizonte: Letramento, 2021. p. 56.

[166] CRENSHAW, 2002, p. 174.

[167] AKOTIRENE, Carla. **Interseccionalidade**. São Paulo: Sueli Carneiro; Pólen, 2018. p. 19.

(Um) 1. Uma abordagem para entender a vida e o comportamento humano enraizados nas experiências e lutas de pessoas privadas de direitos; e 2) uma ferramenta importante que liga a teoria à prática e pode auxiliar no empoderamento de comunidades e indivíduos[168].

O primeiro ponto compreende que a interseccionalidade proporciona um grande avanço nas análises da sociedade quando se tem uma ampla gama de debates que apresentam, através da interseccionalidade, novas interpretações sobre trabalho, família, reprodução[169]. É usar as experiências e lutas de uma população que teve durante muito tempo negada sua participação no fazer acadêmico, essa inserção enriquece, de maneira considerável, o âmbito de produção. Patrícia Hill Collins e Sirma Bilge são enfáticas ao afirmarem que "os projetos de conhecimento interseccional fomentaram novas questões e áreas de investigação nas disciplinas acadêmicas já existentes, em especial nos campos que tratam da interconectividade da academia com algum aspecto do público em geral"[170]. O segundo elemento é de grande valia, pois centraliza a interseccionalidade como uma ferramenta capaz de unir teoria e prática, que pode servir de catalisador para auxiliar no empoderamento de comunidades e indivíduos[171].

Nossa pesquisa irá pensar por meio dessa lente analítica o lugar da mulher negra na literatura de cordel, a partir de dois prismas: o lugar em que ela foi colocada pelo homem branco e o lugar que ela se define. Esse transitar pelo pensamento social brasileiro, bem como pela literatura, pelo cinema, pela televisão, visou reconhecer um padrão de representação estereotipada que, como analisaremos, estará presente também na literatura de cordel. Falamos assim de toda uma produção de conhecimento forjada através da linguagem daquele que se sentia a norma e criava os outros em todas as expressões sociais.

A interseccionalidade permite-nos assim pensar que há uma gama de análises que precisam ser feitas olhando para as mulheres racializadas de forma específica. Há uma considerável produção sobre as mulheres na literatura de cordel, no entanto, as pesquisas apresentam-se de maneira a trazer uma super inclusão das mulheres como categoria universal. Há

---

[168] COLLINS; BILGE, 2021, p. 56.

[169] *Idem.*

[170] *Ibidem*, p. 57.

[171] *Idem.*

de fato poucas pesquisas que fazem uma leitura que conecte raça, classe e gênero no cordel, por isso, compreendemos que a análise interseccional nos permite transitar entre as especificidades das representações que conectam raça e gênero. É empreender uma análise que destaque as diferenças raciais entre as mulheres e como isso pode ser identificado na produção cordelista.

Assim, propomos um olhar a partir da interseccionalidade, que nos permite focar nas mulheres negras e que se propõe refletir como há estereótipos direcionados às mulheres negras que não atingem as mulheres brancas, por esse fato pensar os estereótipos em torno das mulheres de maneiras específicas, a partir do seu pertencimento racial. Também, chamando atenção para os homens negros, que sofrerão uma gama de violência racial nessa literatura, através de outros atributos que os atingem de maneira particular. Portanto desenvolveremos no próximo capítulo como mulheres brancas, negras e homens negros são atravessados por representações específicas na literatura de cordel e como nessa literatura os estereótipos são movidos para representar de maneira pejorativa esses sujeitos e sujeitas.

PARTE II

"MAS O PRANTO POR ELA PRANTEADO/ É ARGAMASSA QUE SELA/ A ESTRUTU- RA RACHADA"[172]

[172] CRUZ, Eliana Alves. Anatomia do pranto, uma poesia de Eliana Alves Cruz. **Revista Desvario**, 2021.

A LITERATURA DE CORDEL

Neste capítulo, iremos contextualizar as representações das mulheres negras dentro da literatura de cordel. É notório que no final do século XIX e início do século XX, quando os folhetos estão ganhando as ruas por todo Nordeste, sua concentração majoritária estava nas mãos dos homens. Isso implica dizer que temos uma produção cordelista que parte da visão masculina e branca[173]. Essa criação não destoa das outras produções que trabalhamos no primeiro capítulo, mas consideramos que os folhetos nos permitem uma visão privilegiada do pensamento da população à época por coincidir sua expansão com as primeiras décadas do pós-abolição.

Para este capítulo, optamos por trabalhar quatro tópicos: a mulher; o homem negro; a mulher negra; e a autoria feminina. Tendo em vista que partimos da ideia de que há uma representação singular quando se trata das mulheres negras, traçamos um caminho que pense as mulheres brancas e os homens negros para, por fim, falarmos de maneira específica destas primeiras no cordel. Após analisar as representações desses três grupos, caminharemos sobre a autoria feminina onde a presença de novos agentes sociais, na produção de saberes, reescreve a presença dos grupos historicamente marginalizados. Esse movimento é identificado na literatura de cordel e de modo comparativo trazemos as representações contemporâneas das mulheres a partir delas mesmas.

2.1 OS FOLHETOS COMO FONTES DE INFORMAÇÃO E LAZER

No capítulo anterior, percorremos um longo caminho com o intuito de demonstrar que os estereótipos, em relação à população negra, foram elementos centrais em todas as expressões de reprodução de saber no país. Se desde o pensamento social até a literatura oficial, o racismo consolidou-se e expressou seus ideais em suas principais obras, no folheto de cordel não foi diferente. Há no pensamento cordelístico a mesma repetição dos estereótipos em torno dos indivíduos racializados, o que revela a difusão

---

[173] Sabemos hoje que houve vozes destoantes e presença feminina e negra, no entanto, apresentam-se de forma bastante pontual e as que existiram foram ignoradas tanto pelo público, quanto pela historiografia, que se dedicou a estudar os repentistas e cordelistas focalizando durante muito tempo em homens. Veremos mais à frente, neste capítulo, algumas considerações sobre o tema.

e raízes do racismo, bem como suas expressões no seio da população mais empobrecida do país nas primeiras décadas do pós-abolição.

A literatura de cordel, uma grande difusora de verbetes e imaginário popular, também pode ser inserida dentro desse conjunto literário de propagação da imagem da população negra, em especial da mulher negra, enquanto um ser objetificado relacionado à demonização e à sexualidade. Não podemos analisar os folhetos de cordéis dissociados das outras produções da época para não cairmos em análises superficiais e isoladas. Contextualizando os folhetos dentro de outras produções e temporalidades, temos um cenário de produção bastante rico tendo em vista o tempo áureo do cordel.

É justamente nesse período que a literatura de cordel se consolida. Entre as últimas décadas do século XIX e as duas primeiras do século XX, os cordéis passam a ser produzidos e consumidos em larga escala, segundo Rosilene Alves de Melo[174]. Período que, como percebemos, a população negra passava por inúmeros obstáculos na busca por integração em uma sociedade hierarquizada racialmente, pois, como vimos, o país passava por um grande processo de reorganização social que visava à exclusão sistemática da população negra através de diversas formas de genocídio.

Assim, as representações sociais presentes nessa literatura proporcionam visões de mundo trazidas pelos poetas em um período marcado pelo fim da escravização e o início da República, processos de significativas mudanças políticas e sociais[175]. Diversos temas ganham espaço na poesia popular nordestina, como o novo sistema político; os ideais feministas que eram fortemente debatidos nos folhetos; o comportamento das mulheres, este sendo um dos temas centrais; e o negro e a negra dentro dessa sociedade que aparecerá de diversas formas nos versos.

No entanto, para compreendermos a importância do folheto dentro da sociedade brasileira, faz-se necessário entender seu papel social enquanto uma forma de imprensa popular. Em primeiro lugar, incorre-se ao fato que o cordel nordestino é para alguns pesquisadores o amadurecimento

---

[174]   MELO, Rosilene Alves de. **Arcanos do verso**: trajetórias da literatura de cordel. Rio de Janeiro: 7 Letras, 2010. p. 57.

[175]   Os temas das mudanças políticas eram recorrentes na poesia de cordel. A relação entre a Monarquia e a República pode ser encontrada em diversos folhetos. É interessante como há folhetos críticos ao republicanismo que vinham denunciar o processo, as limitações da República e suas falsas promessas; também o saudosismo da Monarquia pode ser constatado em algumas obras. Há sem dúvidas em algumas produções vozes que ecoam insatisfação com a miséria do povo, e como a mudança de sistema não proporcionou mudanças satisfatórias para alguns setores, que usavam a poesia para expressar seus posicionamentos políticos.

de práticas de comunicação oral de poetas do sertão brasileiro. A produção cordelista surge com o acúmulo de outras expressões culturais muito fortes no nordeste brasileiro, como as pelejas, desafios e cantorias que percorriam as ruas através dos(as) cantadores(as) e repentistas que já utilizavam os recursos da rima e memorização fortalecendo a tradição oral.

É possível que exista a construção de uma tradição da oralidade para comunicação dos acontecimentos históricos de um povo, bem como suas opiniões, informações e conhecimentos básicos sobre algo. A propósito disso, Jiliane Santana, ao falar das cantorias, destaca um elemento importante que é a pluralidade de repertório e temáticas variadas, sendo temas mais recorrentes o ciclo do bem como adaptações de romances tradicionais, acontecimentos históricos e conhecimentos geográficos e gerais, temas que irão se fazer presentes nos folhetos de cordel[176].

A pesquisadora identifica que, embora nas cantorias não se tivesse tradição impressa, havia trocas importantes de informação social. Através da tradição oral, ia-se passando o saber pelas ruas, tendo a oralidade um importante papel para a circulação de ideias, de notícias e tradições, somando a isso, o folheto impresso preservava essa dupla função de informação e entretenimento. Ao resgatar as raízes do cordel antes de seu formato estamos falando do que Francisca Pereira dos Santos chamou de uma "poética da voz"[177]. Anterior ao surgimento dos impressos e antes mesmo da nomenclatura como literatura de cordel[178], os(as) repentistas elaboravam mentalmente as composições orais que seriam usadas nas pelejas e cantorias.

> [...] Apesar do folheto ser um tipo de poética escrita e impressa ela não nasce dessa palavra escrita, ela vem da voz performática de uma vasta cabroeira de cantadores

---

[176] SANTANA, Jiliane Movio. **Heroínas Negras Brasileiras, de Jarid Arraes**: perspectivas dos feminismos descoloniais na narrativa de cordel. Dissertação (Mestrado em Estudos e Linguagens) – Programa de Pós-Graduação em Estudos de Linguagens da Universidade Tecnológica Federal do Paraná, Universidade Tecnológica Federal do Paraná, Curitiba, 2021.

[177] SANTOS, Francisca Pereira. Mulheres Fazem... Cordéis. **Graphos**, João Pessoa, v. 8, n. 1, jan./jul. 2006.

[178] A nomenclatura literatura de cordel foi algo dado posteriormente por intelectuais inspirado em uma literatura portuguesa semelhante, embora no Nordeste o termo não fosse utilizado, aqui eram mais recorrentes livrinhos de feira, folheto de história, história do meu padrinho, fazendo referência ao Padre Cícero. A Literatura de Cordel veio através de concordância de estudiosos da área do país que identificam serem ibéricas as origens do folheto nordestino. Sobre o tema, ver: ABREU, Márcia. História de cordéis e folhetos. São Paulo: Editora Mercado de Letras, 1999.; A REPRESENTAÇÃO DA IDENTIDADE FEMININA NOS CORDÉIS DE LEANDRO GOMES DE BARROS (c. 1907 - c. 1920) LOUANE NASCIMENTO SILVA, p. 9.

nordestinos, poetas nômades espalhados por várias feiras, praças, fazendas e auditórios a contar e cantar seus versos[179].

Contando e cantando os versos, esses homens e mulheres traziam uma visão de mundo e informavam sobre o que viam e ouviam no seu transitar. Para a autora, há no que se torna literatura de cordel, grandes marcas dessa tradição, os temas, as formas de informar, formar e expressar suas visões sobre o mundo e sobre o outro. Com o advento do impresso, os folhetos ganham um novo status.

É nesse cenário que o cordel cumpre função dupla: entretenimento e informação. Nem sempre a poesia nordestina foi sinônimo de poesia impressa. Com a expansão do folheto impresso, a poesia falada passa a ser vista como entretenimento, também uma espécie de jornal para narrar causos e a situação do país. A partir deles, a visão dos poetas perpassa toda uma população pobre e iletrada que tinha um acesso limitado à imprensa oficial. Assim, os cordéis não se limitavam ao lado recreativo, mas também serviam de fonte de informações que chegavam na população mais empobrecida de forma didática. Em relação a isso, Ana Maria Galvão denota que "as histórias eram veiculadas por cantadores ambulantes, que iam de fazenda em fazenda, de feira em feira, transmitindo notícias de um lugar para outro, aproximando as pessoas"[180].

Os folhetos, enquanto uma imprensa alternativa, cumpriam um importante papel ideológico tendo em vista que é a partir deles que diversas temáticas serão repassadas para a população. Assim, o conjunto de folhetos nos possibilita refletir sobre o ideário de uma época. O que podemos entender enquanto uma afirmativa ao analisar os folhetos, já que algo bastante demarcado no ambiente do cordel, é sua pluralidade temática. A multiplicidade de temas presentes nessa literatura a torna uma fonte rica para compreendermos o contexto histórico-social de uma época. Como apresenta Jiliane Santana, "os folhetos ora refletem e reproduzem os valores dominantes, conservadores, eurocêntricos e cristãos, ora desmontam e provocam questionamento e denúncias, tendo a sátira e o escárnio como recursos poéticos"[181], assim, a autora aponta que os versos correspondem e tratam em certa medida com os anseios do mundo real em que essa população empobrecida estava situada.

---

[179]   SANTOS, F. P., 2006, p. 183.

[180]   GALVÃO, Ana Maria de Oliveira. **Cordel**: leitores e ouvintes. Belo Horizonte: Autêntica, 2006. p. 31.

[181]   SANTANA, 2021, p. 62.

Encontramos nos folhetos reivindicações sociais; insatisfação com a nascente República; referências saudosistas da Monarquia; e também revolta pelo descaso do Estado com essa população cada vez mais empobrecida. Ruth Terra denominou essa produção como "folhetos de queixas gerais"[182], esses folhetos descreviam e criticavam de forma muitas vezes satírica as mazelas que afetavam a população, seja do campo ou da cidade, identificando um padrão de denúncia, lamentação sobre o cotidiano da época. Essa produção focava no cotidiano e servia para descrever e também denunciar um cotidiano marcado pelas desigualdades sociais.

> A vida nordestina parece ser palco e a fonte dos folhetos. Embora não haja restrições temáticas, essa produção sempre esteve fortemente calcada na realidade social na qual se inserem os poetas e seu público, desde as primeiras produções. Mais da metade dos folhetos impressos nos primeiros anos continha "poemas de época", que tinham como foco central o cangaceirismo, os impostos, os fiscais, o custo de vida, os baixos salários, as secas, a exploração dos trabalhadores[183].

Márcia Abreu, ao analisar as especificidades do cordel brasileiro, identifica a variedade temática da produção local em relação à produção portuguesa, a qual é vista como matriz do surgimento do cordel no país. Embora tenha raízes ibéricas, Abreu analisa as particularidades de cada produção e como a produção de cordéis portugueses focaliza uma realidade completamente diferente da nossa produção, assim, a autora afirma que "dificilmente se terá pensado nesses temas a partir da leitura de cordéis portugueses que tratam de reis, condes e cavaleiros, que desenham um mundo de convivência harmônica entre as classes"[184].

Assim, embora tenhamos folhetos nordestinos que tragam nobres personagens, as tramas narrativas são tecidas em muitos momentos através do conflito da realidade social vivida. Abreu analisa que o estado de "indignação, lamentação e crítica do cotidiano" domina as histórias dos folhetos nacionais, de modo que é possível dizer que há, em nossa produção, uma preocupação de expor o cotidiano e os problemas sociais da época. As pessoas comuns do dia a dia viram personagens centrais nas tramas. Nesse contexto, podemos observar, além de queixas gerais em rela-

---

[182] ABREU, Márcia. **História de cordéis e folhetos**. São Paulo: Editora Mercado de Letras, 1999. p. 120.

[183] *Ibidem*, p. 120.

[184] *Ibidem*, p. 121.

ção às desigualdades sociais e críticas ao empobrecimento e aos regimes políticos, como apontou Ruth Terra, a presença de forte conservadorismo. Este não se limitaria aos regimes políticos, abrangendo, assim, agentes sociais e mudanças de costumes no que tange às mulheres e à população negra, que serão recorrentemente tematizados nessa produção.

Nossa pesquisa se debruça sobre o universo feminino negro, mas pensar a mulher é necessariamente pensar em um corpo marcado pela raça e pelo gênero. Assim, as reproduções dos estereótipos em torno do homem e da mulher branca são de grande interesse, pois, a partir deles, podemos fazer aproximações e distanciamentos dessas representações. Há um ponto de encontro entre homens e mulheres negras animalizados através da raça, fazendo-se fundamental a presença, apesar de rápida, de um olhar sobre os corpos masculinos racializados na literatura de cordel. Os métodos de controle social escravista foram nessa construção da reprodução dos estereótipos que serão recorrentes no seio da literatura popular e, com isso, encontramos diversos folhetos que investem na ideia de inferioridade biológica e mental da população negra. Assim, começamos as análises dos folhetos a partir da representação destes.

2.2 A IMAGEM E A SEMELHANÇA DO DIABO: O HOMEM NEGRO NA LITERATURA DE CORDEL

A representação do negro na literatura de cordel é um tema que ficou marginalizado nos estudos acadêmicos durante o século passado[185]. No entanto, apesar da pouca visibilidade, pesquisas surgiram buscando analisar tanto as representações sociais do negro nas tradições orais, a exemplo a pesquisa de 1960 de Florestan Fernandes. Quando ele analisa a difusão dessas representações no nosso folclore[186], apresentando a presença das visões de inferioridade racial que, no campo da oralidade, como vimos, são em certa medida parte fundante da literatura de cordel.

Da mesma forma, surgiram pesquisas que deram passos fundamentais na análise da presença do negro no folheto. A primeira obra que

---

[185] Apesar de a literatura de cordel ser um campo frutífero de pesquisa, o debate do racismo no folheto foi bastante negligenciado. Com todas as mudanças sociais decorrentes dos avanços dos movimentos negros brasileiros, debates públicos sobre raça e racismo, o tema vem recebendo atenção no campo acadêmico com maior ênfase agora nas primeiras décadas do século XXI.

[186] FERNANDES, Florestan. **Mudanças sociais no Brasil**. Aspectos do desenvolvimento da sociedade brasileira. São Paulo: Global, 2013.

se dedica a analisar os estereótipos e o negro a partir de uma perspectiva sociológica é de 1976 e foi empreendida por Clóvis Moura, intitulada *O preconceito de cor na literatura de cordel*[187]. Em seu estudo, debruça-se sobre três eixos centrais que são a inferiorização do negro no cordel, a identificação com o demônio e o processo ideológico do racismo na luta de classes.

Ao fazer isso, o autor apresenta que dentro das expressões culturais ocorrem tensões de classes e como a constante desqualificação do negro explicita um projeto burguês. O racismo enquanto uma ideologia burguesa e pilar central do capitalismo se espraia nas camadas populares, ao passo de percebermos, nessa fonte, a construção do negro como o perigo constante para sociedade, e o senhor de engenho é retratado como um ser passivo, compreensivo. Isso pode ser constatado no folheto "O negrão do Pajeú" (1979), do cordelista Expedito Sebastião da Silva[188]:

Figura 4 – capa do folheto "O negrão do Pajeú"

Fonte: Biblioteca de obras raras Átila de Almeida (UEPB). Pesquisa de campo

---

[187] MOURA, Clóvis. **O preconceito de cor na literatura de cordel**: tentativa de análise sociológica. São Paulo: Resenha Universitária, 1976.

[188] Expedito Sebastião da Silva nasceu em 20 de janeiro de 1928 em Juazeiro do Norte (CE) e faleceu em 8 de agosto de 1997. Foi poeta, tipógrafo e revisor, tendo seu primeiro folheto publicado em 1948, intitulado "A moça que depois de morta dançou em São Paulo".

A xilogravura retrata dois homens, primeiro o branco e depois o negro, em uma posição de duelo. O posicionamento do homem branco revela altivez, está em posição de ataque, empunhando uma peixeira, com as mãos direcionadas para a garganta daquele que é identificado pelo título como Negrão do Pajeú, enquanto este aparece um pouco curvado, com a língua para fora e esguichando sangue. O posicionamento na capa revela uma luta corporal e induz a pensar que temos um vencedor e, de fato, é assim o decorrer da história. Um elemento importante é que o lugar de superioridade do homem branco se dá através de vários elementos, possuindo um nome. No folheto, o personagem branco é nomeado como Osvaldo e acrescido da exaltação de características ligadas à bravura, à coragem e à honestidade. Já o homem negro se reduz a Negrão do Pajeú, sendo Pajeú o nome de uma região, indica sua vinda de alguma fazenda anterior de outra localização e o sobrenomeia duplamente como negro, seu primeiro nome e apresentação, em seguida o seu antigo lugar de escravização. O folheto inicia-se com os seguintes versos:

> Há uns cens anos atrás
>
> no tempo da escravidão
>
> nas terras do Piauí
>
> no interior do sertão
>
> aconteceu esta Estória
>
> de amor e traição.

Primeiramente, o que nos chama atenção no folheto é a temporalidade em que o cordelista narra a história que é o período de escravização. Apesar de o negro aparecer de forma bastante estereotipada e serem identificadas características reminiscentes à escravização, poucos cordelistas situam suas narrativas nas fazendas escravocratas[189]. E continua:

---

[189] Clóvis Moura (1976) não encontra em sua pesquisa folhetos que ambientam a escravização e nos oferece três hipóteses para essa escassez: a primeira, ele diz-nos que pode ser a pequena influência da economia escravista nas áreas onde estavam difundidas a literatura de cordel, o que dentro da sociedade sertaneja poderia não ter estabelecido bolsões competitivos relevantes ao ponto de marcar um pensamento preconceituoso contra os ex-escravos, dentro da exploração coletiva e aguda da população sertaneja. A segunda hipótese seria que se perdeu aquilo que poderia ter sido uma literatura de cordel que satirizava o ex-escravo, então ele faz um paralelo de como ficou permanente no folclore e nas tradições orais embora não tenham registros avolumados nos folhetos. E a terceira, que complementa a segunda, é que devido à transmissão oral, antes da popularidade do impresso, cordéis mais antigos que retratam o escravizado podem não ter chegado até nós.

Havia no Piauí

naquele tempo grosseiro

o senhor Zeca Minu

um bondoso fazendeiro

possuía muitas terras

escravatura e dinheiro.

O senhor Zeca Minu

era um rico sem bondade

a seus escravos tratava

com toda amabilidade

os tinha como uns amigos em sua propriedade.

O senhor Zeca Minu é a primeira pessoa que aparece na narrativa. Por ser branco, não tem sua cor demarcada, mas as características remetem à bondade, à humildade, embora seja um senhor de escravos. O cordelista retrata esses escravizados como amigos do seu senhor. É perceptível no folheto uma ideia de harmonia racial e convivência pacífica entre senhores e escravos.

Em sua pesquisa *Cordel, Almanaques e Horóscopos*, Reinaldo Carvalho analisa a produção de Expedito, contudo, o racismo não é componente de sua pesquisa[190]. Ao analisar grande parte da obra do cordelista, ele identifica que Expedito expressa um universo social permeado por elementos de um mundo dividido entre o bem e o mal. E em meio a essa ambiguidade, "sua poesia âncora no imaginário popular característico de uma memória de vida"[191]. A análise de Carvalho nos permite ter uma dimensão da obra do cordelista de forma mais expandida e situar esse folheto. Essa ambiguidade do bem e do mal é sintetizada em, como o mesmo representa, negros e brancos. O branco irá ser detentor de todas as qualidades. O segundo personagem branco, Osvaldo, aparece como um homem apaixonado, honesto, corajoso e que acaba ficando cego devido às maldades e à violência do Negrão do Pajeú.

---

[190] CARVALHO, R. F. **"Cordel, Almanaques e Horóscopos"**: erudição dos folhetos populares em Juazeiro do Norte-CE (1940-1960). 2008. Dissertação (Mestrado em História) – Programa de Pós-graduação em História, Universidade Estadual do Ceará, Fortaleza, 2008.

[191] *Ibidem*, p. 71.

Já o negrão, desde a primeira estrofe, é colocado como alguém violento e controlador, responsável pelo desequilíbrio da paz na fazenda. Ao desejar possuir uma moça branca, a qual se apaixona por Osvaldo, ele é capaz de todo tipo de atrocidade para tê-la. A ideia de rejeição desse homem pela donzela branca, as tentativas de estupro do negro em relação à moça e o lugar de corrupção moral do negro permeiam todo o folheto. A primeira estrofe já o situa como:

> Porém tinha na fazenda
>
> como administrador
>
> um negro escravo valente
>
> que causava tal pavor
>
> aos outros que o tinha
>
> como segundo senhor
>
> [...]
>
> Assim aqueles escravos
>
> sem saber Zeca Minu
>
> atormentados viviam
>
> na ponta do relho cru
>
> satisfazendo os desejos do Negrão do Pajeú.

Assim, o negro aparece como feitor e sendo ele o grande mal da escravização e não a escravização em si. Muito menos o senhor branco é culpabilizado, ao contrário, ele aparece enganado e seus escravizados só são infelizes pela presença do capataz, o negro é o elemento do terror até mais do que o branco que escraviza. O folheto reforça o lugar do negro como não digno de uma relação afetuosa, como estuprador e violento, assim, contribuindo para disseminar o mito do homem negro estuprador[192] dentro da sociedade. Uma estrofe interessante é que, ao referir-se à tentativa de conquistar Jocelina, filha do senhor de engenho, ele a galanteia: "Oh, menina como és bela tu queres gostar de mim?". Que ela responde da seguinte maneira:

> — Você veja com quem fala
>
> se me disser inda ontra

---

[192] DAVIS, 2016.

irá voltar pra senzala

lá negro atrevido assim

na peia é como se cala.

Ameaçado de voltar para a senzala, posto no seu lugar de negro, revolta-se e persegue a moça. A agonia do casal só chega ao fim com a morte do negrão pelas mãos do noivo valente e apaixonado que, mesmo após ter ficado cego, lutou pela honra de sua amada. Como aponta Christian Ribeiro ao analisar a obra de Clóvis Moura, as relações interraciais aparecem nos folhetos como ponto de tensão e normalmente resultam no fracasso do homem negro diante da mulher branca.

> Contextualizado enquanto elemento negativo nos casamentos interétnicos, por sua incapacidade civilizatória ou por instintos animalescos de violência e sexualidade extremada, enfatizando que tal relação afetiva de mulheres brancas com negros sempre se dá enquanto uma relação de perigo e prejuízo a mulher branca, não sendo incomum os cordéis desse viés terminaram com a morte do homem negro[193].

Um folheto que concentra esses elementos e que encontramos nas nossas pesquisas foi do célebre cordelista João Martins de Athayde[194], intitulado *História do Negrão ou André Cascadura*, escrito em 1938. Este nos chama atenção para o lugar de assassino e estuprador no qual explicitamente o poeta situa o homem negro.

---

[193] RIBEIRO, Christian. Aspectos da quilombagem intelectual de Clóvis Moura: Marxismo e culturalismo no livro "O Preconceito de Cor na Literatura de Cordel". **Cadernos Cemarx**, Campinas, n. 14, p. 1-19, 2021. e021012. p. 12.

[194] Um dos principais nomes da literatura de cordel do século XX. Nasceu em Ingá de Bacamarte, Paraíba, em 23 de junho de 1880, e faleceu em Limoeiro, Pernambuco, no dia 7 de agosto de 1959. Poeta e editor, sendo um dos maiores durante as décadas de 1920 e 1950. Toda sua trajetória de editor se deu no Recife, onde estabeleceu sua gráfica. Athayde foi autor de dezenas de folhetos, no entanto, o fato de ser editor o permitiu comprar folhetos por permuta e apagar o nome dos escritores, assim vários podem ter sido atribuídos a sua autoria.

Figura 5 – Capa do folheto História do Negrão ou André Cascadura

Fonte: Biblioteca de obras raras Átila de Almeida (UEPB). Pesquisa de campo

Como percebemos no folheto anterior, é recorrente que imagens de duelos ilustrem suas capas. A ilustração indica que irá ocorrer um embate onde o homem branco e o homem negro voltam a se enfrentar. O que nos chama atenção é que o homem negro aparece de costas, sem rosto identificado, com uma chaga no seu corpo e em uma posição mais baixa que o homem branco, que está posicionado de forma onde é possível vislumbrar todas as características do seu rosto. Novamente percebemos uma posição de ataque e que é indicado que este está pronto para dar um bote no homem negro.

O folheto inicia-se apresentando o Negrão como o terror do sertão, com um aspecto sobrenatural, um negro muito malvado, malfeitor, assassino e estuprador. As quatro primeiras estrofes se debruçam a falar todos os aspectos negativos desse homem e o terror que causava. O cordelista descreve-o assim:

> Habitava no sertão,
>
> Um negro muito malvado,

Malfeitor por primazia,

E Negrão intitulado;

[...]

Uma moça nessa zona,

Não podia residir,

Que este negro soubesse,

E por força não quizesse,

A ela lhe perseguir.

O homem negro, nessa produção, também é intitulado como Negrão. Em diversos folhetos, esse sujeito é nomeado pela sua cor e esse padrão se repete. O que chama atenção em Athayde é que ele reafirma em diversas estrofes que o negro não temia governo, era assassino, roubava honestidade, arruaceiro, atrevido, valentão e aterrorizava as mulheres, pois invadia todas as residências para possuí-las e nem o Estado o deteria. Deivison Faustino, ao analisar o olhar da branquitude em relação ao homem negro, aponta uma fixação sobre a sexualidade e sua genitália[195]. As representações são feitas a partir de uma sexualidade desinforme, um desejo insaciável, e quando o sexo é em relação à mulher branca, expressa-se através da violência. Assim, é como identificamos o negro nesse folheto de Athayde. O cordelista ainda aponta para o sobrenatural ao dizer que nada era capaz de matar esse homem e que ele possuía uma forte couraça:

Muitos atiravam nele,

Mas era mesmo que nada,

Os tiros qu'e ele levava,

Servia de caçoada,

E a bala quando saía,

No couro dele batia,

Ficando logo amassada.

O autor refere-se à pele desse sujeito como couraça e em seguida justifica que ela seria impermeável. Resistente à bala, mas também não

---

[195] FAUSTINO, Deivison; Frantz, FANON. A branquitude e a racialização: aportes introdutórios a uma agenda de pesquisas. *In*: MULLER, Tânia; CARDOSO, Lourenço (org.). **Branquitude** - estudos sobre identidade branca no Brasil. Curitiba: Appris, 2007. p. 134-149.

tinha medo de foice ou facão. O lado sobrenatural e desumano em torno do Negrão é a invencibilidade que o faz cada vez pior e cometedor de atrocidades. O cenário muda quando aparece um herói branco que o derrota, o destrói, o desfigura e salva toda população e as belas moças da perversão de homem. O final do folheto segue o mesmo padrão e se encerra com a morte:

> Espalhou-se a notícia,
>
> Em todo sertão emfim,
>
> Com a morte de Negrão,
>
> O elemento mais ruim
>
> Houve festa o mês inteiro,
>
> Este conto é verdadeiro
>
> Que foi escrito por mim.

A comemoração, o alívio, a limpeza social realizadas e sentidas por homens brancos são sempre exaltadas nos folhetos. O autor coloca o Negrão como aquele elemento "mais ruim" do sertão. Outra característica que também se repete é o casamento da moça branca que seria violada pelo negro como o homem branco que a salvou. O lugar do homem negro diante da mulher branca é o da violação. Ainda sobre essa temática, há um outro folheto revelador intitulado "História de Negrão: O ente mais bárbaro do Piauhy" [19--] de Luiz da Costa Pinheiro[196].

---

[196] Poeta e editor, Pinheiro nasceu Rio Grande do Norte, mas foi para Fortaleza, Ceará, onde fez sua carreira de cordelista. É patrono da cadeira 9 da Academia Brasileira de Literatura de Cordel (ABLC).

Figura 6 – capa do folheto "História de Negrão"

Fonte: Biblioteca de obras raras Átila de Almeida (UEPB). Pesquisa de campo

A capa do folheto é marcada por um duelo onde é possível ver um homem armado podendo ser identificado enquanto um sujeito negro através da cor de seus braços. Portando uma arma e assassinando um homem branco, o qual identificamos por meio da cabeça e mãos de tons claros. Ao seu redor, há outro corpo estendido no chão e objetos derrubados. A capa remete-nos a um cenário de *bang bang* com o negro como o agente do caos. O título presente na capa faz o complemento da cena, o Negrão é assim o ente mais bárbaro do estado do Piauí.

A relação deste com os outros folhetos se dá por desenvolver em torno desse sujeito o caráter desumano do negro, atribuindo a este, o excesso de violência, no entanto, identificamos que o estereótipo principal é a repetição em diversas produções da imagem de estuprador desse homem. O poeta apresenta uma voz feminina que pede clemência e ajuda para não ser violentada por esse homem.

Havia um senhor, que tinha

uma donzela bonita

o Negrão sabendo disso

cheio de maldade se agita

mandou dizer ao pai della

que muito breve a ella

fazia uma visita.

É interessante pontuar a existência de um elemento em comum nos folhetos de cordéis que é a forma como homens negros são retratados como aqueles que aterrorizavam os bons senhores brancos ao cometer atos de estupro contra suas filhas. O elemento da violência se concentra todo no homem negro, cabendo aos homens brancos livrar a todos dessas chagas sociais através de meios que detêm. Como nos folhetos anteriores, há o surgimento de um herói branco que irá salvar a todos, o herói neste folheto se chama Sérgio e, ao defender, a moça diz:

A moça você não leva

te faço comer ruim

cem negros da tua classe

a este homem não dá fim

negro apanha de chicote

com o branco no cangote

puchando no pichaim.

A relação de poder entre homens brancos e negros é explicita. Embora o homem branco não tenha posses, não seja rico, ele tem valentia, senso de proteção e honestidade, o que será o inverso do negro. O lugar do negro que apanha de chicote se faz presente na estrofe. Também elementos racistas se apresentam ao se referirem ao cabelo do homem como pixaim. As estrofes finais relatam a luta perdida, obviamente, pelo Negrão, que tem seus "fatos dilacerados e tripas postas pra fora" pelo herói branco. Esse lugar de açoitado e vencido pelo branco será repetido na literatura de cordel.

Atrelado a isso, o homem negro será representado pela figura sobrenatural do demônio[197]. Clóvis Moura analisa que o tema do inferno e do demônio é muito explorado pelos poetas populares de maneira geral, mas ao centralizar nas características do demônio, muitas vezes também referido como cão, as características do personagem remetem aos negros.

> Mas, o Cão do Nordeste é preto e não vermelho. "O diabo é preto", dizem comumente naquela área. Foge, portanto às regras tradicionais. Daí desenvolver-se toda uma temática que envolve situações com o Demônio como se o Inferno fosse, de fato, o paraíso dos negros e não um lugar de castigo e expiação, pois Belzebu não passa de um "tição apagado". O inferno é, assim, um lugar povoado e governado por negros[198].

Assim, podemos dizer que o diabo perde a cor vermelha que lhe foi atribuída e ganha a pele preta. Os negros comandam o inferno, habitam o inferno, sendo, assim, o seu lugar natural. Franklin Maxado diz que o preconceito contra os negros foi estimulado pela visão do diabo católico medieval[199] e difundido no seio popular criando esse estereótipo que faz uma simbiose entre negros e demônios. Para termos como exemplo essa representação, podemos observar o folheto "A peleja entre Manoel Riachão e o Diabo" de Leandro Gomes de Barros[200]:

> Riachão estava cantando
>
> Na cidade de Açu

---

[197] A relação do negro com o demônio é a mais explorada nas pesquisas que encontrei sobre o homem negro na literatura de cordel, apesar de ainda termos um baixo número de pesquisas que se debrucem sobre a temática. Entre os textos de mais destaques e mais referenciados, estão a já citada pesquisa do Clóvis Moura, "O preconceito de cor na literatura de cordel..." (1976), e o artigo de Franklin Maxado, "O negro na literatura de cordel" (1994), ironicamente o poeta e pesquisador Maxado denuncia o racismo, identifica o negro como a personificação do diabo na literatura, mas seus folhetos sobre mulheres e travestis negras corroboram para a disseminação das violências raciais, como os folhetos "O japonês que ficou roxo pela mulata" e "O travesti que sentou no charuto do alemão". Um trabalho que vai nessa mesma direção de analisar a relação negro e demônio é "Representações do diabo na literatura de cordel: a demonização do negro em Leandro Gomes de Barros" (1893-1918) de Erasmo Peixoto de Lacerda, que analisa a presença do negro na produção de Gomes de Barros.

[198] MOURA, 1976, p. 46.

[199] MAXADO, Franklin. **Sitientibus.** Feira de Santana, n. 12, p. 93-100, 1994.

[200] Leandro Gomes de Barros é da Paraíba, nasceu na cidade de Pombal em 19 de novembro de 1865. Faz parte da Primeira Geração de Cordelistas que, como define Erasmo Peixoto de Lacerda, são os "poetas responsáveis pela construção da tradicional forma editorial dos folhetos de cordel, em sua realidade impressa, entre o final do século XIX e início da década de 1920". É conhecido como o pai do cordel nordestino e tem um valor inestimável para a literatura popular. LACERDA, Erasmo P. representações do diabo na literatura de cordel: a demonização do negro em Leandro Gomes de Barros (1893-1918). Fatos e Versões: **Revista de História,** v. 6, n. 11, 2014, p. 3.

Quando apareceu um negro

Da espécie de urubu,

Tinha a camisa de sola

E as calças de couro cru.

Beiços grossos e virados

Como a sola de um chinelo,

Um olho muito encarnado,

O outro muito amarelo.

Este chamou Riachão Para cantar um duelo.

Leandro Gomes de Barros passa a descrever o negro que apareceu para duelar como "urubu, beiços virado e comparativo a sola de chinelo, os olhos um encarnado e o outro muito amarelado". O título enuncia que Manoel Riachão irá entrar em uma peleja contra o diabo. O interessante é que no folheto ao qual tivemos acesso, a capa retrata um demônio vermelho, no entanto a correlação com o negro é feita com um personagem que está próximo ao diabo. Podemos observar:

Figura 7 – capa do folheto "Peleja de Manoel Riachão com o Diabo"

Fonte: Arquivo pessoal[201]

---

[201] O folheto está disponível para download em: https://docero.com.br/doc/e8x1ese

A capa apresenta um homem branco e um demônio em um duelo. Por trás do demônio, está centralizado o único homem negro da cena, como uma penumbra, de modo que o demônio vermelho está ligado à sombra como em simbiose, o único sujeito preto é aliado ao ser demoníaco. As únicas figuras que são retratadas sobrepostas são essas duas imagens. Todos os outros personagens presentes na cena são brancos e estão em posição de observar o embate na viola que ali se ocorria.

O texto reafirma que, em síntese, negro e demônio são sinônimos. No texto, o diabo não é apresentado como diabo, mas como negro e suas características corpóreas serão exaltadas de forma pejorativa. Em sequência o texto ainda dialoga com a imagem quando o negro é interpelado se é um escravizado ou não, na capa, é o que a imagem deixa transparecer. E prossegue:

> Riachão disse: — Eu não canto
>
> Com negro desconhecido
>
> Porque pode ser escravo
>
> E andar por aqui fugido
>
> Isso é dar cauda a nambu
>
> E entrada a negro enxerido.

> Negro — Eu sou livre como o vento
>
> E minha linhagem é nobre
>
> Sou um dos mais ilustrados
>
> Que o sol neste mundo cobre.
>
> Nasci dentro da grandeza
>
> Não sai de raça pobre.

O negro/diabo primeiro é colocado no lugar de escravizado e Riachão afirma que não irá cantar com ele, pois isso é da "entrada a nego enxerido". O negro, para se defender desse lugar, coloca-se como uma linhagem nobre, de grandeza (que é o inferno) e não uma raça pobre como um negro escravizado. É notório que por mais que o diabo tenha poder para personificar em humanos, tenha grandeza, ele só aparece como corpos negros. O folheto segue com pelejas onde os recursos usados são os insultos juntos aos conhecimentos gerais de cada poeta, estes versavam sobre o movimento da terra, saberes do mundo e conhecimentos sobre os estados brasileiros. O negro nesse duelo sabia demais, algo que não condizia com um negro comum, portanto, só poderia ser algo sobrenatural. Este, ao responder todas as perguntas feitas por Riachão, teve que ouvir:

Riachão disse consigo

Esse negro' é um danado!

Esse saiu do inferno

Pelo demônio mandado

E para enganar-me veio

Em um negro transformado.

Riachão irá ter certeza de que o negro não só foi mandado pelo diabo, como é o próprio diabo, a afirmativa surge a partir da constatação de que um negro não poderia ter tanto conhecimento. Vence-o na peleja e o negro some com ódio, transformado e deixando o cheiro e rastro de enxofre. Nas pesquisas citadas anteriormente, há um olhar mais detido sobre a relação do negro com o demônio. Aqui trouxemos alguns folhetos de grandes cordelistas para discutir como essa inferiorização, as relações de poder e hierarquia racial se dão no folheto.

> Pela lente analítica mouriana, mesmo os brancos pobres, situados entre as camadas sociais mais baixas, exploradas social e economicamente, também discriminados pelas elites dominantes, sabem como operar e tirar vantagens de sua condição étnico-racial de pessoas, consideradas, brancas ou "não-negras" no Brasil, acabando por reproduzir os códigos e condutas que sustentam – enquanto conceito e prática – o racismo estrutural brasileiro[202].

Christian Ribeiro, a partir da análise de Clóvis Moura, aponta como dentro do campo da cultura o autor percebeu que os brancos, mesmo empobrecidos, desenvolveram estratégias que os colocassem em um lugar de superioridade moral, intelectual e estética[203]. Os folhetos demonstram esse padrão de construção constante de estereótipos que estão de acordo com a elite dominante. Atrelar o homem negro ao diabo não é a simples relação da sua imagem com um ser sobrenatural com chifres, consiste na relação com tudo aquilo que o mal representa, o que identificamos no

---

[202] RIBEIRO, C., 2021, p. 8-9.
[203] *Idem.*

padrão construído que o coloca como desordeiro, ladrão, estuprador e, por fim, o campo do sobrenatural, aqueles que habitam o inferno.

Há estereótipos específicos que irão atingir o homem negro e alguns que irão atingir a mulher negra — dividem a raça e os estigmas. Esse caminhar pela presença do homem negro no folheto é para compreender, também, que existirá outras formas específicas de se atingir a mulher negra e os estereótipos sobre seu corpo. Em contrapartida, quando falamos de mulheres brancas, estas geralmente são colocadas como antítese das mulheres negras. Assim, como o homem branco é do negro. O universo do cordel irá desenvolver narrativas sexistas que envolvem as mulheres de forma geral, mas as sujeitas negras e brancas serão colocadas em esferas diferentes e quase nunca dialogam. Desse modo, iremos refletir sobre esses distanciamentos.

2.3 A MULHER NO CORDEL... MAS QUE MULHER É ESSA?: A RAÇA COMO FATOR FUNDAMENTAL NA DISTINÇÃO DAS MULHERES NO FOLHETO

As representações das mulheres na literatura de cordel é uma temática que recebe bastante atenção das pesquisas acadêmicas. Atualmente contamos com importantes trabalhos que se debruçaram sobre o tema. No geral, busca-se compreender como os poetas, majoritariamente homens, versaram sobre as mulheres e quais estereótipos estão presentes nos folhetos. No entanto, embora as pesquisas avancem em explorar o campo das representações em torno do feminino, em sua maioria permanece invisível o fato de que esses poetas se referem a mulheres negras e brancas de formas específicas. Muitos dos estereótipos apontados não cabem em leitura quando inserimos o fator racial. De modo geral, é comum o tratamento a essas mulheres como sujeitas universais.

Para compreendermos essas questões, começamos identificando quais estereótipos afetam diretamente as mulheres brancas e em que medida há um distanciamento das negras. O campo do feminino foi um tema muito presente nos folhetos. Os homens passaram a narrar seus ideais de beleza, comportamentos de forma mais ampla na sociedade. Também, foi um espaço para que eles mostrassem suas insatisfações em torno das mudanças sociais que envolvessem as ações das mulheres. Isso nos dá um importante campo de observação.

Rosires Carvalho identifica duas representações constantes em torno dos corpos femininos: a de Eva e a de Maria. Uma centraliza a perversidade, astúcia, maldade e anormalidade comportamental, enquanto a outra representa a bondade e fidelidade[204]. Nesse sentido, Ângela Grillo analisa:

> Percebe-se, nos folhetos, a recriação de imagens anti-heroínas, de mulheres malcriadas e falsas, como também de mulheres puras de boa conduta, identificadas como Eva ou Virgem Maria, respectivamente. Nesse sentido, fica evidenciada a presença de uma cultura misógina que permeia as representações femininas em distintas linguagens nos diversos segmentos sociais[205].

Ângela Grillo compreende que há uma construção do folheto a partir de uma ideologia sexista que irá definir padrões de comportamentos que as mulheres devem seguir. Entre o principal tema está como manter a honra e o pudor, assim as que seguem esse comportamento serão postas como as Marias dignas de admiração e amor. Podemos ter como exemplo os folhetos "A formosa Guiomar" de Chagas Batista de 1908 e "História da Donzela Teodora" de Leandro Gomes de Barros de 1905. No primeiro, as principais características de Guiomar são narradas:

> Chamava-se Guiomar;
>
> Tinha quinze annos de edade;
>
> Era tão linda qual Venus,
>
> Era a flor da castidade,
>
> Era a virtude em pessoa;
>
> Desconhecia a maldade!

Guiomar é comparada a priori com a deusa do amor e da beleza, mas logo em seguida é enfatizada sua castidade. Ter sua castidade intacta atrai significantes precedentes da virtude e da bondade. Ser uma mulher virtuosa é antes de tudo ser casta, e não ter conhecido o sexo significa não conhecer a maldade. É após essa primeira apresentação que Chagas Batista dará sequência às outras atribuições da personagem.

Além de bela e casta, Guiomar tem um vasto currículo apresentado pelo poeta. Diplomada, estudou nas melhores escolas, falava seis idiomas. Importante refletir que as mulheres tomadas de virtude possuem uma educação superior a todas as outras, embora, no ano em que foi escrito o folheto, 1908, ainda fosse escasso o número de mulheres com acesso à

---

[204] CARVALHO, R. F., 2008.

[205] GRILLO, Maria Ângela de Faria. Evas ou Marias? As mulheres na literatura de cordel: Preconceitos e estereótipos. **Esboços**, Florianópolis, v. 14, n. 17, 2007. p. 123.

educação. A educação formal feminina só se inicia no Brasil em meados de 1867, em âmbito privado, e em 1880, em âmbito público, e ainda de uma maneira muito dicotômica entre o que as mulheres deveriam aprender em relação aos homens.

Mas geralmente as musas dos folhetos possuem um conhecimento superior a todas as outras. A "História da donzela Teodora", uma adaptação de um famoso romance da mitologia portuguesa do século XVIII, irá retratar a história de uma donzela vendida como escrava que possuía uma beleza de se admirar e uma aptidão para a aprendizagem. Sendo vendida para um húngaro, este mandou educá-la, a qual passou a dominar "tudo que era ciência" ao ponto de superar o próprio mestre. Gomes de Barros descreve-a como "uma donzela cristã" e acrescenta aos seus tributos:

> Tinha feições de fidalga
>
> era uma espanhola bela
>
> ele perguntou ao mouro
>
> quanto queria por ela
>
> entraram então em negócio
>
> negociaram a donzela.
>
> [...]
>
> Ela já era um ente
>
> nascida por excelência
>
> como quem tivesse vindo
>
> das entranhas da ciência
>
> tinha por pai o saber
>
> e por mãe, a inteligência.

Embora Guiomar e Teodora sejam postas como mulheres inteligentes, essa inteligência não supera a humildade e gratidão. A primeira dominava o mundo das letras, falava diversas línguas, dona de uma beleza que impressionava, escrevia muitos sonetos, mas o que é destacado é sua humildade e simplicidade. O cordelista justifica isso pelo fato de sua musa usar pseudônimo, não se assumir escritora e não desejar reconhecimento. Analisando esse folheto, Ângela Grillo aponta que:

> Para o poeta, uma mulher que se compraz de sua condição, mesmo que saiba ler e escrever não assume esse poder, fica anônima. Muito pelo contrário, assumir uma

autoria seria orgulho, ou mesmo vaidade desnecessária, imagem que não corresponde à da mulher humilde. As qualidades que se espera da mulher não é o saber erudito. Nesse sentido, mesmo a que o possui, submete-se às outras qualidades, negando o poder que possuem ao assumirem o anonimato[206].

Já no caso da Donzela Teodora, ela usa de todos os seus aprendizados para ajudar o seu senhor que entrou em estado de miséria. Convence-o a vender-lhe e, ao conseguir, através de sua sapiência vencer todos os questionamentos do rei, consegue a permissão para exigir o que desejar. Seu desejo é o valor financeiro e retorno para o seu senhor. Teodora é uma mulher que domina todos os aspectos do conhecimento, que pode obter o que quiser das mãos do rei, mas dentro da sua humildade, o seu desejo é permanecer com aquele que lhe comprou e devolver a ele toda sua fortuna.

Letícia Oliveira, em sua pesquisa "De mártir a meretriz: Figurações da mulher na literatura de cordel (1900-1930)", analisa a produção da principal tríade de cordelistas nas primeiras décadas do século XX, sendo eles Leandro Gomes de Barros, Francisco das Chagas Batista e João Martins de Ataíde[207]. A autora identifica que há um padrão de representação daquelas que serão as protagonistas exemplares; elas irão reunir aspectos como inteligência, bondade, comportamento prestativo e irão sofrer em nome dos seus ideais. Essas mulheres resignadas, belas, inteligentes e capazes de qualquer sacrifício serão o contraponto das meretrizes, caracterizadas como transviadas, públicas, interesseiras.

Louane Silva, ao analisar as representações das mulheres na produção de Leandro Gomes de Barros, identifica que em sua produção "as personagens femininas passam em certo momento a serem intituladas como anti-heroínas, aparentando ser falsas e perigosas, contrariando aquele modelo esperado pela sociedade, isto é, um modelo de mulheres doces, delicadas e submissas"[208]. A cunho de comparação, trazemos o folheto "O bataclam moderno e as moças seminuas" de João Martins de Athayde e como as figuras femininas ganham uma narrativa distanciada daquela apresentada até aqui. Começamos pelas observações das capas dos dois folhetos.

---

[206] GRILLO, 2007, p. 128.

[207] OLIVEIRA, Letícia Fernanda da Silva. **De mártir a meretriz:** Figurações da mulher na Literatura de Cordel (1900-1930). 2017. 192 f. Dissertação (Mestrado Acadêmico em Letras) – Faculdade de Ciências e Letras, Universidade Estadual Paulista "Júlio de Mesquita Filho", Assis, 2017.

[208] SILVA, Louane Nascimento. **A representação da identidade feminina nos cordéis de Leandro Gomes de Barros (1907-1920).** 2017. Monografia (Licenciatura em História) – Universidade Federal de Campina Grande, Campina Grande, PB, 2017, p. 23.

Figura 8 – Capa do folheto "História da Donzela Teodora"

Fonte: BARROS, Leandro Gomes de. História da Donzela Teodora [en ligne]. Disponível em: https://cordel.edel.univ-poitiers.fr/viewer/show/107. Acesso em: 30 jan. 2022

Figura 9 – Capa do folheto "O bataclam moderno e as moças semi-nuas"

Fonte: Biblioteca de obras raras Átila de Almeida (UEPB). Pesquisa de campo

As representações nas capas dos folhetos nos mostram dois tipos de figuras que se contrapõem. A primeira, uma moça bem penteada, com o colo à mostra que deixa transparecer um ar de feminilidade, a foto de uma mulher que parece referenciar uma escultura com ar de delicadeza e beleza. Já na segunda imagem, as figuras femininas são ambíguas e com características masculinas. Sem seios, rostos masculinizados, cabelos curtos. Situamos que no início do século XX, com o avanço dos debates feministas e novos padrões de comportamento das mulheres, é percebido uma resistência dos poetas a essas mudanças. Calças, vestidos curtos, cortes de cabelo e tudo o que fugia para esses homens de uma regra de comportamento, irá ser colocado como comportamento de mulheres públicas e perdidas.

O título do folheto já faz referência ao famoso cabaré Bataclan. No Brasil, o Bataclan de Ilhéus teve seu apogeu entre 1926 e 1938, sendo uma casa de prostituição de luxo que inspirou grandes histórias, inclusive as do grande romancista Jorge Amado. No folheto, a referência aos prostíbulos não é pelo seu luxo, ou pela beleza das garotas que estavam ali para servir coronéis, intelectuais, boêmios ou marinheiros, mas sua extensão para a vida pública de todas as mulheres. Athayde inicia o folheto falando:

Mundo velho desgraçado

Teu povo precisa de uma freio,

Para ver se assim melhora

Este costume tão feio

De uma moça seminua

Andar mostrando na rua

O sovaco, a perna, o seio.

No mesmo folheto, ele traz:

Quando ellas sahem a rua

Admira muita gente,

Uns dizem; que couza feia

Outros: que traje indecente

O beiço todo pintado

O pescocinho raspado,

O vestido todo rente.

[...]

As senhoritas de agora

É certo o que o povo diz,

Não há vivente no mundo

Da sorte tão infeliz;

Vê-se uma mulher raspada

Não se sabe se é casada,

Se é donzela ou meretriz.

Ao iniciar discorrendo sobre como o mundo seria o lugar que estaria em desgraça, também o coloca como tornando-se um cabaré a céu aberto. O autor acusa a moda, os tempos modernos que obrigam até as donzelas terem o comportamento de meretrizes. Durante o folheto ainda afirma que não é mais possível diferenciar uma moça donzela e uma mulher da vida, já que todas usam batom, raspam o cabelo curtinho e usam vestidos. Esse tema da vestimenta e do comportamento estará presente em diversos folhetos como "As cousas mudadas" e "As saias calções" de 1911, ambos de Leandro Gomes de Barros. Em "As saias calções", culpa a mulher pela falta de chuva:

Depois que veio essa moda

De mulher botar chapéo

Pegou a faltar a chuva,

Secaram as nuvens no céo,

Os pobres paes de familia

Estão soletrando charéo.

As mulheres que só vivem

A sondar a invenção

Acharam que estavam bem

Inventando cinturão,

Com pouco mais ellas andam

Com cartucheira e facão.

Vemos, assim, que os homens criam estereótipos que enquadram essas mulheres no que seria visto contemporaneamente como a "bela, recatada e do lar", as que não se enquadram representadas como verdadeira Evas que vieram trazer a corrupção ao mundo e aos homens. Os folhetos estabelecem padrões de beleza e a narrativa do belo está ligada à mulher branca. As donzelas são brancas, as heroínas são brancas e a beleza é branca. De acordo com Sandileuza Mendes:

> Dentro desse contexto, vimos também as mulheres socialmente marginalizadas, aquelas que não estão dentro do padrão de beleza ou de comportamento estabelecido e julgado pelo homem do cordel, como é o caso das feias, sogras e adúlteras que são rejeitadas, humilhadas e estereotipadas pela sociedade[209].

É nesse cenário de mulheres marginalizadas que são inseridas as mulheres negras. Como nos mostra a autora, o homem no cordel também terá o poder de estereotipar as imagens femininas, atrelando a isso, vimos anteriormente que esse mesmo movimento é feito e incorporado à ideologia do racismo. Nessa conexão de raça e gênero, as mulheres negras serão duplamente violadas. Se por um lado os estereótipos que envolvem as mulheres brancas as relacionam a um polo de fragilidade, submissão, ausência de sexualidade e ao lugar matriarcal da Maria, estes não chegam até a mulher negra. Em nenhum dos folhetos que tivemos acesso na Biblioteca de Obras Raras Átila Almeida, em Campina Grande (PB), um dos maiores acervos de cordéis do país, encontramos as mulheres negras nesse lugar da "Maria cristã".

Buscamos folhetos em outras bibliotecas on-line como no acervo da Fundação Casa Rui Barbosa e na Biblioteca Virtual Cordel da Université de Poitiers e o material relacionado à mulher negra não se aproximava desse lugar remetido às Marias. Por fim, valemo-nos da excelente pesquisa que é a tese "A mulher negra mapeada: trajeto do imaginário popular nos folhetos de cordel" de Francinete de Sousa, no qual ela empreendeu um árduo

---

[209] MENDES, Sandileuza Pereira da Silva. A mulher na poesia de cordel de Leandro Gomes de Barros. 2009. Dissertação (Mestrado em Letras) – Programa de Pós-Graduação em Letras, Universidade Federal do Espírito Santo, Vitória, 2009. p. 87.

levantamento de milhares de folhetos[210] no país buscando a presença das mulheres negras, no fim, constituiu um corpus de análise de 36 folhetos.

A tese em questão é reveladora tanto pela base de fontes que ela dispõe quanto pelo agudo exercício de pesquisa empreendido em diversos lugares do país. Interessa-nos ainda a forma de categorização dos folhetos feita pela autora. Algo que Francinete de Sousa constata é o fato de a mulher negra ser representada sempre a partir do polo negativo, "enquanto caricatura do mal, da deformidade, da exacerbação sexual, assentada na paisagem humana do Nordeste, como personagem fadada à deformação, cujo sentido subjacente é a naturalização do preconceito"[211].

A mulher estará ligada à sexualidade, ao demoníaco e a um comportamento ridículo. A exceção que temos é no que tange ao comportamento heroico, que está presente nos únicos folhetos nos quais as mulheres negras serão representadas de forma positiva. Contudo duas histórias se repetem, Escrava Anastácia e Escrava Isaura, essa segunda mais recorrente que a primeira. Há diversas versões da Escrava Isaura em folheto e todos em suas capas ressaltam a brancura e ideal de beleza da branquitude seguindo as outras mídias e o próprio apelo emocional da obra original.

Ao nosso ver, a presença de Anastácia se dá pela sua relação com a Igreja Católica, sua história de martírio e redenção através da religiosidade. Já no caso da escrava Isaura, assim como nas telenovelas, no cinema e na literatura brasileira ela só é negra no sangue e não na cor e nos fenótipos. Esse fato faz com que sua beleza física seja sempre lembrada e que seja reforçado que o seu lugar não era na escravização — assim, reforçando a ideia de que o das outras negras fosse. Em outros folhetos como "Amor e martírio de uma escrava", "O terror da escravidão", "História da Escrava Guiomar", as capas são ilustradas por figuras de mulheres brancas sendo protegidas por homens brancos. A escravização só aparece como violenta, horrível e um martírio quando atinge os corpos femininos brancos.

---

[210] SOUSA, Francinete Fernandes de. **A mulher negra mapeada**: trajeto do imaginário popular nos folhetos de cordel. Tese (Doutorado em Letras) – Programa de Pós-graduação em Letras da Universidade Federal da Paraíba, 2009. Na época da pesquisa, Francinete Sousa consultou as bibliotecas: Biblioteca Átila Almeida; Núcleo de Pesquisa e Documentação da Cultura Popular (Nuppo/UFPB), no Programa de Pesquisas em Literatura Popular (PPLP/UFPB), na Fundação Casa de José Américo (em João Pessoa), na Fundação Joaquim Nabuco (em Recife) e no Núcleo de Cultura Afro da Bahia, da Universidade Estadual da Bahia. E os acervos on-line aos acervos da Biblioteca Nacional, da Associação Brasileira de Cordel (ABL) da Universidade Estadual de Campinas (Unicamp) e na Fundação Casa de Rui Barbosa (no Rio de Janeiro). Fora feiras em diversos estados. Temos em mãos a mais rica pesquisa no que diz respeito ao mapeamento da mulher negra nos folhetos.

[211] *Ibidem*, p. 14.

Ao cartografar os temas presentes nos folhetos presentes em sua pesquisa, Francinete Sousa separa-os em cinco temáticas centrais: feitiçaria, comportamento heroico, religião, corpo e deformidade corporal e sexualidade[212]. Podemos encontrar em todos os temas a presença fundante do racismo na narrativa. Iniciando pelo tema da feitiçaria, encontramos dois folhetos com essa abordagem, que são "A negra da trouxa misteriosa procurando por tu" (1975) e "A negra do peteado e a trouxa misteriosa" [1978?].

Figura 10 – Capa do folheto "A negra da trouxa misteriosa procurando tu"

Fonte: Biblioteca de obras raras Átila de Almeida (UEPB). Pesquisa de campo

---

[212] *Idem.*

Figura 11 – Capa do Folheto "A Negra do Peteado"

Fonte: Biblioteca de obras raras Átila de Almeida (UEPB). Pesquisa de campo

As duas obras são ilustradas por mulheres negras carregando uma trouxa na cabeça como as antigas lavadeiras de ganho. A xilogravura ressalta os traços do rosto das mulheres com o nariz largo e lábios grossos. Ambas carregam uma trouxa misteriosa. Há diversas versões da história com pequenas mudanças no título, entretanto, todas se referem a mulheres negras que carregam dentro de uma trouxa grande e suja feitiçaria, pragas e até o próprio demônio. Cada poeta irá usar a sua imaginação para encher a trouxa de todo tipo de coisas que possam imaginar. No entanto, os folhetos dedicam bastante tempo descrevendo fisicamente essas mulheres. A obra "A negra da trouxa misteriosa procurando por tu" de 1975 de Rodolfo Coelho Cavalcante, inicia-se da seguinte maneira:

Disse Severino Carlos

Trovador que versa e glosa,

Que no estado da Bahia

Uma negrona horrorosa

Agora está aparecendo

Para todo mundo vendo

A trouxa misteriosa.

[...]

Um viajante da feira

Com a negra se encontrou,

Ofereceu-lhe carona.

Mas ela não aceitou

Dizendo que só queria

Mostrar a mercadoria

Que satanás mandou.

A mulher negra é posta como horrorosa, uma assombração que aparece para as pessoas para entregar aquilo que Satanás enviou. Ela é uma enviada do demônio e serve de canal para despejar os males na terra. A história do segundo folheto, "A negra do peteado e a trouxa misteriosa", mantém essas associações onde seu enredo seria o mesmo, contudo, com uma poesia diferente, Severino Carlos [1976?] apresenta a seguinte descrição dessa sujeita:

Apareceu uma negra

nojenta cheia de prosa

na estrada do rio Bahia

com uma Trouxa volumosa

é a Negra do Peteado

e a trouxa misteriosa.

[...]

Disse, que era uma trouxa

preta, feia e volumosa

cheio de feitiçaria,

uso e moda escandalosa

tudo o que não presta tem

na Trouxa misteriosa.

Na produção em questão, a primeira referência atribuída à personagem é "negra nojenta", relacionando a uma expressão de asco, nojo e repúdio. Se observamos o que tem dentro da trouxa, ele descreve entre os itens a feitiçaria e a moda escandalosa, os itens de feitiçaria são sempre atrelados às mulheres negras, remete-nos à religiosidade negra que carrega estereótipos e racismo religioso. Outro elemento é que dentro da trouxa, temos a moda escandalosa, essa mulher traz a perversão ao mundo. Ao contrário das mulheres brancas que aparecem nos folhetos como donzelas influenciadas e mulheres encantadas pelo mundo da moda que ludibria a todos, a mulher negra seria o próprio canal que carrega a moda escandalosa na sua trouxa. Ela não usa, não é influenciada, não há preocupação com isso, contudo o principal é que dentro da sua trouxa ela traz a corrupção que irá atingir a todos.

Pensar a relação da mulher negra com a feitiçaria é pensar ela própria não como Maria, pura ou a própria Eva que em algum momento da sua vida foi iludida pelo Satanás dentro da mitologia cristã. Mas a mulher negra é o próprio Satanás que carrega em seu corpo todos os males sociais. A mulher negra só se aproxima da figura da Eva em relação à corrupção atribuída às meretrizes nos folhetos. Assim, outro tema que se faz relevante para a nossa pesquisa é o da sexualidade. Identificamos que quando as personagens negras aparecem, elas estão ligadas a uma relação não humana, no sentido de ser um elemento sobrenatural do inferno, ou estão ligadas a elementos de prazer e gozo do macho, também, a elementos corruptivos da sociedade moral. Elas sintetizam essa corrupção, seja pelo espírito ou pelo corpo.

Constatamos ainda que há uma diferença notória na forma como as mulheres negras são retratadas nas xilogravuras. A mulher branca aparece em sua maioria representada pelo seu rosto, e quando há uma aparição sexualizada do corpo, ela encontra-se com pouca roupa, mas não despida completamente. Já o corpo feminino negro é retratado nas xilogravuras de maneira completamente nu, desde cordéis satíricos a adaptações de romances como *Gabriela*, de Jorge Amado. As protagonistas negras não possuem nenhum tipo de vestimenta. Observemos as seguintes capas:

Figura 12 – Capa do folheto "O japonês que ficou roxo pela mulata"

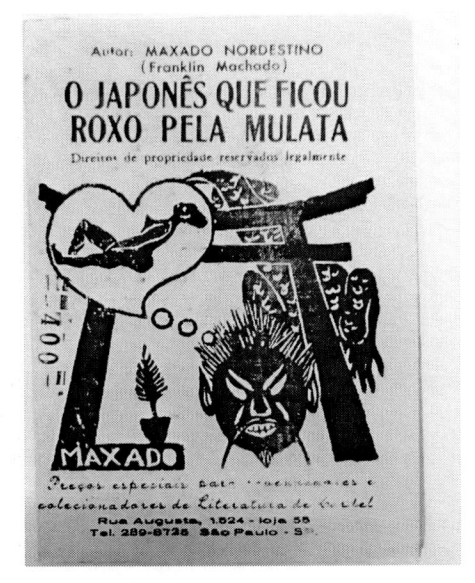

Fonte: Biblioteca de obras raras Átila de Almeida (UEPB). Pesquisa de campo

Figura 13 – Capa do folheto "Gabriela"

Fonte: Sousa (2009, p. 120)

Figura 14 – Capa do Folheto "O travesti que fumou o charuto do alemão"

Fonte: Acervo pessoal

Figura 15 – Capa do Folheto "A cinderela mulata na cidade maravilhosa"

Fonte: Sousa (2009, p. 119)

No primeiro folheto, "O japonês que ficou roxo pela mulata", temos a ilustração de um homem amarelo que está com um aspecto de raiva e seu rosto está inchado. O que dialoga diretamente com a narrativa na qual será enganado pela astuciosa mulata por quem se encanta. Em sua cabeça, surge um balão de pensamentos em forma de coração no qual há uma mulher negra deitada. Apesar de estar deitada, três elementos estão em formas pontiagudas para se acentuar: os seios, a bunda e o cabelo. É destacado aquilo que o homem não consegue esquecer, que é o corpo nu da mulher negra. No folheto, o autor Franklin Maxado descreve a mulata a diferenciando da crioula:

> Esta estória que rimo
>
> É dum japonês casquinha
>
> O qual foi s'apaixonar
>
> Por uma tal escurinha
>
> Boazuda que só
>
> Tal corpinho que tinha.
>
> [...]
>
> Já o português do bar
>
> Receitava diferente:
>
> - procura uma crioula
>
> Que é da raça bem quente
>
> Bole com todos os nervos
>
> Enlouquecendo os viventes.

O paraíso racial através da mistura de raças por via do sexo. O autor reforça a imagem da mulher negra como a possuidora do corpo mais quente, enquanto a mulata é relacionada à astúcia. Embora ela tenha um relacionamento com outro crioulo, tenta se aproveitar do japonês, usando roupas bem apertadas e curtas, seduzindo-o para tirar vantagem financeira. No folheto "O travesti que sentou no charuto de alemão", do mesmo autor, ele corrobora com a tese de que o Brasil seria o lugar perfeito para o turismo sexual. A xilogravura é composta por um homem branco, turista que já é identificado como alemão. Em seu colo, uma travesti negra da Bahia. Para chegada do alemão no Brasil, ele vai ouvir inúmeros conselhos de um português que diz que só nesse país ele vai achar a putaria que queria:

Até mesmo o português

Do bar onde mais bebia,

Muito sério e criticando,

Com palavras, lhe dizia:

- Vais embora pro Brasil

Que te arranjas na Bahia!

Lá tá cheio de negões

Que são também paneleiros.

Mexem bem o vatapá

Na frente dos estrangeiros.

Eu mesmo já usei muito

E me tornei dos vezeiros!

O corpo negro é visto como espaço para uso dos homens brancos. No mesmo folheto, a travesti engana o alemão mostrando seu caráter sorrateiro tal qual a outra mulata do Franklin Maxado. Os outros dois folhetos, "Gabriela" e "A cinderela mulata na cidade maravilhosa", chamam atenção pelas imagens explícitas de nudez. Gabriela está posicionada de frente com os seios e vulva explícitos na capa; o outro folheto segue a mesma linha, a mulher que é chamada de mulata tem seus seios bem-marcados em uma blusa onde seus mamilos são visíveis, sua saia está levantada deixando sua vulva à mostra e no meio das suas pernas há um homem branco ajoelhado.

O que chama atenção nessa ilustração é que o homem branco está descalço. Com uma coroa no banco indicando a perda da realeza, e concentrando-se nas partes íntimas da mulher negra. O enredo do folheto complementa o racismo da imagem, a história retrata um príncipe que veio para o Brasil e, ao dormir com a mulata, fica louco por ela, ela some e ele gasta tudo o que tem para procurá-la, até que a encontra e "vai fazer mulatinhos com ela". Um homem loiro de olhos azuis, como descrito no folheto, entra em desgraça por causa do corpo de uma mulher negra. Ele rebaixa-se a ela, já que ela jamais chegaria ao nível de um príncipe.

Essa breve reflexão sobre os folhetos nos permite compreender o ponto de representação no qual estão situadas as mulheres negras, que possuem diferenças significativas em relação ao homem negro e à mulher branca. Se o racismo os aproxima na animalização, no engessamento, no objeto de feitiçaria e demoníaco, o sexismo distancia-os na exploração sexual das personagens femininas. Se o sexismo aproxima mulheres brancas e negras no que se refere às meretrizes, o próprio texto e xilogravura as distanciam.

O corpo da mulher negra é perpassado pelo racismo e sexismo dos poetas que a colocaram como um objeto sexual para gozo do macho branco. Também seria enganosa, ardilosa, não merecedora de confiança. Não há atributos de inteligência no sentido positivo e as imagens refletem a violência racial presente nos versos. Em uma frase podemos resumir, o corpo consumível e descartável é o negro. O olhar masculino representa essas violências que estão presentes até os dias atuais no nosso imaginário social.

Como vimos no primeiro capítulo, o racismo é um elemento difuso em todas as formas de expressões do pensamento e da cultura brasileira. No entanto, sabemos que no campo do pensamento social, do cinema, da música e literatura vem surgindo cada vez mais embates epistemológicos com essas narrativas racistas, e no mundo do cordel não é diferente. Franklin Maxado já apontava para o surgimento de folhetos que vinham se contrapondo ao ideário racista, embora ele seja um dos que possuem uma narrativa agressiva em torno da mulher negra[213]. O campo da produção de cordel sempre foi um campo em movimento e com renovações temáticas. O século XX é marcado pela presença de novas sujeitas na cena do cordel que passaram a denunciar o machismo nesse espaço, bem como o racismo e LGBTfobia. Pensando nisso, o que muda com a chegada dessas mulheres com mais força no campo do verso?

2.4 NEM MUSA, NEM MARIA, NEM EVA... CORDELISTA: A ESCRITA E A VOZ DAS MULHERES NO MUNDO DO CORDEL

A presença das mulheres no mundo do cordel foi marcada por uma extensão de representação estereotipada. Os folhetos impressos que tiveram maior circularidade foram escritos por homens e a partir disso o lugar de produção das narrativas foi a partir dos seus desejos, senso moral e preconceitos. As mulheres permanecem como tema, mas não como autoras.

---

[213] MAXADO, 1994.

Essa problemática da ausência das mulheres enquanto poetas precisa levar em consideração alguns fatores como o próprio contexto social, já que no período de maior difusão dos folhetos impressos muitas mulheres não tinham acesso à escrita, eram postas como viventes do espaço privado e o homem como a pessoa pública da família. Outro fator é a centralidade da presença masculina no processo editorial dos folhetos, o que pôde resultar no apagamento das poetas enquanto autoras.

Entre outras coisas, a responsabilidade acadêmica, pois durante muitos anos as pesquisas corroboram com a ideia de ausência total das mulheres da cena do cordel. Colocada como uma tradição masculina, houve poucos esforços para desmistificar essa ideia que foi posta como uma verdade inabalável. É só nas primeiras décadas do século XXI que se avolumam as pesquisas que buscam resgatar a presença das mulheres no fazer poético da poesia nordestina. Anterior aos anos 2000, temos uma pesquisa que apresenta uma mulher como temática central escrita por Maristela Barbosa de Mendonça, "Uma voz feminina no mundo do folheto" (1993), onde ela pesquisa a vida de Maria das Neves Pimentel.

Veio através das mãos de uma mulher a pesquisa que destaca a trajetória e importância da primeira cordelista que temos documentada em um folheto escrito. Maria das Neves Pimentel, em 1938, escreveu seu primeiro folheto, "O violino do Diabo ou o valor da honestidade", no entanto, a publicação saiu no nome de Altino Alagoano — pseudônimo usado por ela para ter seus folhetos publicados. Um questionamento que Francisca dos Santos levanta é: "quantas mulheres precisaram usar pseudônimos para escrever?"[214]. A autora reflete sobre o desinteresse da nossa historiografia e campo literário por empreender estudos detidos sobre as mulheres:

> Quando digo que as mulheres praticamente não foram lembradas por suas produções literárias nos registros oficiais ou nas antologias e livros escritos sobre a literatura de cordel, quero ressaltar não só uma lacuna na historiografia relativa a esse tema, mas questionar os preconceitos da mesma. Preconceitos disseminados em dois campos: naquele que exaltou somente a produção masculina e naquele que compreende esse mundo poético como sendo apenas da ordem do escrito, do texto publicado[215].

---

214 SANTOS, F. P. dos, 2006.
215 *Ibidem*, p. 185.

Francisca dos Santos apresenta uma dupla crítica à historiografia, primeiramente, como ela centralizou seus estudos e exaltou como único indivíduo no campo do verso, a presença masculina. A segunda é como durante muitos anos a mesma se prendeu ao folheto escrito, negligenciando sua própria raiz, a oralidade. Deduzir que as mulheres não versaram sobre o mundo e criaram suas poesias pela ausência de folhetos em seus nomes é uma dedução simplista que só foi aceita por tanto tempo pois estava protegida pelo "guarda-chuva" do machismo.

Como historiadora, vemos que é preciso também trabalhar nos vestígios da história. Foi a partir deles que muitas pesquisadoras passaram a contestar a afirmativa de que as mulheres não estavam no campo da poesia. Francisca Santos volta seu olhar para as cantadoras e repentistas para afirmar que as mulheres ocupavam esses espaços[216], através do que a autora chama de memória das testemunhas auriculares e o cruzamento de fontes, analisa a presença das repentistas no século XIX.

A memória das testemunhas auriculares será os próprios folhetos impressos e assinados por homens. Ela identifica a presença de diversas cantadoras em pelejas chegando a nomes como Naninha Gorda, Maria do Riachão e Chica Barrosa, por exemplo. Em produção anterior, Joseph Luyten afirma ser difícil confirmar a veracidade do desafio com a presença de Maria do Riachão, por exemplo[217]. Já para Francisca Santos, a presença repetitiva dessas mulheres em relatos, citadas em documentos ainda de maneira esporádica e principalmente nos folhetos, demonstra que as mulheres se faziam presentes no que temos como base da poesia de cordel no país.

Um primeiro passo no campo da pesquisa empreendida por mulheres foi buscar os rastros e tecer os fios da história que pudesse ser contada sobre essas mulheres. Em 2006, Doralice Queiroz realizou a pesquisa "Mulheres cordelistas", onde coletou diversos folhetos em cidades do Nordeste e nos principais acervos de João Pessoa, Campina Grande, Salvador, Rio de Janeiro e São Paulo. Detectou a presença de 70 mulheres cordelistas com 170 títulos. A busca empreendida pela pesquisadora, através de pseudônimos, constatou que de 1938, com a publicação de Maria das Neves Pimentel, até início da década de 1970, há uma lacuna

[216] SANTOS, Francisca dos. Cantadoras e repentistas do século XIX: a construção de um território feminino. **Estudos de Literatura Brasileira Contemporânea**, n. 35, p. 207-249, 2010.

[217] LUYTEN, Joseph M. F. Feminismo versus machismo: autoras mulheres na literatura de cordel. *In*: MELO, José Marques de; GOBBI, Maria Cristina; BARBOSA, Sérgio (org.). **Comunicação Latino-Americana**: o protagonismo feminino. São Bernardo do Campo: Catedra Unesco/Unesp/Fai, 2003. v. 1. p. 141-155.

na autoria feminina. É só a partir desse marco temporal que os folhetos passam a surgir com a assinatura dessas mulheres. O período apontado pela pesquisadora é de grande efervescência política, fortalecimento dos movimentos sociais e o enfraquecimento da ditadura civil-militar. Novos sujeitos e sujeitas despontam nesse cenário e lutam por espaço na vida social do país. A autoria de mulheres se fortalece após esse período e dialoga com diversas demandas da luta do feminismo.

No entanto, identificamos que a partir dos anos 2000, temos um aumento significativo da presença de mulheres enquanto poetas. Joseph Luyten já apontava para a tendência de um crescimento vertiginoso na primeira década do novo século. Ao observar o número de produções escritas por mulheres entre 1978 até 2002, o autor identificou um aumento de mais de 30% nos folhetos de autoria feminina relativos à década de 1970. Ele identifica como papel fundamental desse aumento a urbanização das camadas populares brasileiras, bem como a presença de mulheres ocupando todos os setores de trabalho, anteriormente ocupados apenas por homens[218]. O autor ainda afirma que "não somente o número de poetisas é de assombrar, mas também os conteúdos dos poemas que primam pelo observador atento da realidade sócio-política do país"[219].

As mulheres que entram na cena do cordel passam cada vez mais a expressar suas realidades através do folheto. Seus anseios, compreensão de mundo e insatisfações. O campo plural do cordel, por englobar sempre diversas temáticas, torna-se um rico território. Michelle Silva, em sua pesquisa "Cordelistas paraibanas", analisa a produção de cordelista do estado da Paraíba e foca em perceber a presença da lógica patriarcal em seus discursos. A investigação debruça-se sobre as poetisas Clotilde Tavares, Hélvia Callou, Maria Godelivie, Maria Julita Nunes, Maria de Fátima Coutinho e Maria de Lourdes Nunes Ramalho. O resultado é interessante, a autora identifica ainda a presença de narrativas patriarcais nas produções, o que é explicável tendo em vista que nossa sociabilidade em uma sociedade que tem o sexismo enquanto ideologia, perpassa as narrativas das mulheres. No entanto, ela compreende que os escritos que estavam surgindo dentro de uma perspectiva feminista rompiam com o discurso do patriarcalismo tão difundido[220].

---

[218] *Idem.*

[219] *Idem.*

[220] SILVA, Michelle Ramos. **Cordelistas paraibanas contemporâneas [manuscrito]**: Diálogo e ruptura com a lógica patriarcal. Dissertação (Mestrado em Literatura e Interculturalidade) – Pró-Reitoria de Pós-Graduação, Universidade Estadual da Paraíba, Campina Grande, 2010.

Desse modo, segundo os autores, com a presença das mulheres de forma mais sistemática no campo do cordel, as temáticas passam a trazer uma realidade sócio-política que as afetam. Outros fatores de mercado e econômicos precisam ser levados em consideração. O avanço dos movimentos sociais gerou um mercado que consome a literatura engajada de mulheres que estão investindo no debate antirracista, antissexista e antilgbtfobia. Há um apelo comercial e também a procura por esse tipo de material. Os cordéis sempre trouxeram em seus textos o apelo comercial para o público e, assim, podemos entender que estamos em um momento propício de produção e consumo desse trabalho.

Vemos uma literatura de cordel engajada com os dilemas sociais de seu tempo histórico. Mas esse processo não se dá de uma maneira confortável e sem barreiras. O machismo no campo cordelístico ainda é um dos principais enfrentamentos entre poetas e poetisas. A presença exponencial de mulheres descortina que os homens do nosso tempo ainda reproduzem pensamentos de hierarquia sexual e que buscam diminuir a mulher nessas produções. Os embates geram formas de resistência e articulação.

Além de temáticas que buscam refletir e denunciar o cotidiano da mulher em nossa sociedade, há um forte movimento de mulheres que estão construindo cotidianamente uma articulação nacional de mulheres contra o machismo[221]. As redes sociais se fazem hoje como o maior espaço de diálogo destas, que possuem grupos de estudos como o Estante Feminista, que se apresenta como Ação do Movimento Nacional de mulheres cordelistas Unidas em combate ao Machismo. Grupos de diálogo no WhatsApp, como "Mulheres cordelistas" que conta hoje com 82 membros e tem em sua organização a Casa do Cordel Mulheres Cordelistas, Biblioteca comunitária Cecília Meirelles, Cordelteca Salete Maria da Silva, Clube de Leitura Lucineide Vieira e Galeria Maria das Neves Batista Pimentel.

Essas mulheres também estão na direção de editoras como a Cordelaria Castro, em Pernambuco, que sob a direção de Graciele Castro publicou a obra coletiva *82 anos de publicações femininas na literatura de cordel*, obra

---

[221] O movimento cordel sem machismo foi articulado após a poeta Izabel Nascimento sofrer em suas redes sociais e em eventos on-line violências machistas. O espaço do cordel ainda é bastante reativo e Izabel, sendo a presidente da Academia Sergipana de Cordel (ASC), foi um alvo dos ataques. O movimento iniciou reunindo em média 30 coletivos que estavam no ambiente cordelístico, casas editoriais e organizações feministas como uma forma de reagir e se posicionar contra o machismo no espaço do cordel. Surgiu a partir daí uma forte movimentação nas redes com a hashtag #cordelsemmachismo e foi criado um perfil no instagram homônimo que conta hoje com 1.526 seguidores. O grupo de estudos "Estante Feminista" surge desse encontro de coletivos.

que traz a história de diversas cordelistas do Brasil e homenageia Maria das Neves Pimentel. Neste ano será lançado o segundo volume da obra. Essas mulheres vêm encabeçando a luta contra o machismo dentro do espaço do cordel e hoje possuem uma forte articulação nas redes sociais em torno da hashtag #cordelsemmachismo. Atuam de forma coletiva enquanto movimento nacional com diversas ações de formação e enfrentam seus pares que buscam, em nome da "tradição", permanecer com ações sexistas e embarreirar a presença das mulheres.

> O movimento #cordelsemmachismo vem acionando mulheres poetas a manifestarem-se online contra situações de opressão no universo do cordel em diversas ações que incluem uma nota de repúdio, postagens coletivas de suas imagens colocando-se a favor do movimento, divulgação na imprensa e produção de material didático sobre a violência de gênero no cordel, rodas de conversa online para discutir essas questões e a criação de um grupo de estudos (Estante Feminista) para refletir sobre as mulheres no cordel[222].

Maria Fonseca, ao analisar a atuação e expansão do movimento no primeiro ano da pandemia de Covid-19, percebe que há uma articulação de denúncia, combate, mas também uma organização nacional para divulgação de trabalhos, espaços de estudos, oficinas e trocas entre essas mulheres. Nos folhetos, vemos que a temática contra o machismo está cada vez mais presente sendo um dos temas principais. LGBTfobia e racismo estão presentes, embora não com a mesma força[223].

Vemos mulheres articuladas em torno da luta contra o machismo no cordel que renunciam à narrativa de Eva, Maria ou de musas inspiradoras. Elas escrevem seu cotidiano que versa entre maternidade, desejos, amor e se posicionam politicamente. No entanto, não se restringem a esses temas, escrevem também sobre bordado, blocos de carnavais, saúde mental e festas populares. E tantas outras temáticas que fazem parte do seu dia a dia. Em nossa pesquisa, interessa-nos a priori escritas que versem sobre o sexismo, antirracismo e LGBTfobia. Para dar materialidade ao que foi dito até aqui, apresentaremos agora os folhetos de duas cordelistas contemporâneas nordestinas que sintetizam, em seus versos, tais questões, são elas Anne Karolynne e Daniela Bento.

---

[222] FONSECA, Maria Gislene Carvalho. Movimento Cordel Sem Machismo: as transformações do cordel no ambiente das redes sociais online. **Intercom** – Sociedade Brasileira de Estudos Interdisciplinares da Comunicação 43º Congresso Brasileiro de Ciências da Comunicação – VIRTUAL – 1º a 10/12/2020. p. 4-5.

[223] FONSECA, 2020, p. 1-14.

2.5 ANNE KAROLYNNE E DANIELA BENTO: O VERSO COMO ARMA POLÍTICA

Atualmente há um grande número de poetas que está escrevendo sobre seus "estar no mundo". Através dos versos, transmitem seus conhecimentos e engajam em causas sociais. A escolha das poetas se deu após empreendermos uma intensa pesquisa de campo através das redes sociais e, também, visitas a feiras e exposições nas cidades de Campina Grande, João Pessoa e Aracaju. Com o advento da pandemia[224] e o avanço do Movimento Cordel Sem Machismo, tivemos um amplo acesso a poetas de todo o Brasil, o que nos possibilitou conhecer diversas poetas e ter acesso aos mais diversificados folhetos.

Aqui apresentaremos quatro produções que convergem no que tange ao antissexismo e ao antirracismo. O debate racial ainda não aparece de forma tão difusa entre a maioria das poetas, como no caso machismo, mas vemos uma grande mobilização em trazer a temática por parte de alguns grupos. Tendo em vista as considerações de Joseph Luyten[225], de que o conteúdo escrito por mulheres presa em refletir sobre a realidade sócio-política do país, apresentamos as seguintes autoras.

Anne Karolynne Santos de Negreiros é natural de Campina Grande, na Paraíba. Mãe de Ulisses Filho e Talia. Apresenta-se como "mãe, orgulhosa de ser nordestina, cordelista, e enfermeira especialista em saúde mental"[226]. O catálogo virtual de Anne, intitulado "Cordel pra mais de metro", conta com 30 títulos de folhetos autorais e dois livros, *Poesia popular: ferramenta de inclusão na saúde mental* e *Coletânea poética: o que é poesia?*. A autora divide seus folhetos pelas seguintes temáticas: cordéis reflexivos, causos em cordel, cordéis de saúde e livros.

Os temas são os mais variados possíveis e nós podemos encontrar folhetos sobre cuidado com o meio ambiente, maternidade, lembranças do São João[227], causos que vão de Jackson do Pandeiro a Zygmunt Bauman. Os cordéis de saúde são de grande utilidade pública e abordam doenças como hanseníase, gonorreia, H1N1, Covid-19 e outras. De forma geral,

---

[224] Com a pandemia de Covid-19, as redes sociais tornaram-se o principal meio de encontro das poetas. Promovendo encontros que se tornaram de caráter nacional. As redes sociais foram o principal espaço de divulgação dos trabalhos, articulação dessas mulheres e denúncia em relação às violências de gênero na cena cordelista.

[225] LUYTEN, 2003.

[226] Descrição de apresentação presente em seus folhetos.

[227] O São João da cidade de Campina Grande (PB) é a maior festa tradicional dessa região. Tem a nomeação de "maior São João do mundo" desde 1983, ano em que foi criado. Caracteriza-se por sua duração de 30 dias, nos quais a festa é composta por shows, apresentações de quadrilhas e as ilhas de forró.

é uma poetisa multifacetada que transita entre todas as suas áreas de atuação e consegue pôr em versos as mais variadas histórias.

Seu folheto "Coronavírus em cordel" foi transformado em animação, alcançando repercussão nacional. Anne teve diversos dos seus trabalhos reconhecidos e premiados, em 2020 ficou em 1º lugar no prêmio Nísia Floresta de Literatura – 210 anos. No mesmo ano, foi premiada com o prêmio Maria Pimentel com o folheto "Cadê minha mamãe", que trabalharemos aqui. Ainda trabalha nas redes sociais com a produção de cordéis personalizados[228], onde desde 2012 já escreveu mais de 150 biografias rimadas. Atualmente na rede social Instagram conta com mais de 14 mil seguidores.

O folheto é "Cadê a minha mamãe" de 2020, obra em que relata a história de Mirtes Renata de Souza, trabalhadora doméstica que durante a pandemia, em seu auge, foi obrigada pelas condições financeiras a continuar trabalhando na casa de Sari Mariana Costa Gaspar Côrte Real. E que ao deixar seu filho Miguel Otávio, de 5 anos, com sua então patroa, a criança veio a cair do 9º andar do Ed. Maurício de Nassau, condomínio Torres Gêmeas, em Recife, no dia 2 de junho de 2020. A capa do folheto demonstra a seguinte cena:

Figura 16 – Capa do Folheto "Cadê a Mamãe?"

Fonte: acervo pessoal

---

[228] Cordéis personalizados são folhetos por encomenda, onde o cliente apresenta a sua história e a cordelista transforma em versos.

A capa do folheto retrata o momento em que Mirtes passeia com a cadela de sua patroa que é apresentada altiva, bem cuidada e recebe atenção na capa. Por trás da mulher, estão as duas torres e um balão exclamativo com a palavra "mamãe". Algo que chocou no caso foi o fato de a mãe de Miguel estar passeando com a cadela de sua patroa, enquanto o seu filho foi abandonado em um prédio sem nenhuma segurança para uma criança. Anne inicia seu folheto da seguinte maneira:

> O cenário é um prédio
>
> De uma alta sociedade.
>
> Uma mãe, criada preta
>
> Com filho de pouca idade,
>
> E uma patroa bem rica
>
> Sem um pingo de humildade.

A cordelista apresenta o cenário e as duas mulheres presentes no caso. Demarca a racialidade de Mirtes, uma mulher negra no trabalho doméstico que precisou trabalhar durante a pandemia. O folheto desenvolve-se falando do cenário que o mundo vivia em junho de 2020, escolas fechadas, *lockdown*. No entanto, as trabalhadoras domésticas viram-se obrigadas a trabalhar mesmo com tantos riscos. Além do vírus mortal, sem vacina e sem nenhum projeto de segurança sanitária, tendo em vista que o então Presidente da República não fortaleceu as medidas de segurança, a população empobrecida viveu sob o signo da morte. Anne apresenta as desigualdades de classe durante a pandemia nos seguintes versos:

> - "Madame, minha patroa,
>
> Como é que eu vou trabalhar
>
> No meio da pandemia?
>
> Posso me contaminar.
>
> Eu tenho um filho pequeno,
>
> Não tenho com quem deixar".
>
> [...]
>
> - "Eu vou fazer minhas unhas
>
> Pois se eu não fizer, eu morro.
>
> Meu cãozinho está latindo,

Venha me dá um socorro!

Deixe seu filho comigo,

Passeie com o meu cachorro".

O folheto apresenta primeiramente a falta de saída de Mirtes durante a pandemia. O trabalho de doméstica como seu único sustento e a obrigação de atender aos caprichos da madame. O fato de Sarí Côrte Real estar fazendo as unhas é real, do mesmo modo que a mãe teve que ir passear com o cachorro enquanto seu filho, Miguel, ficou aos cuidados da patroa. No decorrer do folheto, Anne versa:

- "Eu quero a minha mamãe"!

Um choro pairou no ar.

- "Cala a boca, seu menino,

E deixe de aperrear!

Tua mãe tá trabalhando,

Já já ela vai voltar".

Uma unha sendo feita,

Um guri sempre chorando,

Uma mãe, criada preta,

Em meio ao caos, trabalhando,

E a paciência, pequena,

Da madame se acabando.

A falta de paciência da patroa resultou no ato assassino de colocar Miguel, sozinho, no elevador indo parar no 9º andar daquele edifício. Ao sair à procura de sua mãe, acaba por se pendurar em uma grade de onde veio a cair. A injustiça social nesse caso motivou a cordelista a escrever. No lugar de mãe, ela transfere para o verso a aflição de se perder um filho. Outro elemento na escrita de Anne é a racialização da patroa:

Um choro, ali, foi calado.

Madame-branca sorriu.

Mas o barulho da queda

Todo aquele prédio ouviu.

Foram trinta e cinco metro

A altura de que caiu.

A mãe-preta, trabalhando,

Viu a movimentação.

Soube de algum acidente,

Disparou seu coração...

Correu e encontrou seu filho

Estirado ali no chão.

O final do folheto representa a indignação da vida de uma criança que foi ceifada, em uma sociedade em que uma cadela vale mais que uma criança negra. A poetisa denuncia, através do jogo de linguagem, o lugar da hierarquia racial "madame-branca" e "mãe-preta". A mãe preta que cuida de tudo, de todos os mandos e desmandos dos brancos, mas tem seu direito a maternar seu próprio filho negado. Mirtes ainda luta na justiça pela condenação de Sari Cortes Real que chegou a ser detida, mas em seguida liberada mediante a fiança no valor de 20 mil reais.

O espaço da poesia serve como local de denúncia contra as injustiças sociais e violências que assolam as pessoas racializadas do país. No entanto, é também espaço de construção narrativa que busca se contrapor aos estigmas postos sobre a população marginalizada. É nesse sentido que se dá a escolha da segunda produção em cordel a ser abordado neste tópico, "Coisa de Preto" de 2021, da cordelista Daniela Bento de Alexandre, que busca, através do verso, contar a história da população negra de maneira a positivar essa memória.

Natural de Limoeiro do Norte, Ceará, reside em Sergipe desde 2008. Contista, cronista, cordelista e historiadora, Daniela possui uma produção muito engajada nas lutas sociais e temas como a luta do povo do semiárido, feminismo, racismo e diversidade sexual são centrais na sua produção. Seu lugar, enquanto uma mulher lésbica, será demarcado em sua produção poética. É também uma das fundadoras do Movimento das Mulheres Cordelistas contra o machismo e ocupa a cadeira 13ª da Academia Sergipana de Cordel (ASC).

A escritora transita por diversos estilos literários, possuindo seis cordéis publicados e diversos livros. Entre eles estão "O feminino que carrego: cotidiano em prosa e verso", "Coisa de Preto", "Machismo o que precisa mudar" e "Amores Diversos". Sua produção dialoga com o público infantojuvenil e em "Coisa de Preto" ela inicia falando:

> Nossa origem é muito nobre
>
> E não tinha escravidão
>
> Compreender esse fato
>
> Muda sua redação
>
> Quanto mais abrir a mente
>
> Some a discriminação.
>
> Não descendemos de escravos
>
> **Makota** já alertou,
>
> Mas fomos escravizados
>
> E nem isso eliminou
>
> Tanto talento, beleza...
>
> Nosso canto anunciou (grifo da autora).

Daniela inicia o cordel anunciando que irá contar as "histórias d'além África" e trazer esses conhecimentos transatlânticos. Durante todo o texto, há palavras grifadas, as quais possuem explicação, ao final do livro, em um glossário. O texto inicia narrando da vinda de África, mas enfatizando que existiu história antes da escravização. Para a autora, é necessário falar dessa história que muitos não conhecem, no decorrer do texto ela afirma que "os livros de história negam, a gente insiste em escrever".

Utilizando de um verso muito comum dentro da nossa sociedade racista, "coisa de preto", muitas vezes utilizado de forma depreciativa em relação a tudo o que se refere à população negra — utilizando a própria expressão racista ela ressignifica para o seu título e passa a falar o que é coisa de preto. Ela fala da tríade luta, arte e cultura, que ao se referirem à população negra, significam processos de resistência. Começa assim, apresentando referências negras:

> **Fela Kuti** e **Afrobeat**
>
> **Pérola Negra** e **Zumbi**
>
> Clementina, Margareth

> Valem mais que um rubi
>
> Luta, arte e a cultura
>
> Que não cabem num gibi.

E prossegue:

> Nossa luta tem pegada
>
> Registros pra se escolher
>
> **Alquatune, Acotirene**
>
> Exemplos a se colher
>
> **Milton Santos** e **Mandela**
>
> É só a mente acolher (grifo da autora).

Conhecer a história negra é uma forma de perceber a sua grandiosidade e por esse fato ela vai construindo uma teia de referências de personalidades negras para serem conhecidas. A autora também enfrenta o campo da intolerância religiosa fazendo uso de ilustrações para representar orixás, uma forma de reafirmar seu credo e a importância do respeito e afirma que "Oxum e Olorum" habitam nosso coração.

> Sua bíblia, sua espada
>
> Não mata meu Candomblé
>
> Nem todo o amém do mundo
>
> Encobriu meu **afoxé,**
>
> **Maracatu**, nosso coco
>
> Samba na ponta do pé.

O tema da religiosidade é bastante presente na narrativa e a cordelista tece uma crítica contundente ao cristianismo que utiliza do discurso bíblico para oprimir e perseguir o próximo. Na estrofe anterior, ela inicia versando "sua bíblia e sua espada não mata meu candomblé", ambos aparecem como objetos de opressão que buscou apagar a tradição e história negra. A escrita presente no cordel é bastante didática e descreve eventos históricos e suas principais personalidades. Na estrofe a seguir, faz referência à Revolta dos Malês[229]:

---

[229] Importante marco da resistência negra no Brasil, a revolta dos Malês foi um levante que ocorreu em Salvador em 1835, onde escravizados de origem islâmica planejaram tomar a cidade e findar com a exploração negra. Os principais pontos que eles tinham planejado para instituir eram acabar com a imposição do catolicismo, abolir o regime escravocrata e fundar uma república islâmica no nordeste do Brasil.

> Não fomos acomodados
>
> Como teimam ensinar
>
> A Revolta dos malês
>
> Quem lê pode constatar
>
> A nossa luta é diária
>
> Resistindo o escravizar.

Nos versos, contesta a ideia de conformismo da população negra. Uma coisa que fica nítida na construção do texto é como as lutas negras são um *continuum* de experiências que se constituem enquanto elementos de resistências desde os aspectos culturais, religiosos até os atos dos revoltosos — não houve submissão e houve diversas formas de resistir dentro da escravização. Algo importante também é o cotidiano da luta negra e como isso não está preso ao passado. A nossa luta é diária. O cordel possui 16 páginas e para destrinchar sua riqueza e todos os elementos abordados pela autora seriam necessários mais tempo e espaço de que dispomos nesta pesquisa. Apresentar esse material vem com o objetivo de compreendermos que os folhetos possuem grande potencial pedagógico e podem ser um importante aliado para a educação antirracista.

A narrativa desenvolve-se a partir de apresentações e de imagens positivadas da população negra. O quilombo aparece no texto como a terra do preto, espaço de resistência e espaço para a prática de liberdade. Quilombo é também esse lugar de fortalecimento e união. É uma coletividade. Nas últimas páginas, a cordelista chama o leitor para o enfrentamento e questiona "qual é o lugar do preto", também afirma que a luta contra o racismo não é "mimimi" e conhecer a história do passado e do presente pode contribuir para um debate antirracista, buscando, através dos versos, romper com os estereótipos em relação à população negra.

Esses dois folhetos demonstram uma escrita comprometida com os debates raciais em que a poesia se constitui em uma ferramenta para gritar por justiça social. Se nos atentarmos para os anos 2000, período em que há uma maior presença de mulheres no campo do cordel, veremos que elas estão buscando estabelecer debates urgentes que perpassam através da poesia. Esse caminhar pela autoria feminina se dá por entendermos que a escrita de Jarid Arraes, sujeita na qual iremos deter nossas análises no próximo capítulo, está situada nesse todo de presenças, ausências e lutas das mulheres por um ambiente antirracista e antissexista no cordel.

Do início do século atual até os dias atuais há muitos passos ancestrais de outras mulheres que estão a duras penas abrindo os caminhos para o fortalecimento de mais mulheres na cena cordelista. Jarid Arraes desponta hoje como uma das mais importantes cordelistas do país e sua produção é uma das mais vendidas no cenário do cordel. No próximo capítulo, buscaremos apresentar sua importância, bem como demonstrar o potencial transgressor de sua escrita.

PARTE III

"O IMPORTANTE NÃO É SER O PRIMEIRO OU PRIMEIRA, O IMPORTANTE É ABRIR CAMINHOS"[230]

[230] EVARISTO, Conceição. Conceição Evaristo fala sobre sua candidatura à Academia de Letras. Disponível Conceição Evaristo fala sobre sua candidatura à Academia Brasileira de Letras (youtube.com). Acesso em:5 jul. 2024.

ERGUER A VOZ: OS FOLHETOS DE JARID ARRAES

Neste capítulo, iremos analisar três folhetos da cordelista Jarid Arraes, são eles: "Não me chame de mulata", "Meu crespo é de rainha" e "Feminismo Negro". Como vimos até aqui, a representação da mulher negra se concentra de forma negativa ancorada em diversos estereótipos que foram tecidos no decorrer da história. Acreditamos que a construção de representação positiva, no que tange aos corpos femininos negros, faz-se de suma importância principalmente no campo cordelística devido seu alcance e possibilidades de usos. Iniciamos tecendo algumas considerações sobre as políticas de empoderamento e a importância destas na vida das mulheres negras, em seguida, analisamos os folhetos de modo a situá-los tanto como uma produção empoderada, quanto uma ferramenta que pode alcançar outras mulheres e crianças negras e auxiliá-las rumo ao caminho do empoderamento.

3.1 A ESCREVIVÊNCIA EM VERSOS: JARID ARRAES E SUA POESIA

> *Acho que nós podemos e precisamos contar a nossa própria História.*
> *E isso nos foi negado por muito tempo, desde o período da escravidão.*
>
> *(Jarid Arraes)*

Jarid Arraes é escritora, cordelista e poeta. Nasceu na Região do Cariri em Juazeiro do Norte (CE) e atualmente vive em São Paulo (SP). Com apenas 30 anos, é hoje uma das grandes referências no campo literário, autora de premiados livros e em 2020 foi considerada pela Forbes um dos 30 destaques brasileiros no Under – 30, que conta com a presença de jovens que vêm fazendo a diferença na história do país[231]. Arraes é autora de mais de 70 títulos de cordéis publicados e dos livros *As lendas de Dandara* (2016), *Heroínas Negras Brasileiras – em 15 cordéis* (2017), *Um buraco com meu nome* (2018) e *Redemoinho em dias quentes* (2019). É organizadora da antologia *Poetas negras brasileiras: uma antologia* (2021). Colunista da

---

[231] Jarid Arraes foi selecionada na categoria Artes Plásticas e Literatura. Under 30 2020: conheça 30 destaques brasileiros. UNDER 30 2020: conheça 30 destaques brasileiros. **Forbes**, 29 dez. 2020. Disponível em: https://forbes.com.br/listas/2020/12/under-30-2020-conheca-30-destaques-brasileiros/#foto3. Acesso em: 4 set. 2021.

Companhia das Letras[232] e da *Revista Elle*[233], na qual dialoga sobre os mais diversos temas, em suas colunas podemos transitar desde a cultura pop à crítica literária, sendo um oportuno espaço para conhecer a pluralidade da sua escrita.

Reconhecida escritora, destaca-se no campo do cordel e fora dele tendo suas obras recebido importantes prêmios. A exemplo de seu livro de contos *Redemoinho em dias quentes* (2019), que foi premiado pelo Prêmio APCA de melhor livro de contos de 2019, o Prêmio Biblioteca Nacional – 2020 e foi um dos cinco finalistas do Prêmio Jabuti no mesmo ano. Sua obra *Heroínas Negras Brasileiras – em 15 cordéis* publicada em 2017 pela editora Pólen, segundo a autora, em entrevista para a Forbes, já havia passado de sua décima reimpressão. Atualmente o título foi publicado em 2020 pela Seguinte, selo da Companhia das Letras, e até o momento da nossa pesquisa já estava em sua 4ª reimpressão.

Jarid Arraes, é hoje, a cordelista com maior evidência no mercado editorial do país e sendo publicada por uma das maiores editoras do Brasil. Em nossas pesquisas pela produção de cordel de autoria feminina, percebemos que este ainda é um espaço pouco alcançado pelas cordelistas, que em sua maioria publicam de forma independente e criam de forma coletiva pequenas editoras. Vemos que tanto a pluralidade temática quanto o navegar pelos diferentes estilos literários proporcionam a Arraes que ela se reinvente dentro desse mercado.

A reconhecida e publicada autora hoje traçou um percurso de muita luta e embates para ter seu nome inscrito no campo literário. Arraes inicia seu processo de escrita através do cordel e ainda em 2017 já havia vendido mais de 20 mil folhetos através da sua loja virtual[234]. Para chegar até aqui, ela precisou lutar contra o racismo e o sexismo presentes na cena cordelista. Sua primeira obra, *As lendas de Dandara* (2016), foi publicada de maneira independente, através da aquisição de empréstimos e sem apoio editorial. Arraes, em entrevista, relembra sua trajetória como árdua, mas gratificante e que exigiu dela uma exposição muito grande no meio da poesia de cordel e afirma: "tenho muito orgulho de ter conseguido isso

---

[232] Para acessar os artigos de Jarid Arraes: https://www.blogdacompanhia.com.br/colunistas/visualizar/Jarid-Arraes.

[233] Para acessar os artigos de Jarid Arraes: https://elle.com.br/u/jaridarraes.

[234] Site e loja da cordelista: https://jaridarraes.com/cordeis/.

porque botei a cara mesmo e não aceitei o lugar que estava reservado para mim, que era o da invisibilidade"[235].

Na entrevista, a autora fala sobre botar a cara a tapa no mundo do cordel. Pois seus folhetos refletiram e refletem sobre temáticas que ainda não eram tão difundidas no âmbito cordelista, como o racismo. É através do cordel que Arraes conquista maior visibilidade no mercado editorial. Inicia-se em 2012 a sua dedicação por conhecer a fundo a história das mulheres negras e de algum modo transpor isso para o folheto que lhe era um espaço já conhecido.

De família de importantes cordelistas, ela cresceu no mundo dos versos. Neta de Abraão Batista, poeta, xilógrafo, escultor, ceramista, gravador e professor que desde o final da década de 1960 vinha produzindo e se estabelece na cena do cordel, tendo uma vasta produção que chega a mais de 200 títulos e reconhecimento internacional. Foi também um dos fundadores da Academia Brasileira de Literatura de Cordel no Rio de Janeiro.

Seu pai, Hamurábi Batista, é outro importante poeta, cordelista, xilógrafo e escultor. Batista tem uma vasta produção com mais de 250 folhetos e traz em sua escrita um forte compromisso com a história e a luta política, seus trabalhos trazem personalidades históricas e diversas questões raciais. Em 2018, publicou a antologia *O golpe de 2016: uma antologia poética*, obra na qual, através de 19 cordéis, esquematiza o processo que gerou o impeachment da então presidenta Dilma Rousseff[236]. Sempre engajado, fez parte da Sociedade dos poetas mauditos[237] e utilizou do campo artístico para desenvolver ferramentas de conscientização. Em entrevista, ele afirma que "a arte é livre, e penetra como o vento em todos os lugares que dão passagem. Todas as coisas são boas, ruim é quem usa. A

---

[235] GONÇALVES, B. M. Por uma história de Cordel: Entrevista com Jarid Arraes. **Revista Crioula**, n. 21, p. 497-508, 2018. Disponível em: https://doi.org/10.11606/issn.1981-7169.crioula.2018.143148. Acesso em: 4 set. 2021.

[236] Hamurabi disponibilizou a obra em sua rede social Facebook para leitura gratuita de todos os interessados. Não apenas essa obra, mas tantas outras que falam sobre a história do Brasil. Entre a vasta produção do cordelista, temos obras de impacto como *A história do golpe de 1964*. Para download da obra: https://psicana-lisedemocracia.com.br/2018/07/antologia-do-golpe-19-cordeis-de-hamurabi-batista/.

[237] Os poetas mauditos representaram uma renovação temática no campo do cordel. Como define Mylène Contival (2012), "O objectivo dos Mauditos é tanto artístico quanto político. Conscientes e lúcidos, consideram o cordel um meio artístico que lhes permite afirmarem-se politicamente". Contival, Mylène. Juazeiro do Norte: entre Benditos e Malditos. Escritual - Écritures dAmerique Latine, n. 6, 2012, p. 2.

arte como instrumento formador de opinião, gerador da revolução. Tudo é política, a arte está em tudo[238].

Jarid Arraes aponta para a importância de ter crescido nesse espaço para o seu despertar e familiaridade com o cordel. E fala da importância do pai e da apresentação que ele fez dos cordéis de temas políticos e discussões sociais, que fizeram muita diferença na construção do seu olhar e sua relação com o cordel[239]. Em entrevista disponível no site do Colégio Medianeira, ao ser interpelada sobre sua escrita como uma literatura política, ela responde:

> Na verdade, toda literatura é política, mesmo que não saiba. O fato de que a maioria dos protagonistas de livros são brancos é político. Isso é racismo. O fato de que as editoras publicam menos mulheres, principalmente brasileiras, também é político. É machismo. Então estamos fazendo e escrevendo coisas que são reflexo da sociedade e que reforçam esses problemas sociais o tempo inteiro. A diferença é que tenho muita consciência disso, sei muito bem do impacto social que a literatura tem e qual é meu papel nisso tudo. É uma tristeza que tantos autores finjam não saber, se recusem a reciclar a criatividade e buscar novas referências[240].

A cordelista aponta para o fato de que em nossa sociedade tudo é político. E ser consciente disso a faz reconhecer o impacto social da literatura e, principalmente, qual papel ela decidiu desempenhar enquanto escritora e poeta. Se há uma afirmativa de sua influência dentro de uma família de cordelistas, há também seus caminhos próprios e rompimentos. É traçando esse caminho próprio que as mulheres negras passam a ser temas principais na sua produção. Em seu site, ao apresentar a obra *Heroínas Negras Brasileiras – em 15 cordéis*, ela relata que esta foi fruto de pesquisas, de seu desejo de contar histórias que ela só veio conhecer adulta e que desde 2012 essas mulheres passaram a compor seu repertório.

> Tudo começou com a minha busca pessoal por entender e conhecer minhas origens negras. Eu não tinha referências,

---

[238]   LUCAS, Alexandre. Hamurábi Batista – Um artista ponteiro. **Blog do Crato**, 2011. Disponível em: http://blogdocrato.blogspot.com/2011/01/hamurabi-batista-um-artista-ponteiro.html. Acesso em: 6 set. 2021.

[239]   GONÇALVES, 2018, p. 500.

[240]   ARRAES, Jarid. Jarid Arraes: "Podemos e precisamos contar a nossa história". [Entrevista cedida a] SILVA, Jonatan. **Colégio Medianeira**, Curitiba, 31 out. 2017b. Disponível em https://www.colegiomedianeira.g12.br/entrevista-jarid-arraes/. Acesso em: 6 set. 2021.

> nunca tinha ouvido falar de sequer uma mulher negra na escola e nem na mídia eu via mulheres negras que marcaram nossa História sendo mencionadas. Então parti numa busca solitária, pesquisando, até encontrar os primeiros nomes que transformei em folhetos de cordel. À medida que fui publicando e as pessoas comprando e lendo meus cordéis, os próprios leitores passaram a sugerir novos nomes. Eram mulheres negras das regiões onde os leitores moravam e a lista foi crescendo[241].

A lista cresceu e a procura pelos folhetos foi tanta que, ao completar a produção dos seus primeiros 20 cordéis biográficos, em um espaço de um ano, foram vendidos mais de 20 mil folhetos. O que demonstra que as ausências percebidas que tanto incomodavam a autora, eram também de diversas outras pessoas. Assim, os folhetos são resultados de uma busca por entender seu passado, sua história de vida e sua ancestralidade.

Com a grande repercussão, os folhetos tornam-se uma coletânea que despertou o interesse de poetas, educadores, pesquisadores e alçou Jarid Arraes ao patamar das grandes escritoras brasileiras. Algo que nos chama atenção é que no campo acadêmico as pesquisas sobre raça e cordel ainda são incipientes, ao falarmos da obra *Heroínas Negras* vemos uma mudança significativa. Em um levantamento feito em bancos de pesquisa como Google Scholar, avolumam-se pesquisas sobre a coletânea. Há dezenas de artigos, monografias e recentemente excelente dissertação intitulada "Heroínas negras brasileiras, de Jarid Arraes: perspectivas dos femininos descoloniais na construção da narrativa de cordel" foi apresentada por Jiliane Santana, na qual a pesquisadora apresenta a produção como uma obra que contribui na construção de um pensamento descolonial amefricano[242].

As pesquisas sobre a obra crescem à medida que ganha destaque nos círculos acadêmicos, nos projetos educacionais antirracistas e no mercado editorial. No entanto, o primeiro trabalho sobre os folhetos de Jarid Arraes antecede a publicação da coletânea, em 2016, Henrique Marques Samyn escreve o artigo "Negritude e gênero no cordel: ensaio sobre as 'heroínas

---

[241] ARRAES, Jarid. Jarid Arraes: "Podemos e precisamos contar a nossa história". [Entrevista cedida a] SILVA, Jonatan. Colégio Medianeira, Curitiba, 31 out. 2017b. Disponível em https://www.colegiomedianeira.g12.br/entrevista-jarid-arraes/. Acesso em: 6 set. 2021.

[242] SANTANA, Jiliane Movio. **Heroínas negras brasileiras, de Jarid Arraes**: perspectivas dos femininos descoloniais na construção da narrativa de cordel. Dissertação (Mestrado em Linguagens) – Pós-graduação em Estudos de Linguagens (PPGEL), do Departamento Acadêmico de Linguagem e Comunicação (Dalic), Universidade Tecnológica Federal do Paraná, Curitiba, 2021.

negras' de Jarid Arraes". Nele, Samyn aponta que "a produção cordelística de Jarid constitui um dos diversos meios pelos quais se concretiza sua militância, voltada principalmente à luta feminista, antirracista e em prol dos direitos humanos"[243]. O autor ainda complementa que:

> Por conseguinte, o projeto de Jarid pode ser concebido como o processo de escrita de uma história alternativa, cujo foco de atenção está precisamente naquelas figuras em que as narrativas historiográficas tradicionais se recusam a reconhecer qualquer relevância ou poder de protagonismo[244].

A análise do professor vai ao encontro das afirmativas de Arraes em diversas entrevistas. Ela buscou escrever as histórias que não lhe foram contadas. Uma história a contrapelo quando pensamos as imagens estereotipadas em torno do corpo das mulheres negras. A autora busca construir narrativas que coloquem essas mulheres em um lugar de protagonismo que lhes foi negado durante muito tempo na história oficial. Como afirma Sueli Carneiro, as mulheres negras aparecem na nossa história como antimusas dentro da sociedade brasileira e carregam sobre seus ombros diversas imagens *outremizadas* de si. Arraes busca ressignificar essas imagens através de seus versos.

> Na obra de Jarid Arraes há uma constante busca pela ressignificação das imagens das mulheres negras, valorizando o que deve representar para estas a verdadeira luta. Muitas de suas personagens são mulheres abolicionistas, que buscam amplamente a liberdade do povo negro, e principalmente das mulheres. Sendo estas personagens, por exemplo, quilombolas, autoras ou políticas. Desta forma, a cordelista propõe os modelos a serem seguidos, dando visibilidade às mulheres negras esquecidas pela história e pela literatura oficiais. Honrando a sua ancestralidade, palavra usada várias vezes em seus versos, alça, em sua escrita combativa e poderosa, essas mulheres ao patamar de heroínas[245].

Assim, ela constrói de maneira dialética uma narrativa que dialoga entre as opressões e resistências, exaltando assim a memória dessas

---

[243] SAMYN, Henrique Marques. Negritude e gênero no cordel: ensaio sobre as "heroínas negras" de Jarid Arraes. **Macabéa** – Revista Eletrônica do Netlli, v. 5, n. 2, p. 92-102, jul.-dez. 2016. p. 93.

[244] *Ibidem*, p. 93.

[245] CARVALHO, Gislene; OLIVEIRA, Letícia. Feminismo negro na poesia de cordel de Jarid Arraes. *In*: SOARES, Juliana; COSTA, Vanessa; VIERO, Felipe (org.). **Dar-se a ver** [recurso eletrônico]: textualidades, gêneros e sexualidades em estudos da comunicação. p. 111.

heroínas amefricanas[246]. É importante falarmos sobre essa obra de Arraes tanto pela sua importância histórica, quanto pelo interesse e estudos desenvolvidos em torno dela. De todas as pesquisas que encontramos sobre Jarid Arraes e sua produção, apenas duas não centralizaram suas observações na referida obra e trouxeram análises sobre outros folhetos que não fazem parte da coletânea.

A princípio, nossa pesquisa também seguiria as análises em torno das *Heroínas Negras*, mas, ao nos depararmos com as ausências de reflexão sobre outros folhetos da autora, consideramos que poderíamos abordar folhetos que refletem sobre o feminismo negro, o empoderamento e a estética negra. Por esse fato, debruçamo-nos sobre a vasta produção da cordelista e podemos ver que suas experiências pessoas compõem a maioria dos seus folhetos. Nordestina, mulher, gorda e vítima de violências raciais, Arraes produziu uma vasta literatura abordando esses temas. São suas experiências de vida transcritas e suas observações sobre o mundo com forma e versos. O seu lugar de *escrevivências* encontra no campo cordelístico o ambiente propício para ser refletido e poetizado.

Conceição Evaristo fala sobre esse corpo-mulher-negra em vivência que através da escrita redefine sua imagem, não é mais narrada, pensada, dita pelo outro — são suas experiências, seu olhar, sua percepção que serão inscritos na produção. Essa escrita que con(funde) escritas e experiências, e segue nos dizendo "em síntese, quando escrevo, quando invento, quando crio a minha ficção, não me desvencilho de um — corpo-mulher-negra em vivência"[247].

O diálogo de Jarid Arraes com Conceição Evaristo vai além da aproximação teórica e da importância literária. É a mais nova que encontrou em sua mais velha a inspiração para a escrita. Em entrevista para o jornal *El País*, a cordelista fala da importância de Conceição Evaristo para sua escrita, diz-nos que "Descobri-lá me deu a confirmação que eu podia escrever, porque eu nunca tinha lido nada escrito por uma mulher negra, por alguém que parecesse minimamente comigo" e que ao encontrá-la pessoalmente na Feira Literária de Paraty, pôde dizer a ela: "- você me mostrou que não estou condenada ao silêncio"[248].

---

[246] SANTANA, 2021.

[247] EVARISTO, Conceição. Literatura negra: uma poética de nossa afro-brasilidade. Belo Horizonte, v. 13, n. 25, p. 17-31, 2009, p. 2.

[248] OLIVEIRA, Joana. Jarid Arraes, a "jovem mulher do sertão" que faz literatura retirante. **El País**, 21 jul. 2019. s/p. Disponível em: https://brasil.elpais.com/brasil/2019/07/16/cultura/1563309707_729625.html. Acesso em: 8 set. 2021.

É assim que vemos a produção que será analisada adiante. Uma história escrita por mãos não brancas que busca tematizar aquilo que atravessa as mulheres racializadas. E que irá inspirar crianças, jovens e educadores. Arraes é hoje para muitas mulheres negras o que Evaristo foi para ela, a voz que diz que não estamos condenadas ao silêncio. Com sua produção diretamente ligada ao seu ativismo, apresenta-nos verdadeiras ferramentas que podem contribuir para o empoderamento de muitas mulheres negras.

3.2 POLÍTICAS DE EMPODERAMENTO

A voz de minha filha
recolhe todas as nossas vozes
recolhe em si
as vozes mudas caladas
engasgadas nas gargantas.

(Conceição Evaristo)

Falar dos folhetos de Jarid Arraes é falar da construção de ferramentas rumo ao empoderamento de crianças e mulheres negras, mas para falarmos em empoderamento, acreditamos ser de interesse uma pequena reflexão sobre as políticas de empoderamento e no que os folhetos de Jarid Arraes podem contribuir nessa perspectiva. Trazendo a relação sujeito e objeto, ancorada nas reflexões de bell hooks, Grada Kilomba define que, enquanto objetos, nossa realidade será definida por outros, nossa identidade moldada por eles e nossa história será escrita a partir das mãos brancas. Em contrapartida, ser sujeito é ter o direito de definir sua realidade, estabelecer sua identidade e de nomear suas próprias histórias[249]. Assim, para a autora, o processo de formação do sujeito e saída do lugar de objeto passa pela tomada do domínio da fala e da escrita sobre nós mesmos e mover-se do lugar de objeto de estudo da branquitude.

> Não é que nós não tenhamos falado, o fato é que nossas vozes, graças a um sistema racista, têm sido sistematicamente desqualificadas, consideradas conhecimento inválido; ou então representadas, por pessoas brancas que,

---

[249] *Ibidem*, p. 28.

ironicamente, tornam-se "especialistas" em nossa cultura, e em nós[250].

A experiência, o embate epistemológico, a imposição da fala e o rompimento das imagens de controle são experiências históricas perpassadas pelas nossas mais velhas para nós enquanto a nova geração de mulheres negras, seja no campo familiar, seja no campo da luta política e acadêmica, como analisa Kilomba. Pensando nas mulheres negras contemporâneas, não estamos falando apenas do ato de emitir palavras, e sim de termos nossas vozes ouvidas sem sofrermos desqualificações. Como nos traz Djamila Ribeiro, "o ato de falar não se restringe ao ato de emitir palavras, mas de poder existir"[251]. Complementando assim que:

> Pensamos lugar de fala como refutar a historiografia tradicional e a hierarquização de saberes consequente da hierarquia social. Quando falamos de direito à existência digna, à voz, estamos falando de lócus social, de como esse lugar imposto dificulta a possibilidade de transcendência. Absolutamente não tem a ver com uma visão essencialista de que somente o negro pode falar sobre racismo, por exemplo[252].

Vemos, junto às autoras que a fala e a escrita são pontos que estão diretamente ligados à nossa forma de ser e estar no mundo. José Rodrigo Rodriguez afirma que não se trata apenas de discurso ou de palavras e ressignificações em abstrato, mas, "trata-se de ideias que informam práticas estabilizadas em instituições, que reiteram padrões de comportamento destinados a pôr as mulheres negras em situação subalterna"[253]. Como vimos no primeiro capítulo, toda a construção de imagens em torno da mulher negra afeta diretamente sua posição no mercado de trabalho, suas relações amorosas e afetivas[254] e no campo educacional, assim, é possível dizer que esse cerceamento de voz se dá também para manutenção das imagens criadas pela branquitude. Ao passo que as mulheres negras escrevem e falam por si, podem assim, contestar a história única criada ao seu respeito.

---

[250] *Ibidem*, p. 51.

[251] RIBEIRO, Djamila. **O que é lugar de fala.** Belo Horizonte: Letramento: Justificando, 2017. p. 64.

[252] *Ibidem*, p. 64.

[253] RODRIGUEZ, José R. O universal também está nas margens. *In*: **Imagens de Controle**: um conceito do pensamento de Patrícia Hill Collins. Porto Alegre: Editora Zouk, 2020. p. 15.

[254] NASCIMENTO, Beatriz. A mulher negra e o amor de Beatriz. *In*: **Beatriz Nascimento, Quilombola e Intelectual**: Possibilidade nos dias de destruição. Diáspora Africana: Editora Filhos da África, 2019, p. 353.

Falar, escrever e expressar são passos fundamentais para os processos de constituição e fortalecimento do "eu" que busca através da autodefinição romper os estereótipos elaborados até então a partir da relação de outremização imposta aos corpos racializados. Nessa produção, é elaborado um *conhecimento de oposição*, que como sintetiza Winnie Bueno, é:

> O conceito de conhecimento de oposição pressupõe que, para haver mudanças nos discursos dominantes, é preciso que os grupos subalternizados organizem de forma corriqueira e sistemática novas formas de expressão da fala e da escrita, as quais combinam a crítica ao pensamento convencional com alternativas de produção de conhecimento que deem sentido aos fatos sociais e ao comportamento humano[255].

Esse *conhecimento de oposição* será caracterizado justamente pela elaboração de novas formas de expressão da fala e da escrita que terá, enquanto o foco, uma elaboração crítica ao pensamento convencional, produzindo ainda um saber que atrela produção teórica e as experiências dessas pessoas racializadas. Para falarmos das políticas de empoderamento, é importante situá-las nesse contexto de uma elaboração teórica e prática de formas para reescrever, no mundo, uma existência que até então fora estigmatizada.

Antes da definição de empoderamento, Patrícia Hill Collins traz-nos o processo, o qual nomeia de poder da autodefinição, a produção de conhecimento do "eu" que surge no processo de luta para substituição da construção das imagens outremizadas para a autodefinição do "eu". O primeiro espaço em que ocorre a autodefinição é no âmbito individual. A autora compreende esse espaço privado, que é oculto, enquanto meio onde ocorreria o processo "da consciência feminina negra, os pensamentos 'íntimos' que permitem às mulheres negras suportar e, em muitos casos, transcender os limites das opressões interseccionais de raça, classe, gênero e sexualidade"[256].

É através dos atos individuais que a autora constata que as mulheres negras não recebem de forma passiva as imagens de controle e estereótipos, ela apresenta alguns relatos que mostram a insubordinação de traba-

[255] BUENO, **Winnie. Imagens de Controle:** um conceito do pensamento de Patrícia Hill Collins. Porto Alegre: Editora Zouk, 2020, p. 127.

[256] COLLINS, Patrícia. **Pensamento feminista:** conhecimento, consciência e a política do empoderamento. São Paulo: Boitempo, 2019. p. 181.

lhadoras domésticas que, em muitos momentos, utilizam-se do silêncio enquanto uma ferramenta para resistir. Na obra de Patrícia Hill Collins, encontra-se nos relatos dessas mulheres a afirmativa que sabem que são mais inteligentes e capazes, inclusive ótimas atrizes, pois aprenderam a viver duas vidas, jogar o jogo deles, interpretam na frente dos brancos, mas sabem seu valor e não se deixam levar por eles. Ao usarem uma máscara de conformidade, resistem às violências subjetivas perpetradas pelos seus patrões. Outras se utilizam dos discursos, da escrita, da música, buscando dar extensão plena à própria voz e expressar a totalidade do "eu"[257].

Outrossim, a autora afirma que nunca existiu uma cultura de resistência uniforme e homogênea entre as pessoas negras, sendo ela expressa de forma plural, ocorrendo também de em determinados momentos históricos não serem entendidas enquanto formas de resistir, embora fossem. Dando ênfase à autodefinição das mulheres negras, ela ressalta a importância do conhecimento de si para surgir o engajamento na luta coletiva. Conhecer a si ao ponto de ressignificar toda a carga de estereótipos que outrora a branquitude buscou lhe definir, em síntese, é "definir nossas realidades em nossos próprios termos[258]" e sair do lugar de outremizado. Nesse sentido, vemos a necessidade de que as mulheres negras transformem a si mesmas para mudarem o mundo ao seu redor, essa é a premissa das políticas de empoderamento.

Como aponta Joice Berth, a teoria do empoderamento tem grande inspiração na Teoria da Conscientização de Paulo Freire[259]. O intelectual brasileiro tornou-se uma grande referência nos estudos do feminismo negro[260] ao trazer a ideia de que a conscientização é, sobretudo, a possibilidade de "que ultrapassemos a esfera espontânea de apreensão da realidade, para chegarmos a uma esfera crítica na qual a realidade se dá como objeto cognoscível e na qual o homem assume uma posição epistemológica"[261]. Uma premissa retirada da Teoria da Conscientização, presente na epistemologia feminista negra, refere-se ao desenvolvimento

---

[257] *Ibidem*, p. 183.

[258] *Ibidem*, p. 435.

[259] BERTH, Joice. **O que é empoderamento**. Belo Horizonte: Letramento, 2018.

[260] No livro *O que é empoderamento*, Joice Berth traça a relevância de Freire com a teoria da conscientização para os estudos feministas negro, outra obra interessante para se pensar é *Ensinando a Transgredir* da estadunidense bell hooks, onde ela dedica parte do livro para falar tanto das contribuições quanto dos limites de Freire para o debate.

[261] FREIRE, Paulo. **Conscientização**: teoria e prática da libertação: uma introdução ao pensamento de Paulo Freire. São Paulo: Cortez & Moraes, 1979. p. 15.

da consciência crítica que será capaz de correlacionar ação e reflexão gerando possibilidades de mudanças, ou seja, implica que "os homens assumam o papel de sujeitos que fazem e refazem o mundo"[262].

Assim, é possível dizer que é central nas aspirações do empoderamento quando ressignificada[263] pelo feminismo negro que o empoderamento será uma ferramenta para autodefinir as imagens estereotipadas criadas sobre si, para que a partir desse processo seja possível sua relação com a luta por emancipação sócio-política de maneira coletiva. Dessa forma, a práxis política da reflexão e ação, e a correlação dessas dimensões "vai culminar no empoderamento dos sujeitos em simbiose com o empoderamento da coletividade. E esse processo além de necessário é indissociável das lutas por emancipação sociopolítica"[264].

No entanto, algumas feministas negras[265] apontam para uma outra dimensão do empoderamento que já era presente no cotidiano das mulheres negras muito antes do surgimento do conceito, a experiência de vida. A dimensão da experiência de vida se destaca, porque em uma sociedade hierarquizada pela raça, há uma experiência coletiva vivenciada pelas mulheres negras, autodefinir algo em si está diretamente ligado com a sua relação indivíduo-mundo e seu despertar crítico diante dos dilemas impostos dentro de uma sociedade capitalista, racista e sexista impacta a todas as mulheres enquanto comunidade. Desde os períodos do colonialismo, mulheres negras precisaram de comportamentos empoderados para resistir às violências coloniais, como nos fala Angela Davis:

> O conceito de empoderamento não é novo para as mulheres afro-americanas. Por quase um século, temos nos organizado em grupos voltados a desenvolver coletivamente estratégias que iluminem o caminho rumo ao poder político e econômico para nós mesmas e para a nossa comunidade[266].

Para a filósofa, a busca por autodefinição e emancipação sociopolítica faz parte, historicamente, da vida das mulheres negras. As escravizadas lutaram com todas as ferramentas possíveis pela busca por liberdade

---

[262] *Ibidem*, p. 15.

[263] Ao longo da história, o conceito de empoderamento passa por diversas modificações e podemos dizer que é um termo em disputa. Aqui utilizamos a partir do feminismo negro e sua relação direta com a autodefinição enquanto uma mola propulsora para a organização de mulheres negras rumo ao empoderamento.

[264] BERTH, 2018, p. 86.

[265] Entre elas, Lélia Gonzalez, Joice Berth, Angela Davis, Patrícia Hill Collins e bell hooks.

[266] DAVIS, Angela. **Mulheres, cultura e política**. São Paulo: Boitempo, 2017. p. 15.

para si e para os seus. Angela Davis traz-nos exemplo de como essas lutas foram diversas seja pela manutenção da família, mesmo no cenário hostil da escravização, pela educação das crianças, os movimentos de fugas e lutas por emancipação. As mulheres negras precisaram ser fortes e ressignificar cotidianamente a imagem vitimizada que lhe era imposta, e aqui não estamos diminuindo o fato de toda a população ser vítima da escravização, mas apontar que essa violência não ocorreu sem resistência e sem organização.

Se olharmos para as lutas no período colonial e no pós-abolição, teremos mulheres empoderadas que estavam atuando para o empoderamento e emancipação de sua comunidade. Nesse mesmo sentido, ao pensar as mulheres brasileiras, Lélia Gonzalez afirma que "como mulheres negras, não compartilhamos somente história de opressão; era preciso conhecer as trilhas dos caminhos percorridos de luta a essas opressões[267]. A articulação de mulheres negras proporcionou ganhos coletivos no campo subjetivo e na luta política. O processo de autodefinição é primordial para a articulação identitária em busca de reconhecimento social. Sueli Carneiro, ao organizar um panorama das conquistas do movimento feminista negro brasileiro, aponta a relação dialética entre opressão e resistência que, ao passo que essas mulheres estiveram, e estão, em um lugar perverso de marginalidade na sociedade brasileira, foi nele que se "engendrou formas de resistência e superação tão ou mais contundentes":

> O esforço pela afirmação de identidade e de reconhecimento social representou para o conjunto das mulheres negras, destituído de capital social, uma luta histórica que possibilitou que as ações dessas mulheres do passado e do presente (especialmente as primeiras) pudessem ecoar de forma a ultrapassarem as barreiras de exclusão. O que possibilitou, por exemplo, que a primeira romancista brasileira fosse uma negra a despeito das contingências sociais em que ela emergiu?[268]

Para Sueli Carneiro, o protagonismo das mulheres negras, orientado num primeiro momento pelo desejo de liberdade e num segundo momento pelas emergências das organizações de mulheres negras e organizações nacionais, constrói um novo cenário com novas possibilidades para a nossa geração. Suas lutas históricas pavimentaram os caminhos para que

---

[267] GONZALEZ *apud* BERTH, 2018, p. 73.

[268] CARNEIRO, 2020, p. 216.

pudéssemos percorrer em seguida rumo à construção de novos lugares sociais. A autora apresenta a importância da afirmação identitária bem como a necessidade de disputa de poder nos meios de comunicação para a exclusão de imagens estereotipadas:

> As mulheres negras vêm atuando no sentido de não apenas mudar a lógica de representação nos meios de comunicação de massa, como também de capacitar suas lideranças para o trato de novas tecnologias de informação, pois a falta de poder dos grupos historicamente marginalizados para controlar e construir sua própria representação possibilita a crescente veiculação de estereótipos pelas mídias, eletrônicas ou impressas[269].

As políticas de empoderamento focam na busca por um processo de autodefinição de si. Para uma construção coletiva, é necessária a tomada de poder em relação às imagens estereotipadas construídas em torno das mulheres negras. Os estereótipos em torno da sexualidade, do caráter, do corpo só serão e são extirpados, tanto da nossa psique introjetada no nosso processo de sociabilidade quanto do meio social, a partir desse movimento de reconstrução, redefinição, de novos lugares para aqueles que deixam de ser objetos e passam a ser sujeitos.

É a partir dessas questões que situamos as análises dos folhetos de Jarid Arraes. Acreditamos que os folhetos da cordelista cumprem um papel social relevante. Primeiro, rompem com qualquer contrição atávica em torno das mulheres negras; segundo, impõem-se e negam as imagens construídas sobre os nossos corpos; e, terceiro, produzem ferramentas que podem ser utilizadas como meios para reflexão e processos de autodefinição de mulheres e crianças negras. Como aponta Paulo Freire, os grupos subalternizados devem empoderar a si próprios.

Pensando nesses três elementos, escolhemos três folhetos que apresentam um processo de reconstrução de imagens em torno das mulheres negras e que giram em torno do empoderamento. Os folhetos são "Feminismo Negro", no qual a autora apresenta um panorama da construção histórica do movimento de mulheres negras no Brasil; o segundo, "Não me chame de mulata", que atua apresentando a violência do termo mulata, bem como a necessidade da exclusão desse termo; e o terceiro, "Quem tem crespo é rainha", esse folheto centralizado no aspecto fenotípico nos é de

---

[269] *Ibidem*, p. 210.

grande valia, pois apresenta a necessidade de ressignificar nosso olhar sobre os traços que lembram nossa ancestralidade e que foram marginalizados ao longo da história. Dito isto, vamos às análises.

3.3 O FEMINISMO NEGRO NARRADO PELO CORDEL

O surgimento do Femismo Negro no país se dá diante de um quadro de tensões políticas. As mulheres negras estavam situadas dentro do movimento negro, dialogando com o movimento feminista e os movimentos de classe. Estavam situadas dentro de diversos movimentos que não se debruçaram a pensar a questão da mulher negra dentro da sociedade brasileira. Jarid Arraes, no folheto "Feminismo Negro", publicado em 2015, apresenta-nos um panorama dessas tensões. A cordelista inicia com a sextilha:

> Lá pras bandas de 70
>
> Já bastante pro final
>
> Se ergueu um movimento
>
> No seu tempo germinal
>
> Foi o Feminismo Negro
>
> Para a luta social.

Na abertura do folheto, sabemos o recorte temporal escolhido pela autora que é da década de 1970. Esse período é particularmente interessante, com a ditadura civil-militar de 1964, vivenciamos uma ordem político-ideológica que buscou exterminar tudo o que era caracterizado como subversivo, um projeto de pacificação da sociedade, onde através da repressão, violência militar e do medo, buscaram impor a submissão[270]. Desse modo, a ditadura foi um grande desarticulador político dos movimentos sociais, o qual matou, torturou e perseguiu inúmeros militantes. O movimento negro e a população negra se tornaram alvo desse regime.

> A sistemática repressão policial, dado seu caráter racista (segundo a polícia, todo crioulo é marginal até que prove o contrário), tem por objetivo próximo a imposição de uma submissão psicológica através do medo. A longo prazo, o que se pretende é o impedimento de qualquer forma de

---

[270] GONZALES, Lélia. O movimento negro na última década. *In*: **Lugar de Negro**. Rio de Janeiro: Marco Zero, 1982. p. 11-16.

unidade e organização do grupo dominado, mediante a utilização de todos os meios que perpetuem sua divisão interna. Enquanto isso, o discurso dominante justifica a atuação desse aparelho repressivo, falando em ordem e segurança social[271].

Entendemos que nesse cenário de repressão os movimentos sociais foram desarticulados por serem postos pelo governo como um perigo para a paz e ordem social do Brasil. Em relação aos movimentos negros, é durante a década de 1970 que se inicia uma reorganização das pautas em torno da questão racial. A priori tivemos a criação de diversas entidades como Centro de Cultura e Arte Negra[272] (Cecan) em São Paulo, Grupo Palmares do Rio Grande do Sul[273], os Bailes Blacks[274] no Rio de Janeiro, Centro de Estudos Afro-Asiáticos (CEAA), a Sociedade de Estudos da Cultura Negra (Secneb) em Salvador, além da criação dos cadernos Negros em 1978. Essas expressões de resistência mostram como na década de 1970, mesmo no contexto de repressão, buscou-se organizar em torno da cultura negra.

O contexto internacional influenciou. Na década de 1970, tivemos no Brasil a reverberação da luta por direitos civis nos Estados Unidos na década de 1960. Além da influência dos movimentos por luta pela libertação negra nas colônias africanas que em 1970 diversos países conseguiram sua emancipação. Essas relações estão presentes no movimento brasileiro, que buscava o fim contra o racismo, reorganização política e valorização

---

[271] *Ibidem*, p. 16.

[272] O Centro de Cultura e Arte Negra foi idealizado por Thereza Santos, militante comunista e ligada a movimentos como o Teatro Experimental do Negro, a fundação deu-se em 1971. Segundo Petrônio Domingues, "o CECAN foi uma das primeiras organizações afro-paulistas a priorizar a ideia da negritude – isto é, a importância da consciência étnico-racial –, afirmando a necessidade de que a revalorização do negro, com base na recuperação do domínio histórico e cultural, ocorresse cada vez mais sob a égide da identidade". DOMINGUES, Petrônio. A redescoberta da África: O Grupo de Trabalho de Profissionais Liberais e Universitários Negros, **Acervo**, [*S. l.*], v. 33, n. 1, p. 101–127, 2019. Disponível em: https://revista.arquivonacional.gov.br/index.php/revistaacervo/article/view/1526. Acesso em: 5 jul. 2024.

[273] Grupo Palmares nasceu em Porto Alegre em 1971, com a proposta de revisar e reescrever a história do Brasil, a partir da resistência negra. Deivison Campos (2006) aponta que o grupo foi "organizado por quatro jovens negros universitários em 1971, o grupo surge com a proposta de uma revisão da história do Brasil para desvelar a 'tradição de resistência', a fim de recuperar a auto-estima étnica e, com isso, tirar a maioria dos negros do imobilismo político e da acomodação social aos espaços concedidos por uma sociedade, segundo o grupo, desigual". CAMPOS, Deivison Moacir Cezar de. **O Grupo Palmares (1971-1978)**: um movimento negro de subversão e resistência pela construção de um novo espaço social e simbólico. Dissertação (Mestrado em História), 2006.

[274] O Movimento Black Rio surge na década de 1970, buscando através da música e da estética negra promover uma reafirmação identitária e de orgulho negro. Os bailes foram duramente reprimidos pela ditadura militar, pois eles entendiam que os bailes propagavam a segregação entre brancos e negros, e atrelavam-nos a atitudes subversivas.

cultural e estética do negro. A capa do folheto de Arraes nos remete ao movimento *black power*[275]:

Figura 17 – Capa do Folheto "Feminismo Negro"

Fonte: acervo pessoal

A capa do folheto traz-nos uma mulher negra, de punho cerrado e o cabelo *black power*. Essa estética nos lembra, por exemplo, as mulheres que atuaram na luta por direitos civis nos Estados Unidos, e faz-nos lembrar de ativistas como Angela Davis. No Brasil, a valorização dessa mesma estética e especialmente o cabelo, pode ser notada no movimento Black Rio. Retomando o texto de Arraes, antes de apresentar o Feminismo Negro e sua formação e pautas, ela apresenta o dilema entre mulheres e o feminismo que se propunha universal. A cordelista propõe-se a explicar o que é o feminismo e suas limitações em relação à raça:

Se você inda não sabe

O que é o Feminismo

---

[275] Black Power tornou-se um slogan político dentro dos movimentos por direitos civis nos Estados Unidos, buscavam o fim das leis Jim Crown, emancipação do negro e valoração estética. Se observamos, por exemplo, o "Movimento dos Panteras Negras", vemos como a estética negra relacionada à valorização dos cabelos e orgulho da raça foi uma pauta política importante.

Te explico bem ligeiro

Pra não ter charlatanismo

É a luta das mulheres

Com o fim de protagonismo.

Só que tinha um problema

Complicado de enfrentar

Pois o tal do Feminismo

Teimava em representar

Só as brancas estudadas

Sem do racismo lembrar.

Ao situar a década de 1970 e dar prosseguimento à análise do feminismo que se propôs universal, a cordelista apresenta uma análise atenta às mudanças que estavam ocorrendo no cenário internacional e nacional no campo do feminismo. Kia Lilly Caldwell aponta que "desde o final dos anos 70, mulheres não brancas na Inglaterra, no Canadá e nos Estados Unidos desafiaram modelos unitários de gênero e exigiram noções sobre o 'ser mulher' que levassem em conta raça, etnia, classe e sexualidade"[276]. No folheto, a cordelista apresenta que dentro de um processo reivindicatório para romper esses padrões unitários, surge uma teoria de confronto:

Entendendo esses fatos

Muitas negras levantaram

Com bastante embasamento

Fortes reinvidicaram

Que o Feminismo ouvisse

Tudo o que elas pensaram. Os fatos a que Jarid Arraes se refere são as disparidades de acesso das mulheres negras e brancas. Sueli Carneiro, em sua pesquisa "Mulher Negra", aponta para o que seriam essas disparidades, entre elas a mulher negra tinha menos acesso à educação, as mais baixas remunerações, não eram presentes em cargos de liderança e estavam alocadas em serviços ligados à lógica escravista, como o traba-

---

[276] CALDWELL, Kia Lilly. Fronteiras da diferença: raça e mulher no Brasil. **Revista Estudos Feministas**, v. 8, n. 2, 2000. p. 2.

lho doméstico[277]. A questão do trabalho doméstico ocupa três estrofes no folheto buscando traçar esse paralelo entre as divergências de pautas e a permanência das relações coloniais dentro do mesmo gênero.

> Digo isso pois a pauta
>
> Para a mulher trabalhar
>
> Para conquistar direito
>
> E aos homens se igualar
>
> Acabava é se omitindo
>
> E findava segregar.

A cordelista apresenta como as pautas das mulheres brancas não estavam em diálogo com as das mulheres negras. Se por um lado, as mulheres brancas buscavam o direito de ir para o mercado de trabalho, visando alcançar o status do homem branco, as mulheres negras já estavam inseridas no trabalho desde a escravização.

> Pois enquanto a mulher branca
>
> Por emprego batalhava
>
> A mulher que era negra
>
> Já há muito labutava
>
> Desde a vil escravidão
>
> Ou limpando o chão da casa

E prossegue:

> Como esquecer da sinhá
>
> Vinda lá da casa grande
>
> Que findou foi em virar
>
> Na patroa comandante
>
> Explorando só a negra
>
> Se fazendo dominante?

Temos nesses versos uma importante análise que liga as reminiscências da escravização ao trabalho doméstico no Brasil. Durante o período colonial, as mulheres negras eram exploradas integralmente, tanto nas

---

[277] CARNEIRO, 2020.

fazendas como na casa-grande. Essas mulheres eram responsáveis por cozinhar, cozer, limpar, lavar, passar, cuidar das crianças; foram as negras escravizadas que foram exploradas para a manutenção da organização do espaço privado no país.

No pós-abolição, mantiveram-se as funções ligadas ao trabalho doméstico diretamente ligadas às mulheres negras. Para refletirmos dentro de um quadro contemporâneo, a Organização Internacional do Trabalho (OIT) aponta que só no Brasil temos em média 7 milhões de trabalhadores exercendo o trabalho doméstico, e desse total, 92% são mulheres. Pensando no recorte racial, segundo o Instituto de Pesquisa Aplicada[278], desse total de 7 milhões de mulheres no trabalho doméstico, as mulheres negras correspondam a uma totalidade de 4 milhões[279]. A imagem da mulher negra estará atrelada à mucama do período colonial, trazendo assim, uma reprodução de estigmas de que o lugar social dessa mulher está atrelado à obrigação de servir em todos os aspectos os brancos.

> Quanto ao papel das relações de gênero e raça no passado escravista – entre a imagem de mucamas e a suposta permissividade sexual -, nas primeiras décadas da abolição, pairam a estigmatização e a erotização do corpo da mulher negra[280].

Além da exploração da mão de obra, a imagem da mucama relacionada à mulher negra, afeta ainda sua sexualidade, tendo em vista que dentro da lógica colonialista esses corpos estão à disposição em tempo integral aos desejos e fetiches da branquitude. Vemos que há imagens e lócus sociais que afetam desproporcionalmente as mulheres negras e que uma leitura universalista não é capaz de definir o que é ser mulher. É dentro dessas perspectivas que intelectuais brasileiras surgem no campo das análises históricas e teoria feminista para reivindicarem um movimento que pense essas especificidades. No folheto, Arraes diz que essas mulheres se levantaram para "Que o feminismo ouvisse / Tudo o que elas tem a falar" e aponta intelectuais negras que surgem no contexto brasileiro:

---

[278] INSTITUTO DE PESQUISAS APLICADAS. Retrato das desigualdades de gênero e raça. 2015. Disponível em: https://www.ipea.gov.br/retrato/indicadores_trabalho_domestico_remunerado.html. Acesso em: 21 maio 2021.

[279] SANTIAGO, Bruna Gabriella Santiago; ARAUJO, Manuela Aguiar Damião de; SPOSATO, Karyna Batista. "Eu, empregada doméstica": as reminiscências da escravização no emprego doméstico no Brasil. **Revista de Direito**, Viçosa, v. 13, n. 2, p. 1-25, 2021. ISSN 2527-0389.

[280] PAIXÃO, Marcelo; GOMES, Flávio. História das diferenças e das desigualdades revisitadas: notas sobre gênero, escravidão, raça e pós-emancipação. **Revista Estudos Feministas** [on-line], v. 16, n. 3, p. 949-969, 2008. p. 950.

Para te ajudar no estudo

Posso nomes te indicar

Como o de Lélia Gonzalez

Militante e exemplar

Também Sueli Carneiro

E isso é só pra começar.

Essas duas e mais outras

Se puseram a produzir

Vários textos e artigos

Sempre assim a discutir

Como era a mulher negra

Pras demandas garantir.

Lélia Gonzalez e Sueli Carneiro são os nomes de duas militantes e teóricas do feminismo negro, que, como vimos no início desta pesquisa, foram percussoras nos debates de raça, classe e gênero no Brasil. É importante ainda acrescentar o nome da historiadora Beatriz Nascimento, que em meados da década de 1970 até o início de 1990, desenvolveu uma relevante pesquisa sobre mulheres negras confrontando o Movimento Feminista e o Movimento Negro. A autora discorreu sobre temas como a mulher negra no mercado de trabalho, questionou a historiografia oficial em torno da história do negro, buscou refletir como os aspectos coloniais perpassam nossa forma de sentir e amar, foi uma teórica bastante crítica à ideia de democracia racial no Brasil.

Vemos que se em 1970, nascia no Canadá e Estados Unidos uma produção feminista que questionava a universalidade da ideia de mulher, no Brasil tínhamos uma elaboração bastante sofisticada que surge na década de 1970 e se expande na década de 1980. Essas intelectuais buscaram denunciar dentro do Feminismo o caráter racista de ideias generalistas. Arraes transpõe para o cordel essa tensão:

Isso foi bem complicado

Porque muitas feministas

Não quiseram compreender

Que podiam ser racistas

Se falavam de mulheres

De forma generalista

Pois nem todas as mulheres

São completamente iguais

Cada grupo tem demandas

Como classe e coisas tais

Mais ainda relevantes

São as questões raciais.

Para termos uma ideia dessa rejeição ao falar das especificidades de ser uma mulher negra, Lélia Gonzalez analisa que o Encontro Nacional Feminista em 1986, na cidade de Bertioga, estado de São Paulo, foi um espaço de conflitos, pois as mulheres brancas apontavam essas mulheres negras como sectaristas e agressivas, contribuindo para o reforço do estereótipo da mulher negra raivosa. É refletindo sobre esses dilemas que Sueli Carneiro propõe enegrecer o feminismo e que esse movimento de mulheres negras traz as contradições resultantes das articulações de raça, classe e gênero[281].

Se por um lado elas precisavam enegrecer o feminismo, era necessário "sexualizar" a agenda do movimento negro, fez-se necessário um duplo embate, "promovendo uma diversificação das concepções e práticas políticas em uma dupla perspectiva, tanto afirmando novos sujeitos políticos quanto exigindo reconhecimento das diferenças e desigualdades entre esses novos sujeitos"[282]. Pensando o sexismo dentro do movimento negro, que Arraes dá continuidade à sua poesia de cordel:

Outro ponto sem conforto

Era a droga do machismo

Pois no movimento negro

Na luta contra o racismo

---

[281] CARNEIRO, Sueli. Mulheres em movimento. **Revista Estudos Avançados**, v. 17, n. 49, 2003.

[282] RODRIGUES, Cristiano Santos; PRADO, Marco Aurélio M. Movimento de Mulheres Negras: Trajetória política, práticas mobilizatórias e articulações com o estado brasileiro. **Psicologia & Sociedade**, v. 22, n. 3, p. 445-456, 2010. p. 449.

A mulher negra penava

Enfrentando o sexismo.

Essas mulheres negras precisaram denunciar o machismo dentro do movimento negro e buscaram estabelecer suas próprias organizações. Lélia Gonzalez lembra que adquiriu todo um amadurecimento político dentro do movimento negro, como a maioria das mulheres, que é dessa atuação que surge o movimento de mulheres negras. No entanto, a resistência em se pensar a questão do gênero impulsionou cada vez mais críticas dessas mulheres, e também a construção de espaços que buscassem debater a experiência da mulher negra de forma específica.

Um dos momentos de forte tensão tanto com o movimento feminista quanto com o movimento negro, ocorreu em 1988. Ano em que as mulheres negras organizaram o I Encontro Nacional de Mulheres Negras, em Valença. Esse "encontro foi severamente criticado por setores do movimento negro e feminista, que acusavam as mulheres negras de um 'racha' nos movimentos sociais"[283]. Foi durante esses conflitos que essas mulheres construíram uma identidade política enquanto coletivo para pensar questões como maternidade, direito reprodutivo, mercado de trabalho, liberdade sexual, construção do afeto dentro de uma perspectiva negra.

No folheto, Arraes transforma em versos essa trajetória nada tranquila, da construção do movimento de mulheres negras enquanto um movimento político autônomo que busca enegrecer as bases epistemológicas tanto do feminismo quando do movimento negro. Ao encaminhar a parte final do cordel, ela fala sobre esse enegrecimento:

No entanto é necessário

Fazer enegrecimento

Da batalha feminista

Desse lindo movimento

Para que toda mulher

Sinta seu pertencimento.

Vemos que a estrofe apresentada está em diálogo direto com a definição que Sueli Carneiro nos apresenta sobre o que seria enegrecer o feminismo e sua função teórica, prática e ideológica:

---

[283] *Ibidem*, p. 451.

Enegrecendo o feminismo é a expressão que vimos utilizando para designar a trajetória das mulheres negras
no interior do movimento feminista brasileiro. Buscamos
assinalar, com ela, a identidade branca e ocidental da formulação clássica feminista, de um lado; e, de outro, revelar
a insuficiência teórica e prática política para integrar as
diferentes expressões do feminino construídos em socie-
dades multirraciais e pluriculturais[284].

A autora ainda afirma que a perspectiva feminista negra emerge
da condição específica de ser mulher negra. Esse pertencimento que se
apresenta no folheto coaduna com as perspectivas teóricas que buscam
no país articular as questões de raça, classe, gênero, sexualidade, sem
hierarquizar essas violências presentes em nossa sociedade e como elas
atingem de maneira específica determinados grupos sociais. Assim, a
escrita da cordelista nos traz a contextualização histórica, trajetória, dilemas e alguns nomes do feminismo negro de forma didática e acessível,
dialogando com uma bibliografia mais ampla e atualizada sobre o tema.
Apresentando as características do cordel enquanto informativo, sobre
um tema importante dentro da nossa sociedade. Finalizamos este tópico
com a voz da autora:

Para mim, o Feminismo

Tem que ser escurecido

Tem que ter a negritude

Para ser fortalecido

Pois o Feminismo Negro

Tem assim prevalecido.

---

[284] CARNEIRO, 2003, p. 118.

3.4 NÃO ME CHAME DE MULATA!

> *A gente nasce preta, mulata, parda, marrom, roxinha, etc., mas*
> *tornar-se negra é uma conquista.*
>
> *(Lélia Gonzalez)*

Publicado em 2015, o folheto "Não me chame de Mulata" possui oito páginas, e sua estrutura é composta por setilhas[285] com rimas em sua maioria ABCBDDB e outras ABCBAAB. Nessa escrita, Jarid Arraes inscreve, em sua poesia, uma negação ao termo mulata, para isso, ela apresenta a composição etimológica do termo, bem como o situa historicamente e argumenta em prol do seu desuso. A obra versa sobre o sentido do termo desde o seu significado no dicionário, sua formulação no senso comum e como ele opera como uma forma de negação da identidade negra no país. Assim, o cordel dedicar-se-á a destrinchar o significado do "verbete ali mostrado" e como ele "é antigo e ordinário", nas palavras da cordelista Jarid Arraes.

Figura 18 – Capa do Folheto "Não me chame de mulata"

Fonte: acervo pessoal

---

[285] As setilhas são estrofes de sete versos que não são muito usuais, caracterizam-se pela possibilidade de deixar livres o primeiro e terceiro verso e rimar o segundo, quarto e sétimo e o quinto com o sexto.

Algo importante de se observar é a capa do folheto. Na literatura de cordel, vemos a importância das imagens presentes nas capas e que geralmente estão ligadas aos textos "por uma forte proximidade, ocupando ambos o mesmo espaço e, entrando, em consequência, em interação e diálogo"[286]. Assim, como apresenta Edilene Matos, as capas possuem uma grande importância, pois escrita e imagem interagem e se completam, são repertórios que se intercruzam[287].

Antes de entrarmos nos versos, é importante destacarmos a ilustração. Arraes apresenta a figura do rosto de uma mulher na capa dando ênfase a alguns traços fenótipos como cabelo crespo, lábios grossos e nariz demarcado, mas o nariz não tão acentuado assim. Pensando a construção da mulata brasileira como um símbolo de brasilidade e fruto da ideologia da miscigenação que nega a construção de pertença étnica da mulher negra, vemos que a cordelista traz um perfil que representa uma mulher que em alguns contextos pode ser lida como morena, parda, tendo sua identidade negra invalidada. Vemos presente na capa uma mulher com fenótipos que remontam à imagem de uma mulher parda, onde os traços se confundem, e essa mulher que tem uma identidade negada por não ser tão negra, tem em contrapartida, a existência marcada por uma experiência racializada pelos traços que a branquitude rejeita.

Alguns elementos presentes nos versos são destacados na capa, como os traços fenotípicos do cabelo. Jarid Arraes destaca a experiência negra trazendo elementos da cor, do nariz, do cabelo, dos lábios. A produção concentra-se em demonstrar o porquê do termo ser pejorativo e ser necessário excluir do nosso uso com mulheres negras. Desenvolvendo uma argumentação sólida em seus versos no que tange ao uso do termo mulata, observa que ele possui uma carga pejorativa, em sua estrutura gramatical, ao relacionar o indivíduo miscigenado ao cruzamento animal.

Grada Kilomba, analisando a língua portuguesa, afirma existir um conservadorismo na manutenção de termos que desumanizam grupos raciais, sendo assim, várias terminologias "quando escritas em português revelam uma profunda falta de reflexão e teorização da história e heranças coloniais e patriarcais, tão presentes na língua portuguesa"[288]. A autora apresenta termos que em outros idiomas, como alemão e inglês, entraram

---

[286] MATOS, Edilene. Literatura de Cordel: poética, corpo e voz. *In*: **Cordel nas Gerais**: Oralidade, Mídia e produção de sentido. p. 22.

[287] *Idem.*

[288] KILOMBA, 2019, p. 14.

em desuso, no entanto, há uma resistência para que o mesmo ocorra tanto no Brasil quanto em Portugal, assim afirma que ainda é necessário problematizarmos os usos, termos que possuem função de desumanização dos sujeitos negros, e entre os termos analisados pela autora está a(o) mulata(o) que aqui se faz de nosso maior interesse.

Pensando a problemática levantada por Jarid em seu folheto, encontramos em Grada Kilomba uma reflexão sobre a linguagem, ela afirma que a língua portuguesa se ancora a um discurso colonial e patriarcal. Nesse sentido, ela compreende que a língua tem uma dimensão política "de criar, fixar e perpetuar relações de poder e violência, pois cada palavra que usamos define o lugar de uma identidade"[289]. Assim, na linguagem se institui também a relação dialética entre o eu, branco, e o outro negro, a perpetuação de termos pejorativos em relação a um grupo racial reflete, assim, uma forma de manutenção das posições dos sujeitos na criação e perpetuação das relações de poder.

É nessa perspectiva que Frantz Fanon atribui a necessidade de se refletir e problematizar as relações entre o negro e a linguagem[290]. Embora sua análise foque na tentativa de apagamento das línguas originárias e adaptação da língua do colonizador enquanto uma ferramenta de tentativa de ascensão social por parte do grupo racializado, ele apresenta-nos diagnósticos em relação à importância da linguagem, uma delas é a afirmativa que "falar é existir absolutamente para o outro". Na concepção do autor, falar uma língua é assumir o mundo cultural dessa linguagem, isso explicaria a violência colonial para a tentativa de apagamento das línguas originárias. Outro ponto é que há uma relação direta entre língua e coletividade. Nesse sentido, é importante reconhecer a necessidade de irrupção no campo da linguagem que nos foi imposta pelo colonizador, entendendo que a língua não está dissociada do processo histórico colonial, ao contrário, ela é resultante do mesmo.

A linguagem é um campo de disputa onde se estabelecem relações de poder, mutável e no qual se mantêm padrões de dominação. Lélia Gonzalez define a linguagem como fator de humanização e/ou entrada na ordem da cultura, trazendo, assim, o valor subversivo da linguagem. Seria através dela que a população negra se inseriria na língua colonial a ponto de subverter o português. Desenvolvendo sua análise, criou a expressão *pretuguês*, que seria justamente o processo de africanização do

---

[289] *Idem.*

[290] FANON, Frantz. **Pele Negra, máscaras brancas**. Salvador: EDUFBA, 2008.

português, "a língua de dominação foi subvertida e ressignificada para marcar a resistência que dela fizeram negros e indígenas"[291].

É através dessa imagem de subversão da língua que Lélia Gonzalez alça a mãe preta a uma grande educadora do país, que através da linguagem repassou valores africanizados que se entranharam nas formas culturais, não sendo possível o colonizador apagar essas influências, seria a subversão da língua uma forma de resistência[292]. É nesse sentido de desmonte do racismo e patriarcalismo que se dá inicialmente na linguagem que Kilomba[293] defende a necessidade de problematização de termos com origem racista e sexista que perduram na língua portuguesa.

Em relação à(a)o mulata(o), ela define como um dos termos que busca marcar a inferioridade racial de um grupo através de uma aproximação a sua condição animal, uma nova identidade que afasta o indivíduo negro da sua negritude a partir de aspectos fenotípicos que os aproxime da branquitude. Essa outra identidade animalizada sofre uma intensa romantização principalmente no aspecto sexual, um ser irracional com uma sexualidade à flor da pele. Esses indivíduos híbridos são vistos ora como praga, ora como deleite.

> Esta romantização é uma forma comum da narrativa colonial, que transforma a relação de poder e abuso sexual, muitas vezes praticados contra a mulher negra, em gloriosas conquistas sexuais, que resultam num novo corpo exótico, e ainda mais desejável. Além disso, esses termos criam uma hierarquização dentro da negritude, que serve à construção da branquitude como a condição humana ideal – acima dos seres animalizados, impuras formas da humanidade[294].

O termo mulata carrega forte carga histórica que alimenta a imagem pejorativa em torno da mulher negra em três dimensões: amenização das violências sexuais sofridas pela mulher negra de pele escura; a ideia de um terceiro produto do cruzamento das raças com uma sexualidade ainda mais exacerbada visto como exótico e reafirmando o contraponto do Eu/Outro proposto pela branquitude. É nesse sentido que situamos o folheto de Jarid Arraes, enquanto uma escrita de propósito e possibilidade

---

[291] BARRETO, Raquel. Lélia Gonzalez, uma intérprete do Brasil. *In*: **Primavera para as rosas negras**: Lélia Gonzalez em primeira pessoa. Diáspora Africana: Editora Filhos da África, 2018. p. 23.

[292] *Idem.*

[293] KILOMBA, 2018.

[294] KILOMBA, 2019, p. 19.

subversiva da linguagem ao denunciar e buscar a exclusão do termo para referir-se às pessoas negras. A cordelista, em seu folheto "Não me chame de mulata", apresenta o destrinchar do termo, desenvolvendo o debate aqui exposto.

> Eu começo este cordel
>
> Recorrendo ao dicionário
>
> Pois o tal livro reflete o saber reacionário
>
> Já que o significado
>
> Do verbete ali mostrado
>
> É antigo e ordinário.

De acordo com o dicionário, entre os significantes do termo mulata, a sua primeira definição ou definição antiga se apresenta como "animal híbrido que resulta do cruzamento de uma égua com um jumento, ou de um cavalo com uma jumenta", enquanto adjetivo se refere a algo "de cor acastanhada" e etimologicamente deriva como feminino de mulato, "este deriva da junção de 'mulo', animal híbrido, e do sufixo – ato". Essas são as definições encontradas em um dos dicionários mais acessados da internet, é recorrendo ao dicionário que Jarid Arraes inicia a crítica em seu folheto ao termo mulata, e continua.

> Tomarei como um exemplo
>
> A palavra de "mulata"
>
> Revelada a sua origem
>
> Que me fez estupefata
>
> Pois compara com jumento
>
> Com racista entendimento
>
> A gente miscigenada

É comum que chamar uma mulher de mulata seja visto como elogioso, desconhecendo, assim, o significado do termo e a violência que ele apresenta. Retornando ao dicionário, outra definição é enquanto substantivo feminino para "pessoa que provém da mistura entre brancos e negros (acepção pode ser considerada pejorativa)"[295]. No dicionário

---

[295] Definição mais recente disponível no dicionário eletrônico Dicio. Disponível em: https://www.dicio.com.br/mulata/. Acesso em: 5 jul. 2024.

atualizado consta, também, que o termo *pode ser* considerado pejorativo e define que, além do significado de animais híbridos, o termo é utilizado para fazer referência a frutos de relações interraciais. Arraes apresenta essa definição em sua escrita acrescentando uma crítica à miscigenação:

> É chamado de mulato
>
> Aquele que é misturado
>
> Um dos pais é de cor negra
>
> Sendo o outro branqueado
>
> Mas a miscigenação
>
> No início da nação
>
> Foi um mal desnaturado.

Nesse ponto, retomamos o debate da miscigenação, se anteriormente falamos tanto da democracia racial quanto da miscigenação enquanto processos ideológicos fundamentais para mascarar o racismo, faz-se necessário retomar o tema por entendermos que um dos principais este-reótipos que relaciona a sexualidade da mulher negra está diretamente atrelado à ideologia da mestiçagem. Os mulatos seriam vistos como esse híbrido animalizado que materializa as doenças e inferioridade da sociedade brasileira manchada pela mistura de raças. Lilia Schwarcz, analisando as décadas entre 1870 e 1930, aponta que a ciência brasi-leira via a miscigenação como um fator de degenerescência e que eram necessárias ferramentas para exclusão desse elemento que apodrecia a sociedade brasileira[296]. Jarid Arraes, na setilha anterior, aponta que um dos caminhos foi o branqueamento que funcionou como uma espécie de higienização da sociedade.

> A herança da escravidão estava ali, materializada na pletora de cores e costumes bizarros, mulatos pelas ruas sambando e negras histéricas caindo no transe. A tarefa da ciência se colocava como uma tarefa higienizadora da nação. Como Lilia Schwarcz coloca, o problema não parecia tanto a doença, mas o doente, e doente estaria toda a nação man-chada pela miscigenação[297].

---

[296] SCHWARCZ, 1993.

[297] PINHO, Osmundo de A. O efeito do sexo: políticas de raça, de gênero e miscigenação. **Cadernos Pagu**, 23, p.89-119, jul.-dez. 2004, p. 5.

A miscigenação até então era vista enquanto um mal degenerativo da sociedade brasileira e, apesar de grande relevância de debate centrado no discurso médico que antecede a década de 1930, aqui nos atentaremos ao debate da miscigenação e construção da mulata a partir desse marco temporal, já que é na década de 1930 que novos debates em torno da miscigenação serão elaborados. Entendemos que há uma inserção do elemento "cultura" nas produções intelectuais da época e que nos permite ter uma visão das construções dos símbolos de identidade nacional a partir da positivação discursiva da mistura das raças e uma realocação na visão elaborada em torno da mulata.

Para Osmundo Pinho, o pensamento sobre as raças é amplamente concentrando no debate da miscigenação nas primeiras décadas do século XX e passa por uma "ideologização das diferenças sociais como diferenças naturais-culturais, tendo, a essencialização da miscigenação como esse símbolo da unidade cultural política"[298]. Há, segundo Pinho, a substituição da noção de raça pela noção de cultura. O problema da mestiçagem passa a ser visto como o maior aspecto do que viria ser a ideia de democracia racial, a centralidade na cultura traria a ideia de mistura para explicar todas as expressões da sociedade brasileira, inclusive, anular a ideia do problema do racismo na nossa sociedade.

Tendo como grandes expoentes Arthur Ramos e Gilberto Freyre, o debate da cultura entra em cena, no entanto, trazendo uma análise que aponta o mulato enquanto deficiência social e cultural e colocando enquanto projeto de remediação a partir da proposta da assimilação desses mulatos resultados do longo processo de escravização no país. Nesse cenário, a "miscigenação significava a incorporação do elemento negro (escravo) na cultura nacional que refundaria a perspectiva histórico--genética para a formação da nacionalidade"[299], a miscigenação, assim, passa a fazer parte de um projeto nacional através de uma constituição de identidade nacional miscigenada que alimenta o discurso que nem negros, nem brancos, mas sim brasileiros. No folheto, Arraes aponta para a estratégia racista de incute na sociedade brasileira que o negro não existe enquanto identidade:

> Os racistas do passado
>
> Inda vivem no presente

---

[298] *Ibidem*, p. 93.

[299] *Ibidem*, p. 98-100.

Têm um discurso furado

Ensinando para a gente

De que negro não existe

E no termo vil insiste

Com postura insolente.

A cordelista atrela a insistência do termo mulato à persistência do racismo e negação da identidade negra, retomando, também, outros termos utilizados para esse processo de negação da negritude:

Vão chamando de mulato

Ou de pardo bronzeado

Dizem que é cor de jambo

Tom moreno e amarronzado

Chama até de chocolate

Nesse torpe disparate

De racismo nomeado.

O discurso da mestiçagem que passa a englobar o elemento cultural reconfigura o lugar em que a mestiçagem era colocada. Autores como Gilberto Freyre[300] centralizam a presença negra na construção do país e sua influência inegável na formação da sociedade brasileira, mas se por um lado o casamento da mestiçagem (biológica e cultural) contribui para mostrar que índios, negros e mestiços tiveram um valor positivo na formação nacional brasileira e não de total degenerescência, esse discurso alimentou o que seria uma das interfaces do mito da democracia racial[301], que ignora as relações assimétricas das relações sociais brasileiras. É nesse ponto que Lélia Gonzalez irá definir como uma relação neurótica que se dá na tensão da assimilação da cultura negra para compor os símbolos da identidade nacional, ao passo que procura excluir de todas as formas o negro dessa sociedade. Raquel Barreto define essa neurose elaborada por Lélia Gonzalez como:

> Essa seria a neurose da nossa cultura, na medida em que os brancos brasileiros pensam e definem a sua cultura nacional a partir da herança e dos símbolos afros, como o carnaval,

---

[300] FREYRE, Gilberto. Casa Grande & Senzala. São Paulo: Global, 2006.

[301] MUNANGA, 2019.

> o samba, o maracatu, o frevo, o candomblé, a festa de 31 de dezembro na praia, etc., e, ao mesmo tempo, mantêm a pretensão de se pensar um país branco, ocidental[302].

Constata-se que o processo de formação cultural brasileiro passa por uma ambiguidade no que tange à integração e à rejeição (de forma dialética) do elemento negro, em particular da mulher negra. Há uma busca por uma definição da identidade nacional a partir de elementos da negritude, em contrapartida, o país rejeita a população negra em diversos postos sociais. Lélia Gonzalez, além de trazer o racismo enquanto estruturante da sociedade brasileira, traz-nos também o sexismo, entendendo que há um intercruzamento e uma elaboração cultural com raízes fincadas nesses dois polos, desse modo a representação da mulher negra sofre com estereótipos específicos. Os dois principais trabalhados por ela são o da mulata e da doméstica, que operam como faces de uma mesma moeda.

Como propõe Lélia Gonzalez, existe no Brasil, principalmente no carnaval, uma "glamourização" do corpo da mulher negra, em muitos momentos colocada como "rainha" e usada para fomentar a ideia de que não existe discriminação racial em um país que idolatra a mulher negra, no entanto, ela reflete que essa glamourização da mulata mais reflete o racismo da nossa sociedade do que disfarça, a mulher negra é glamourizada no campo do fetiche, do objeto de gozo do macho, reduzida a um corpo que samba, e esse tratamento é, em outro polo, uma violência simbólica. Nesse sentido, Arraes também denuncia que esse lugar da mulata tão glamourizada no carnaval, no cotidiano, é perpassada de violência racial:

> Pois na hora do racismo
>
> Quando querem desprezar
>
> Todo tipo de exclusão
>
> Contra mim querem jogar
>
> Já negaram até trabalho
>
> Me queriam de cangalho
>
> Para em mim poder pisar[303].

O cordel vai de acordo com os dados que apontam que mulheres pretas e pardas ocupam os piores lugares sociais da sociedade brasileira.

---

[302] GONZALEZ, 2018, p. 23.

[303] ARRAES, 2015, p. 5.

Sueli Carneiro, em seu estudo intitulado "Mulher Negra", já apresenta dados relativos a esse lugar social, chegando à conclusão de que pretas e pardas agregam categorias profissionais de baixa remuneração, com menor índice de escolaridade e renda per capita mais precarizada[304]. Nesse sentido, Lélia aponta a fragilidade do mito da democracia racial e sua exacerbação da sexualidade das mulheres negras. Segundo ela, como todo mito, o da democracia racial age numa via de mão dupla, a glamourização desse corpo em uma dada expressão cultural exerce uma violência simbólica em relação à hipersexualização. Um corpo reduzido a objeto e que não seria endeusado no cotidiano, dessa forma a mulher negra é ora vista como rainha, ora transfigurada na imagem da doméstica, ambas vistas como objetos de exploração sexual e econômico pela branquitude.

Em síntese, ao analisar a figura da mulher negra, Lélia Gonzalez aponta a sua correlação entre a mulata, doméstica e a mãe preta. As três imagens caracterizam-se por ser essa mulher com um excesso de disponibilidade, estão em lugares de servir, sem agência enquanto sujeita e o seu corpo a serviço do outro, essa mulher preta que serve, cuida e está disponível e se transfigura na contemporaneidade entre a mulata do carnaval (exaltada) e a empregada doméstica, a gênese dessas imagens está na experiência colonial. É nesse processo que entra a figura da mulata, que tem no carnaval a ambiguidade da sua presença, enquanto rainha, "ali, ela perde o anonimato e se transfigura na Cinderela do asfalto, adorada, desejava, devorada pelo olhar de príncipes altos e loiros"[305].

Essa expressão do racismo e do sexismo engessa esses corpos femininos negros em lugares específicos das expressões culturais do país, é recorrente a ideia de que as mulheres negras sabem naturalmente dançar e são sexualmente disponíveis a investidas sexuais, imagem vendidas no Brasil e no exterior. Lélia Gonzalez fala da profissão de mulata que reduz a mulher negra ao samba e ao sexo e que movimenta o turismo no Brasil[306]. Em consonância, Mariza Corrêa aponta uma série de práticas e discursos que a definiram enquanto um produto de exportação nacional identificando uma forma contínua e persistente do foco na sexualidade que vai de Nina Rodrigues até a atualidade[307]. Essa relação direta da mulher negra com o carnaval também é problematizada no folheto:

---

[304] CARNEIRO, 2020.
[305] GONZALEZ, 2018, p. 196.
[306] *Ibidem.*
[307] CÔRREA, Mariza. Sobre a invenção da mulata. **Cadernos Pagu**, p. 35-50, 1996.

> Não aceito esse carimbo
>
> De "mulata" Globeleza[308]
>
> O meu corpo não é coisa
>
> Pra racista nojenteza
>
> Sei bem mais do que sambar
>
> Pro machismo se acabar
>
> Eu te passo essa certeza.

Arraes opõe-se ao discurso objetificador que vê na mulher negra um objeto vendável de lucro para o país, contrapõe-se também à redução da mulher negra a uma única finalidade. É importante acentuar que o problema não é a dança, a música, ou escolas de samba, mas a estigmatização da mulher negra à função exclusiva da dança interligada ao prazer da branquitude. Recusar o carimbo da Globeleza aparece no folheto como uma forma de recusar séculos de estigma e objetificação de um corpo que é visto como início e fim de um indivíduo, sem nenhuma outra serventia.

Assim, a Globeleza corporifica todo o estigma elaborado nas mais diversas formas de produção de saber, ganhando as telas e se tornando um símbolo do carnaval brasileiro. Os resquícios desse olhar colonialista presente no discurso médico, literário, carnavalesco persiste até a contemporaneidade e influencia a construção imagética em relação às mulheres negras, assim pontua Mariza Corrêa:

> De Gregório de Matos a Guimarães Rosa, na prosa e na poesia, no universo do carnaval (ou do samba), através do rádio, do teatro rebolado e da televisão, a mulata, assim construída como um objeto de desejo, tornou-se símbolo nacional. Em sua última encarnação, na vinheta **globeleza**, na qual a tecnologia utilizada para apresentá-la é pelo menos tão importante como sua corporificação de todos

---

[308] Uma boa reflexão sobre a relação da pigmentocracia brasileira e o caso da Globeleza está presente no documentário *Too black for Brazil* (2016) produzido pelo jornal *The Guardian*. No YouTube, o documentário aparece intitulado como *A rainha do carnaval considerada negra demais*, a produção apresenta a trajetória de Nayara Justino que em 2013 tornou-se Globeleza por meio da votação popular. No entanto, sua pele era muito escura em relação às outras passistas já existentes, a vida de Nayara transformou-se completamente, ela foi vítima de diversos ataques racistas, perseguida, até que foi retirada do posto sem nenhum tipo de explicação pela Rede Globo de Televisão. Ela foi substituída no ano seguinte por Érika Moura, uma das passistas de pele mais clara da história do quadro e com cabelos cacheados. Nayara foi a primeira Globeleza de pele preta que fugia dos estereótipos da mulata e não chegou a permanecer um ano como representante do carnaval que geralmente vende a imagem da mulher negra de pele mais clara e cabelos cacheados. Documentário disponível em: https://www.youtube.com/watch?v=S0ODz9aIQ_k.

> aqueles lugares atributos mais antigos, temos uma espécie de mulata estilizada, abstrata, ou imaginária, que resume ou sintetiza todas as suas antepassadas[309].

É interessante como a autora sintetiza a imagem contemporânea como uma construção de todas as suas antepassadas criadas, idealizadas e vendidas por homens brancos. Um parêntese necessário é pensar como a autora interliga a literatura do início do século XX até a produção contemporânea da Rede Globo de Televisão. Nessa mesma linha de ampliar o olhar sobre a representação das mulheres negras e para se pensar a construção dessa mulata sexualizada, irracional, irresponsável e infiel é o livro *Preconceito de cor e a mulata na literatura brasileira de 1982*[310]. O autor faz esse levantamento analisando o aparecimento da mulata de Gregório de Matos, perpassando por Bernardo Guimarães, Aluísio de Azevedo até Jorge Amado, não iremos nos deter às observações de cada obra, mas à sua análise geral.

Teófilo Q. Júnior[311] encontra similaridades em todas as mulatas das obras estudadas da literatura nacional e também das marchas carnavalescas. Entre as características positivas, estão o bom coração, o bom dote para a cozinha e as práticas em que está em posição de serventia. Entre as características negativas, o autor aponta que todas possuem relação com irresponsabilidade, sensualidade, amoralismo e infidelidade. Outro aspecto importante são seus comparativos a elementos inanimados da natureza como flores e especiarias, a famosa *Gabriela – cravo e canela* de Jorge Amado seria essa síntese no campo literário dessas mulatas da literatura que centraliza todas essas características. Fechando este parêntese, é importante acentuar que *Gabriela* foi um sucesso tanto na sua primeira exibição (1975) quanto no seu remake (2012), assim como a Globeleza, a televisão investe e alimenta a imagem da mulata.

Retomando a ideologia da miscigenação, é possível afirmar que há uma criação de um elemento (a mulata) que une raça, cultura e sexualidade enquanto elementos centrais na formação de um símbolo da identidade do país. Mariza Côrrea apresenta o mulato como esse indivíduo que carrega uma marca de origem fincada na sexualidade, apontando que há uma impossibilidade de falar sobre sexo ou sexualidade sem relacionar

---

[309] CÔRREA, 1996, p. 40, grifo da autora.
[310] QUEIROZ JÙNIOR, Teófilo de. **O preconceito de cor e a mulata na literatura brasileira.** São Paulo: Ática, 1982.
[311] *Idem.*

com a raça. No que tange à construção da mulata demarcada pela centralidade da sexualidade, algo difundido em nossa cultura, temos um dos estereótipos mais bem-sucedidos dentro do imaginário. Não à toa somos o país que tem em seu dito popular a máxima "Branca pra casar, mulata pra foder e preta pra trabalhar".

Em artigo intitulado "Por que os homens que sobem na vida arranjam logo uma branca e de preferência loira?[312]", Joel Rufino dos Santos oferece-nos uma visão dessa hierarquização presente no dito popular entre a mulher branca, a mulata e a negra. O autor argumenta que estar com uma mulher branca é optar, antes de tudo, pela beleza, e que os homens que prosperam de status trocam de mulheres como trocam os seus carros, ele afirma ainda que sim, existem negras bonitas, mas o modelo de beleza ideal é a mulher branca. No entanto, embora a forma da beleza seja branca, a mulher ideal seria a mulata, pois essa possuiria a beleza branca com a facilidade sexual negra.

O pensamento de Joel Rufino, ao hierarquizar as mulheres brancas, mulatas e pretas enquanto um objeto que será adquirido a partir do status, reflete de maneira significativa o pensamento nacional em torno dos corpos femininos negros, inclusive, ao falar da mulata, ele aponta uma "queda nacional"[313] por esse elemento. Seria ela a mais desejada, a partir de uma perspectiva sexual, representando, assim, a junção dos melhores atributos nacionais; enquanto a negra, de pele mais escura, seria reduzida ao trabalho. Em um olhar feminista negro, podemos dizer que essa queda nada mais é do que a hipersexualização atrelada ao branqueamento e à exploração econômica das mulheres negras, bem como construção machista em torno das mulheres brancas que sofrem objetificação enquanto troféus e acesso como qualquer bem de consumo.

Temos então nesse dito que traz a mulata para foder, uma síntese do que seria a mulata e como a sociedade brasileira enxerga esse corpo. Tendo em vista toda construção cultural envolta da sexualidade em relação aos corpos das mulheres negras, faz-se necessário um último apontamento. O lugar da mulata se constituiria enquanto uma categoria fluida que rejeita a mulher preta, mas que não seria a mulher branca, assim "Reunindo peculiaridades físicas da branca e da negra, constitui-se ela num tipo de

---

[312] CARNEIRO, 2020, p. 169.

[313] CARNEIRO, Sueli. Gênero, Raça e Ascenção Social. **Revista Estudos Feministas**, v. 3, n. 2, p. 544-552, 1995.

beleza sui-generis[314]". Esse ponto reflete como o discurso da miscigenação coloca a "mulata" como um tipo mítico da brasilidade e traça uma negação de pertença étnica enquanto mulher negra.

Esse lugar violenta duplamente a mulher negra que sofre com o estereótipo da mulata, primeiro pelo lugar hipersexualizado no qual é posta e tem sua existência estigmatizada; segundo, pela negação da pertença racial dessas mulheres que na categoria censitária são vistas como pardas, categoria essa que atua como uma espécie de terceira via identitária e opera como desarticulador do reconhecimento racial da população negra. Esse dilema é apontado por Jarid:

> Quando digo que sou negra
>
> Corre um monte pra falar
>
> Que eu não sou o suficiente
>
> Para me identificar
>
> Se não fosse irritante
>
> Ia ser hilariante
>
> Mas é de se preocupar.

O estereótipo da mulata coloca essa mulher negra no limbo racial. Expressões como "mas você não é negra", "é moreninha", "é mulata", "é parda", operam como um fragmentador identitário que visa deslegitimar sua experiência racializada, influenciando diretamente em um processo de silenciamento em relação a sua negritude. Então esse lugar da "mulata", "morena", "parda" é marcado pelo racismo identificado na hipersexualização, no mercado educacional e de trabalho, ao passo que essas mulheres são violentadas pelo racismo nesses termos, também são vítimas dessas violências quando possuem suas identidades raciais negadas. Neste sentido, Arraes transita pelos fenótipos como pele, cabelo, nariz de crianças que são frutos de relações interraciais:

> Se tiver a pele clara
>
> Mas cabelo encrespado
>
> Sendo meio "moreninho"
>
> E com nariz achatado

---

[314] Ibidem. p. 169.

Vai sofrer com o racismo

Desse mundo de cinismo

Porcamente enquadrado.

A cordelista discorre em sua narrativa que quando casais inter-raciais estão esperando um bebê, há uma tensão em relação à cor, ao cabelo e ao nariz com quais a criança irá nascer. O núcleo familiar inter-racial é um ambiente de tensões onde a criança que não branqueou o suficiente é vitimada pelo racismo[315] e a criança branca recebe benefícios, os quais podemos entender como um salário público e psicológico do racismo[316]. Jarid continua na afirmativa de que quando a criança não "clareia o suficiente", está exposta às violências raciais:

E aí ninguém mais pensa

Que a mistura o clareou

Se o cabelo não é liso

Se o nariz não afilou

É tratado como preto

Com racismo obsoleto

Que jamais se acabou.

Ela denuncia que esses mulatos, morenos e pardos, frutos de relações inter-raciais, quando não branqueados, são vitimados pelo racismo, esse processo de limbo racial e negação identitária constituinte de um projeto do racismo, pois o negro que sabe e defende sua racialidade se impõe de maneira enfática contra as violências racistas. Para ela, o apagamento do termo negro, englobando a população preta e parda, revela uma faceta da intolerância branca à unidade negra.

Só não chama pelo nome

Que lhe é fortalecido

Pois racista não tolera

O negro que é entendido

Quem bem sabe de sua cor

---

[315] SCHUCMAN, Lia Vainer. **Famílias inter-raciais**: tensão entre cor e amor. Salvador: EDUFBA, 2018.

[316] CARDOSO, Lourenço. Retrato do branco racista e anti-racista. **Revista Reflexão e Ação**, v. 1, n. 18, p. 46-76, 2010.

E por ela tem amor

Com orgulho agradecido.

Nesse sentido, a cordelista, além de insistir na negação do termo mulata, indo de encontro aos intelectuais citados, enfatiza sua pertença racial, ao defender a relação entre mulata e negação da identidade de mulher negra. De forma dialética, negar a mulata é fortalecer a mulher negra. Durante todo o folheto, há estrofes que repetem essa relação de negação e afirmação:

Essa palavra "mulata"

Ela não me representa

[...]

Não aceito esse carimbo

De "mulata" Globeleza

[...]

Não me chame de mulata

Eu sou negra e orgulhosa

Não me chame de morena

Eu sou preta e vigorosa.

Teófilo Queiroz aponta que acredita ocorrer uma grande dificuldade em relação a uma reformulação do estereótipo da mulata, já que fora tão bem articulado em todos os setores da sociedade. Para ele, este é um dos estereótipos mais solidificados na sociedade brasileira com um peso extremamente negativo para as mulheres negras[317]. Para a desconstrução, apagamento e desuso desse termo, é preciso uma mudança significativa que pode advir de uma produção científica e literária combativa aos mitos e estereótipos em torno da mulher negra e que, além de traçar esse combate, estabeleça novas narrativas de orgulho à pertença racial. Nesse sentido, vemos a importância do folheto ao reafirmar a identidade da mulher negra e recusar o termo mulata e os estereótipos advindos do mesmo.

Essa minha identidade

Possui força exemplar

É firmada na coragem

---

[317] QUEIROZ JÙNIOR, 1982.

De unir e conquistar

Resgatei minha raiz

E agora sou feliz

Pelo que posso contar.

A escrita de Arraes, além de historicizar o termo, apresentar os conflitos sociais de seu surgimento, também busca expressar a importância tanto do desuso quanto do orgulho negro. Assim, como uma via de mão dupla, a negação recai em reconhecimento de seus *self*, para o processo de redescobrimento do ser negro sendo fundamental para o processo de empoderamento, assinala a autora.

Mas a partir do momento

Que de tudo me toquei

Entendi o meu contexto

E enfim me empoderei

Tenho uma identidade

Forte essa integridade

Como negra me enxerguei.

O acesso ao conhecimento do termo, que se dá na primeira setilha e que a deixou "embasbacada", desagua no seu empoderamento e no descobrimento da sua identidade racial. Aqui vemos a importância da informação e nesse sentido o folheto cumpre bem o seu papel informativo sobre o tema, ainda é importante, no processo de entender, que descobrir-se negro para quem sempre foi "mulato", "moreno", "pardo", é algo forjado na dor do racismo e na tentativa de branquear-se ao máximo.

Vemos que no folheto o processo de empoderar-se surge através do conhecimento. É o contato com a história do racismo em torno da palavra mulata, atrelado às reflexões do racismo vivenciado no cotidiano, que se dá um processo de afirmar-se enquanto negra e negar um termo que busca anular essa pertença. Reconhecer sua negritude e se opor aos estigmas racistas é um modo de caminhar rumo ao empoderamento e ao orgulho da identidade étnica.

3.5 QUEM TEM CRESPO É RAINHA: O CABELO E A REAFIRMAÇÃO IDENTITÁRIA

"Quem tem crespo é rainha" é um folheto bastante conhecido da cordelista Jarid Arraes e que está disponibilizado em diversos sites de forma gratuita. Em 2015, ele aparece no site da revista *Fórum*[318] e na revista *AzMina*[319] e que permanecem disponíveis até a atualidade. O trabalho tem sido utilizado por pesquisadores que o classificam enquanto uma ferramenta pedagógica importante para discutir o racismo na escola.

Figura 19 – Capa do folheto "Quem tem crespo é rainha"

Fonte: acervo pessoal

Acreditamos que o interesse nesse folheto se dá pela temática abordada, o racismo em torno do traço fenotípico do cabelo, um tema escasso nas produções de folhetos de cordel e também em materiais didáticos

---

[318] Disponível em: https://revistaforum.com.br/noticias/cordel-quem-tem-crespo-e-rainha/#.

[319] Disponível em: https://azmina.com.br/reportagens/quem-tem-crespo-e-rainha/.

para uso escolar, embora, seja um tema urgente a se debater. Por esse motivo, selecionamos essa obra por entender que ela problematiza as relações raciais desde a primeira infância e na escola, estes sendo um dos nossos principais ciclos de socialização, outrossim, mostra que a violência em torno do cabelo é algo que persiste em todas as fases na vida de uma pessoa negra.

Também nos interessa adentrar no campo da história social da beleza negra para compreender como o cabelo se torna um dos símbolos fenotípicos mais fortes na nossa cultura, como define Giovana Xavier, é um campo de estudos comprometido em resgatar os sentidos culturais e sociais que o físico assume, tendo a raça negra e seus processos de racialização próprios como foco em diferentes territórios pós-abolição[320]. Na produção a ser analisada neste tópico, vemos justamente esse processo de resgate dos sentidos culturais e sociais em torno do cabelo. Além de situar os processos de racialização atrelados à violência, Arraes não se detém apenas a apresentar o problema, desenvolve também um olhar crítico em relação ao empoderamento em torno dos cabelos livres e seus significantes na sociedade brasileira.

Em entrevista à revista *Camtra: casa da mulher trabalhadora*, Arraes[321], ao falar da importância do folheto, questiona como em um contexto de racismo escolar uma criança irá construir uma imagem positiva se tudo em relação a ele e aos seus iguais são imagens que reforçam inferioridade. Afirmando que a falta de representatividade é um problema generalizado, principalmente nesses espaços, ela apresenta a importância do folheto:

> Então um cordel como o "Quem tem crespo é rainha" é uma forma de enfrentar o racismo, de tentar reparar um estrago muito grande, de contar para as crianças e para os adultos que as características físicas negras não são inferiores e nem precisam ser mudadas, mas precisamos de muito mais. É um processo lento, ainda mais em um país que se recusa a reconhecer e combater o racismo, mas não dá pra sentar e esperar de braços cruzados[322].

---

[320] XAVIER, Giovana. Segredos de penteadeira: conversas transnacionais sobre raça, beleza e cidadania na imprensa negra pós-abolição do Brasil e dos EUA. **Est. Hist.**, Rio de Janeiro, v. 26, n. 52, p. 429-450, jul.-dez. 2013. p. 435.

[321] ARRAES, Jarid. Entrevista com a cordelista e escritora Jarid Arraes. [Entrevista cedida a] **Camtra** - Casa da Mulher Trabalhadora, 28 jun. 2016b. Disponível em: https://camtra.org.br/entrevista-com-a-cordelista-e-escritora-jarid-arraes/. Acesso em: 6 set. 2021.

[322] *Idem.*

Para a cordelista, o papel do folheto é agir enquanto ferramenta de fortalecimento identitário para as crianças negras que possuem sua psique violentada tanto por uma produção em massa de um padrão de beleza de cabelos lisos, quanto uma produção que ridiculariza os cabelos crespos e cacheados. Entendemos, assim, que essa produção se enquadra tanto enquanto produtora de um *conhecimento de oposição*, em relação à produção estereotipada no mundo do cordel em torno das mulheres negras, como também elabora uma ferramenta que autodefine as imagens degradantes em torno das mesmas. O folheto começa afirmando que o cabelo é o primeiro e derradeiro a sofrer interferências em decorrência do racismo.

Para quem não compreende

Me disponho a explicar

O problema do racismo

Que a tudo quer mudar

O cabelo é o primeiro

E também o derradeiro

Que o racismo quer barrar.

Historicamente os cabelos das mulheres negras sofrem interferências significativas para uma busca que objetivava a padronização de beleza dentro de moldes socialmente estabelecidos e que se pretendem hegemônicos. É consenso, no campo de estudos da beleza social negra, que o cabelo é um forte ícone identitário[323] e que desde muito cedo as mulheres negras são socializadas para alisar o cabelo. Como Ângela Figueiredo e Dailza Lopes constatam em sua pesquisa, o processo de alisamento inicia-se desde a primeira infância e, em muitas famílias, é um processo imposto pela família, principalmente pela mãe. Ainda afirma que, com o desenvolvimento dessas mulheres, elas já chegam nas fases da adolescência e adulta certas de que o cabelo alisado é mais bonito[324]. Constatamos, em

---

[323] GOMES, Nilma Lino. Educação, identidade negra e formação de professores/as: um olhar sobre o corpo negro e o cabelo crespo. **Educação e Pesquisa**, São Paulo, v. 29, n. 1, p. 167-182, jan./jun. 2003. p. 173. LOPES, Dailza; FIGUEIREDO, Ângela; Fios que tecem a história: o cabelo crespo entre antigas e novas formas de ativismo. **OPARÁ**, v. 5, p. 1-17, 2018. XAVIER, Giovana. **História Social da beleza negra**. Rio de Janeiro: Rosa dos Tempos, 2021.

[324] GOMES, 2003, p. 5.

alguns vlogs e blogs[325] sobre transição[326] capilar, muitas mulheres sequer tinham lembranças de como eram seus fios antes do alisamento.

Nesse sentido, a afirmativa de Arraes sobre o embarreiramento do cabelo crespo e cacheado enquanto experiência primeira na vida de uma pessoa negra, vai de acordo com as pesquisas da área. Giovana Xavier, no livro *História Social da Beleza Negra*, no qual analisa a imprensa estadunidense nas primeiras décadas do século XX, atenta para o fato de que o cabelo foi alvo de atenção da imprensa e da cosmética, ele vindo ocupar a posição de símbolo político na construção das representações em torno da mulher negra estadunidense[327]. A historiadora constata que, logo após a abolição nos Estados Unidos, há um processo de tentativa de construção de uma nova imagem da população negra que se distanciou da escravização. As empresas de produtos capilares irão se utilizar nesse contexto para vender a ideia de que alisar os cabelos se tratava "da construção de uma imagem pública respeitável"[328].

O alisamento dos cabelos torna o branqueamento possível. Algo exposto na obra é o investimento da indústria de cosméticos em cremes clareadores de pele, que infelizmente ainda são uma realidade em todo o mundo. Mas em casos de pessoas com pele mais escura, o creme não realizaria o sonho do clareamento. Nesse sentido, ela expõe que a "melhoria" do cabelo era vendido como algo mais democrático e realizável, ao contrário dos clareadores de pele:

> Já a "melhoria" dos cabelos figurava como algo mais democrático, possível para todas as pessoas negras independentemente da tonalidade da pele, como vemos do tônico capilar Hartona: "incomparável no alisamento de todas as carapinhas, teimosas e ásperas". Sempre de olho em ampliar a clientela, cosmetologistas e publicitários ressaltavam a diversidade de cabeleiras crespas e a disseminavam por meio

---

[325] Na plataforma YouTube, centenas de vídeos falam sobre o processo de transição capilar. Blogs ensinam os cuidados com os fios; e no Instagram, milhares de perfis são voltados para a beleza negra e os cuidados com os cabelos.

[326] Denise Santos (2019) aponta que o termo "transição capilar" surge no início dos anos 2000, nos Estados Unidos. Tendo como objetivo reunir mulheres negras e celebrar a beleza negra, além de se auxiliarem no trato dos cabelos naturais, o que ela define em sua pesquisa como paradigma da Transição Capilar, que vai ser caracterizado pelo protagonismo feminino. No Brasil, ela aponta que o movimento se inicia em 2008 através das redes sociais, na época o Orkut.

[327] XAVIER, 2021, p. 116.

[328] *Ibidem*, p. 116.

de anúncios com desenhos, descrições de tipos capilares e outras lições, uma cultura de cuidado permanente[329].

Elabora-se dentro da comunidade negra uma cultura em que é vendida a necessidade de enquadramento ao padrão de beleza através do branqueamento, sendo interdito o clareamento da pele, o cabelo é o primeiro alvo. Ter o cabelo liso significará sofisticação e representação de uma atenção maior com os cabelos, significando higiene, cuidado e beleza. Indo ao encontro da afirmativa de Arraes, que o cabelo é o primeiro elemento a ser podado pelo racismo, eliminar essas características e a pluralidade dos cabelos se torna algo alimentado por todo um ideário racista. Na segunda estrofe do folheto, Arraes continua falando sobre esse processo de padronização:

> Nesse mundo de racismo
>
> Tudo é padronizado
>
> O cabelo é escorrido
>
> Natural ou alisado
>
> E o cabelo cacheado
>
> Que acaba repudiado
>
> Do padrão é rejeitado.

Embora o título do folheto se dirija diretamente ao cabelo crespo, a cordelista traz, na sua escrita, a rejeição dos cabelos crespos e cacheados de modo que na sociedade brasileira o padrão que se instituiu foi o do liso. Se Xavier nos traz elementos da produção da beleza nos Estados Unidos nas primeiras décadas no pós-abolição, nossa população negra também experienciou um forte processo de busca por embranquecimento e aceitabilidade.

No final do século XIX e início do século XX, irá ocorrer, em nosso país, um processo de modernização encabeçada pela população negra em torno da sua imagem e que irá buscar se distanciar do passado da escravização. É possível perceber o investimento para se inserir um censo cívico na população negra muito presente nas associações, clubes e agremiações, e, segundo Fagundes e Gomes, também na imprensa negra:

> Havia muita propaganda onde se procurava incutir tanto um censo cívico, postura e participação política como normas e

---

[329] *Ibidem*, p. 117.

comportamentos sociais: trajes a usar, como se dirigir a uma dama, como cortejá-la, até maneiras de se travar debates sobre as eleições dos grêmios sem perder a compostura[330].

Esse investimento para mostrar-se educado, belo, culto, trabalhador com grande atenção em relação às características em torno do que seria ser respeitável dentro da sociedade, sendo assimilado pelos padrões de beleza, investindo em vestimentas, cabelo e modos, será muito presente na primeira fase dos movimentos negros brasileiros[331]. Segundo Petrônio Domingues, que classifica a primeira fase entre 1889 e 1937, as primeiras décadas das organizações negras possuíam uma estratégia cultural de "inclusão" marcada por um comportamento assimilacionista e que buscava se distanciar de alguns símbolos relacionados à cultura negra. Buscavam pela via educacional e moral integrar-se ao mundo dos brancos[332]. É identificando esse processo de modernização em torno da imagem da população negra e o caráter assimilacionista aos valores da sociedade branca, que vamos ter a produção de uma "beleza cívica":

> Se por um lado as motivações para criar uma definição para o belo eram universais, por que, tal como acontecia com outros grupos étnicos, os negros tentavam se adequar aos pressupostos da modernidade enfatizando a necessidade de produção de uma nova mulher, elas também eram particulares, por que diziam respeito a uma feminilidade mediada pela experiência da escravidão e por seu legado. Assim, a categoria de beleza negra era "cívica", pois tinha um objetivo específico que lhe era muito caro: superar as marcas de um passado repleto de dores e subtrações sem, contudo, apagar as glórias, a força e a inventividade de escravas e descendentes[333].

Apropriando-se do conceito de "beleza cívica" da estadunidense Tiffany Gill, Giovana Xavier sintetiza o exposto até aqui. A construção da

---

[330] FAGUNDES, Ana Maria; GOMES, Flávio. Por uma "anthologia dos negros modernos": notas sobre cultura, política e memória nas primeiras décadas republicanas. **Revista Universidade Rural**: Série Ciências Humanas, Seropédica, Rio de Janeiro, v. 29, n. 2, p. 72-88, 2007. p. 75.

[331] Aqui nos valemos da classificação temporal proposta por Petrônio Domingues (2007), que sistematiza em quatro fases os movimentos negros brasileiros. As duas fases citadas são a primeira que se dá entre 1889 e 1937, demarcada pelo advento da República e findada com o início da ditadura varguista; e a segunda, que o historiador demarca entre 1945 e 1964, que é marcada pelo fim da ditadura de Vargas e é desarticulada pelo início da ditadura civil-militar brasileira em 1964.

[332] DOMINGUES, Petrônio. Movimento Negro Brasileiro: alguns apontamentos históricos. **Tempo**, Niterói, v. 12, n. 23, p. 100-122, 2007. p. 118.

[333] XAVIER, 2013, p. 430.

identidade negra passa por um movimento de busca por adequação aos princípios do que era entendido como moderno. Se Ana Maria Fagundes e Flávio Gomes demonstram isso através da postura organizacional das associações, agremiações e clubes com a busca da inserção de um senso cívico que iria moldar sua forma de comportamento, Petrônio Domingues apresenta como esse período é marcado pelo distanciamento de tudo o que era entendido como africanidades. No campo da beleza, Giovana Xavier apresenta um recorte de gênero demonstrando como esse período é demarcado pela negação da existência dos traços negros e como se buscava criar uma outra mulher, moderna e longe das lembranças coloniais, mesmo estando inserida, em seu corpo, através das marcas fenotípicas da negritude.

Nos três trabalhos citados, compreendemos que esse processo de adequação se apresenta enquanto negação da negritude em todos os âmbitos da vida da população negra. Embora nosso interesse maior sejam as questões relacionadas ao cabelo, faz-se necessário situar esse fenótipo no todo de negação da identidade negra. Assim, essa marca que representa aquilo que é atrasado, que lembra a escravização, que precisa ser modificado, irá, como aponta Arraes, ser exposto à modificação sistemática através dos processos de alisamento, como ela reflete na terceira estrofe do folheto:

Tem uma tal de escova

Que eu chamo "regressiva"

Que estica o cacheado

Na maior forma agressiva

E a peste custa caro

É por isso que eu falo

Que essa praga é invasiva.

Jarid Arraes chama a atenção para o procedimento estético conhecido como alisamento ou escova progressiva, ironizando que não significa progresso e sim regresso. O processo de alisamento capilar se dá de forma bastante sistemática no pós-abolição, no Brasil diversos salões de beleza irão prometer o alisamento das "carapinhas". Giovana Xavier apresenta a existência de diversos salões que prometiam "alisar os cabelos com perfeição", "por mais crespo que fosse", e que eram sucesso entre "as mulheres de cor". Para se ter ideia, o investimento e o sucesso dos produtos pela então capital do Brasil, o Rio de Janeiro, acontecem de forma tão contundente que são encontradas propagandas do produto "Brazilian Hair Grower", em jornais dos Estados Unidos, exaltando os cosméticos brasileiros que atestavam o sucesso dos produtos para alisamento[334].

O processo "que estica o cacheado", como coloca Arraes no terceiro verso da terceira estrofe, apresenta um padrão que será recorrente na vida das mulheres negras. Denise Bispo dos Santos traz-nos um ponto interessante, a busca por esse padrão liso, que ocorre durante a construção de uma nova imagem moderna para a mulher negra, terá no cabelo um grande agente modificador em busca da feminilidade negada durante a escravização, afirmando que, "para além desses quesitos descritos anteriormente, havia uma questão essencial para a busca da boa aparência: o resgate da feminilidade[335], que foi anulada pelo longo e duro processo de escravidão"[336].

A autora constata que o processo de alisamento tem início e se intensifica ainda na escravização, mas se intensifica no pós-abolição. A autora irá definir como paradigma do cabelo liso o que se concentra justamente nas práticas desenvolvidas em torno da busca pelas escovas progressivas. Algo que se faz necessário pontuar é que, além da violência subjetiva de negação identitária, os alisamentos foram criados com químicas responsáveis, em diversos casos, por provocarem danos à saúde, além de causar o enfraquecimento do fio capilar. Nesse sentido, Arraes traz, no folheto, que o alisamento feito pela escova progressiva ocorre "Na maior forma agressiva" e "que essa peste é invasiva".

---

[334] *Ibidem*, p. 444.

[335] O famoso discurso "E eu não sou uma mulher" atribuído a Sourjoner Truth, apresenta como as mulheres negras não estavam enquadradas nos padrões de feminilidade atribuídos às mulheres brancas. A relação do cuidado, da delicadeza, do espaço doméstico não era experienciada a partir dos corpos racializados, dessa forma ela questiona quais os padrões que definem o que torna alguém uma mulher: "Aqueles homens ali dizem que as mulheres precisam de ajuda para subir em carruagens, e devem ser carregadas para atravessar valas, e que merecem o melhor lugar onde quer que estejam. Ninguém jamais me ajudou a subir em carruagens, ou a saltar sobre poças de lama, e nunca me ofereceram melhor lugar algum! E não sou uma mulher? Olhem para mim? Olhem para meus braços! Eu arei e plantei, e juntei a colheita nos celeiros, e homem algum poderia estar à minha frente. E não sou uma mulher? Eu poderia trabalhar tanto e comer tanto quanto qualquer homem – desde que eu tivesse oportunidade para isso – e suportar o açoite também! E não sou uma mulher? Eu pari treze filhos e vi a maioria deles ser vendida para a escravidão, e quando eu clamei com a minha dor de mãe, ninguém a não ser Jesus me ouviu! E não sou uma mulher?". E NÃO SOU uma mulher? – Sojourner Truth. **Portal Geledés**, 8 jan. 2014. s/p. Disponível em: https://www.geledes.org.br/e-nao-sou-uma-mulher-sojourner-truth/. Acesso em: 8 set. 2021. Vemos que essa exclusão do padrão de feminilidade coloca as mulheres negras no pós-abolição em uma busca por alçar esse espaço, e a estética será uma forma de tentar enquadrar-se em uma imagem modernizada, mais próxima dos padrões da época.

[336] SANTOS, Denise Bispo dos. **Para além dos fios**: cabelo crespo e identidade negra feminina na contemporaneidade. Dissertação (Mestrado em História) – 2019. p. 17.

A área dos estudos químicos e de farmácia nos dá uma dimensão sobre essa agressão e risco que as escovas progressivas podem gerar à saúde. Souza e colaboradores, em um estudo sobre toxicologia dos cosméticos, que busca compreender os danos dos cosméticos à saúde da população brasileira, ao analisarem os produtos de alisamento capital, apontam que foram encontrados, em sua composição, ácido tioglicólico e os hidróxidos de sódio, potássio, cálcio, entre outras substâncias:

> O cabelo alisado com hidróxido de sódio pode danificar os fios, produzir queimaduras no couro cabeludo, até mesmo cegueira caso atinja os olhos, além de sofrer uma grande perda de proteínas [...]. O formol é considerado um produto cancerígeno pela IARC. Foi comprovada a incidência de câncer nas vias respiratórias superiores (nariz, faringe, laringe, traqueia e brônquios) pela inalação da substância (BRASIL, 2016). *Um exemplo da utilização de formol se dá na Escova Progressiva,* que é um procedimento no qual se faz o uso indevido dessa substância perigosa como alisante, podendo causar sérios danos à saúde[337].

Para termos dimensão dos riscos, alguns produtos químicos presentes na composição das escovas progressivas — substâncias como hidróxido de sódio e o formol — são responsáveis por causar queimaduras, irritação, coceira, cegueira. O hidróxido de sódio, apesar de danoso, é de livre uso; já em relação ao formol, devido aos registros de casos de óbitos, houve interferência em seu uso por parte do Estado. Essas fórmulas químicas utilizadas em alisamento são variadas e com grau significativo de risco. Em relação ao formol, é no início dos anos 2000 que ele se populariza e chega a compor mais de 30% na formulação de químicas para alisamento. Devido aos inúmeros casos de danos à saúde, o formol teve seu uso proibido como ativo de alisantes capilares de acordo com a Resolução nº 36/2009, da Agência Nacional de Vigilância Sanitária (Anvisa), ficando permitido apenas para uso em produtos cosméticos na condição de conservante, e com limite máximo de 0,2%[338].

---

[337] SOUSA, Vagner Alexandre de *et al.* Toxicologia dos cosméticos: avaliação dos riscos que os produtos capilares trazem à saúde. **Visão Acadêmica**, Curitiba, v. 20, n. 4, out.-dez. 2019. p. 83, grifo nosso.

[338] FERREIRA, Lilian Abreu; BRAGA, Danielly Caixeta. Substâncias ativas do alisamento capilar e seus mecanismos de ação. **Eletronic Journal of Pharmacy**, v. XIII, n. 2, p. 56-63, 2016.

Embora proibido, o uso do formol é persistente nos processos de escova progressiva. Em pesquisa de 2017[339], na cidade de Petrópolis, no Rio de Janeiro, foi constatado que de 12 amostras de produtos de salões de beleza, nove (75%) continham a presença de formol. A pesquisa ainda trouxe outro dado preocupante, 83% dos entrevistados disseram que usam de forma cotidiana alisamentos com formol e 75% afirmam não se preocupar com os riscos, embora a pesquisa aponte que os entrevistados tenham apresentado dores de cabeça, falta de ar, dor nos olhos e ardência. É importante acentuar que o mercado de cosmético vem se modernizando, oferecendo serviços sem dor ou riscos[340], no entanto, fizeram-se relevantes essas considerações por entender que, além da violência psicológica, existem as violências físicas em busca do enquadramento ao padrão liso e recusa do crespo.

No entanto, além das famosas escovas progressivas e métodos químicos de alisamento, as formas pela busca do liso são diversas e não menos agressivas. Um método comum utilizado para os alisamentos dos fios eram os ferros e pentes quentes que se tornaram modelos para o surgimento de chapinhas e pranchas de alisamento. Arraes faz menção, no folheto, à chapa quente e ao ferro como algo que representa uma grande agressão:

Quem não vê está dormente

Pois é grande a agressão

Colocar na chapa quente

Não se pode ser lição

Pois o ferro é violento

É um troço peçonhento

Contamina o coração.

Eliene Percília aponta que, antes das nossas contemporâneas chapinhas, no século XIX, era muito comum o uso do calor para alisar os fios, o método consistia em emergir em toalhas água fervente junto com barras

---

[339] SILVA, Josemar Vinicius Maiworm Abreu *et al.* Risco do uso do formol na estética capilar. **Asociación Costarricense de Medicina Legal y Disciplinas Afines**, v. 34, n. 2, Set. 2017. ISSN 1409-0015. Medicina Legal de Costa Rica - Edición Virtual.

[340] A promessa de produtos que não causam dores ou riscos aos cabelos é persistente na história cosmética. Fazendo análises transatlânticas, Giovana Xavier (2013, 2015, 2021) dá-nos um panorama sobre anúncios de jornais tanto nos Estados Unidos quanto no Brasil que buscavam atrair o público partindo dessa promessa de não agressão ao coro cabeludo e aos fios.

de ferros, estas eram aquecidas em carvão. O século XXI passa a inovar, ao fazer uso do calor, com a criação do cabelisador, dos pentes quentes e ferros, todos aquecidos com o fogo do carvão, práticas bastantes agressivas, como nos diz o folheto. Em um anúncio de 1929, encontrado em um dos jornais da imprensa negra o "Clarim d'Alvorada: legítimo órgão da mocidade negra", vemos a promessa do uso do cabelisador como algo que viria para diminuir as dores capilares, mas sem perder a eficácia.

Figura 20 – Anúncio retirado do livro *História social da beleza negra*

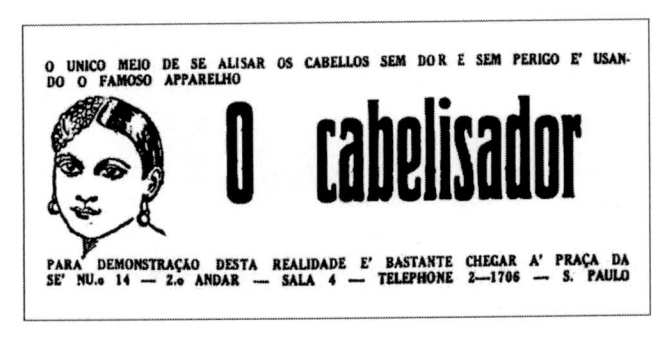

Fonte: Xavier (2021)

O cabelisador era formado por uma haste de metal aquecida que proporcionava o alisamento momentâneo dos fios. A seguir, as imagens do cabelisador e do ferro de alisar.

Figura 21 – Imagem do cabelisador, utilizado para alisamento quente nos cabelos

Fonte: página Paulão Antiguidades[341]

---

[341] Disponível em: https://www.paulaoantiguidades.com.br/peca.asp?ID=9837514 . Acesso em: 5 jul. 2024.

Figura 22 – Ferro utilizado para alisar os cabelos. Era aquecido em carvão fervente

Fonte: página Paulão Antiguidades[342]

Se hoje a tecnologia se sofisticou para criação de produtos menos agressivos aos fios, as peças, e também anúncios, demonstram na história que a dor era uma constante na busca pelo fio liso, como analisa Giovana Xavier, irá existir na imprensa uma busca constante para vender produtos que causam menos danos. Assim, compreendemos a insistência de Arraes ao relacionar o alisamento à dor, em diversos versos, ela discorre sobre a violência ligada ao cabelo: "pois é grande a agressão", "para o crespo machucar", "pois o ferro é violento", todos ligados a aspectos físicos.

A relação de cuidar dos cabelos crespos com a dor física é algo corriqueiro nos relatos de mulheres negras. A exemplo, Nilma Lino Gomes entrevista mulheres sobre o cabelo e as práticas de cuidado com o cabelo crespo, que relatam essa penúria. As entrevistadas, ao buscarem nas memórias da infância sobre a exposição dos cabelos, relatam que sentiam muitas dores ao fazer tranças muito apertadas e também a aplicação de ferros e pentes quentes[343]. Outro aspecto importante apresentado pela autora mostra a relação entre cuidados com o cabelo crespo serem vistos como trabalho, algo sempre exposto na forma de termos "cabelo ruim", "trabalhoso", "sem jeito", que apresentam formas bastante negativas de referência. Arraes apresenta essa estratégia de enquadramento como uma forma de subjugação das meninas que acabam negando seus fios:

Falam que o cabelo é ruim

---

[342] Disponível em: https://www.paulaoantiguidades.com.br/peca.asp?ID=9837514 . Acesso em: 5 jul. 2024.

[343] GOMES, Nilma. **Sem perder a raiz**: corpo e cabelo como símbolos da identidade negra. Belo Horizonte: Autêntica Editora, 2019. p. 203-204.

Ou que é difícil de cuidar

Falam mil barbaridades

Pra menina envergonhar

O racismo é opressor

É cruel, dominador

E só faz subjugar.

O cabelo crespo passa a ser visto como o grande mal que precisa ser modificado. Logo na infância, introjetamos todas essas adjetivações em relação aos fenótipos negros. Como vimos nos capítulos anteriores, a construção de imagens negativas e estereotipadas é um projeto, assim, o investimento dessas imagens nas primeiras experiências sociais se faz como uma ferramenta de grande êxito para o projeto racista. No folheto, uma constante é a experiência na infância, vários elementos são centralizados nas experiências das meninas negras. Na quarta estrofe, a autora aborda a introjeção dessas violências:

As meninas vão crescendo

Aprendendo que não presta

Vão achando dos cabelos

Uma ideia desonesta

Na torpe separação

Nessa branca enquadração

Asquerosa da mulesta.

Na estrofe, vemos o processo de subjetivação das violências raciais que são presentes na sociabilidade da criança negra e o desejo crescente de tornar-se branca. Como nos traz Nilma Gomes, "para a então criança negra, o corpo, o cabelo, a aparência e a limpeza aparecem como aprendizados que se tornam parte da subjetividade e da autoimagem[344]", para pensar a questão da construção da autoimagem a autora busca refletir sobre os ciclos de sociabilidade das crianças negras e a importância da escola nesse processo.

É na experiência escolar que muitos dos estereótipos e violências racistas se impregnam na formação subjetiva do ser negro. Como ela

---

[344] *Ibidem*, p. 156.

afirma, o ambiente escolar é muitas vezes o primeiro ciclo de sociabilidade fora da família. Sua experiência em família e na comunidade negra pode ser completamente alterada a partir da socialização escolar com pessoas brancas. Frantz Fanon, seguindo nessa mesma direção, ao analisar o racismo nas experiências escolares, situa o processo infantil da educação como o momento do trauma[345] e que, ao primeiro olhar branco, é sentido o peso da melanina[346].

Assim, a escola tem um papel relevante na nossa experiência racial. Como desenvolvem ainda Nilma Lino Gomes e Frantz Fanon, é nesse ambiente que serão aplicadas, aos corpos negros, práticas higienistas e racistas que serão recobertas pelo que conhecemos como normas escolares. A relação excessiva da criança negra com a limpeza, seu cabelo natural sendo relacionado à sujeira, é refletida em diversas práticas escolares como constata Eliane Cavalleiro em um brilhante estudo sobre racismo na educação infantil. A autora apresenta um cenário preocupante onde as crianças negras são vitimizadas a todo momento por práticas racistas sendo elas objetos de pouca atenção, menos gestos de afeto e carinho, seus cabelos não são penteados ou acariciados, como ocorre com crianças brancas[347].

Esses elementos influenciam diretamente na forma como a criança negra se vê em relação à criança branca. Apelidos e xingamentos relacionados à cor e ao cabelo são repetidos de forma frequente no cotidiano escolar, assim, é possível dizer que as crianças brancas já crescem gerindo em si um senso de superioridade em relação a si, enquanto as crianças negras têm sua subjetividade marcada na posição de *outremizado*. No folheto, Arraes apresenta que esse lugar construído para a criança negra é um lugar de auto-ódio e negação de si:

---

[345] Frantz Fanon defende que a formação que a população negra recebe é pautada na história dos brancos e isso gera nos negros um processo de introjeção de uma história irreal de si e dos seus antepassados, mas que em algum momento esse indivíduo se deparará com a traumatizante afirmativa de que ele não pode acessar e não pertence ao mundo dos brancos. Ele sugere que a educação se volte para a formação de pessoas negras a partir da experiência negra, afirmando a necessidade de uma nova educação e ferramentas pedagógicas. Ele diz: "Fica logo claro que queremos, nem mais nem menos, criar periódicos ilustrados destinados especialmente aos negros, canções para as crianças negras, até mesmo livros de história, pelo menos até a conclusão dos estudos". FANON, 2008, p. 132.

[346] FANON, 2008, p. 133.

[347] CAVALLEIRO, Eliane dos Santos. **Do silêncio do lar ao silêncio escolar**: racismo, preconceito e discriminação na educação infantil. São Paulo: Contexto, 2018.

Bem pequeninha

Já aprende a se odiar

Na tristeza, bem novinha

Seu cabelo quer alisar

Pois a vil sociedade

Só repete o disparate

Para o crespo machucar.

E continua na estrofe seguinte, ao falar sobre a relação do cabelo com o auto-ódio e como este mutila a autoestima das meninas negras:

Esse tipo de veneno

É um mal muito profundo

Pois mutila a autoestima

Torna o ódio mais fecundo

E a menina a se odiar

Tudo nela quer mudar

Para se encaixar nesse mundo.

No que tange à subjetividade negra, Jarid Arraes aponta que a violência introjetada nos posiciona em um lugar de negação do "eu", uma busca pelo enquadramento no mundo branco através de um branqueamento que se dá, de forma dialética, a produção do ódio por tudo aquilo que o sujeito tenta afastar. Neusa Santos fala do ideal de Ego Branco que "a primeira regra básica que ao negro se impõe é a negação, o expurgo de qualquer "macha negra"[348], o padrão de tentativa de adequação ao mundo dos brancos será branquear-se ao máximo, até tornar-se um, no entanto, como nos mostra Frantz Fanon, há uma impossibilidade epidérmica desse fato acontecer gerando um grande conflito subjetivo.

Neusa Santos aponta que "às vezes, essa rejeição, levada ao nível do desespero violenta o corpo físico"[349]. Nesse mesmo sentido, Grada Kilomba conta que existe a "necessidade de transferir a experiência psicológica do racismo para o corpo", o que caracteriza o racismo enquanto um trauma, "no sentido de uma experiência indizível, um evento desumanizante, para

---

[348] SOUZA, Neusa Santos. **Tornar-se negro**: as vicissitudes da identidade do negro brasileiro em ascensão. Rio de Janeiro: Edições Graal, 1983. p. 34.

[349] *Ibidem*, p. 35.

o qual não se tem palavras adequadas ou símbolos que o correspondam"[350]. Ainda segundo Grada Kilomba:

> A necessidade de transferir a experiência psicológica do racismo para o corpo – o soma – pode ser vista como uma forma de proteção do eu ao empurrar a dor para fora (somatização). [...] A agonia do racismo é, portanto, expressa através de sensações corporais expelida para o exterior e inscrita no corpo. A linguagem do trauma é, nesse sentido, física, gráfica e visual, articulando o efeito incompreensível da dor[351].

Percebemos, assim, que, segundo os autores citados da área da psicanálise, há uma tendência de expressar, no corpo, as violências hediondas do racismo. Interferir no corpo seria uma forma não só de buscar acesso ao mundo do branco, mas de revoltar-se contra tudo aquilo que o distancia desse lugar. Assim, os cremes clareadores, rinoplastias e alisamentos podem ser vistos enquanto interferências estéticas que buscam apagar esses traços, bem como no modo de vida e educação, busca-se consumir e adequar-se a todo um padrão que o distancie das memórias de violências racistas.

Se pensarmos assim, ainda situando as crianças negras, a forma de expressar a busca por branquear-se será através daquilo que elas podem acessar. É muito comum a prática de colocar pregadores no nariz com o intuito que ele fique mais fino, por exemplo, e é na primeira infância que ocorre a primeira modificação do cabelo, normalmente apoiada e incentivada pelos adultos que a rodeiam. Jarid aponta o racismo na infância como uma ideia que castiga, que mutila a autoestima e é um gerador de ódio. Na estrofe a seguir, ela versa sobre:

> Imagine que terrível
>
> Só ouvir palavra hostil
>
> O racismo não respeita
>
> Nem o ser que é infantil
>
> Pra criança já obriga
>
> Uma ideia que castiga
>
> Mas é forte no Brasil.

---

[350] KILOMBA, 2019, p. 161.
[351] *Ibidem*, p. 161-162.

O racismo é, assim, dilacerador desde o primeiro contato entre o indivíduo e essa forma de violência, uma tendência é a busca por distanciar-se de tudo aquilo que o lembra, como vimos inclusive em relação aos movimentos negros nas primeiras décadas no pós-abolição. No âmbito individual, a busca também é recorrente por esse distanciamento e aceitabilidade. É nesse sentido que o folheto, para nós, chega em seu ponto mais alto, a exaltação do cabelo crespo e cacheado.

Como já foi dito nesta pesquisa, Jarid Arraes apresenta o contexto histórico dos problemas por ela levantados, e suas consequências, mas sempre busca elaborar, através do folheto, uma nova ideia, nova possibilidade de desenvolver ferramentas que contribuam no empoderamento daqueles e daquelas que o terão em mãos. Assim, a cordelista, após denunciar a constituição racista em torno dos alisamentos capilares, bem como suas violências físicas e subjetivas, passa a falar da aceitação dos fios:

> É por isso que devemos
>
> Aprender a dizer não
>
> Ao racismo alisado
>
> Cara lisa fi do cão
>
> Pois a nossa resistência
>
> É mais pura sapiência
>
> É nossa revolução.

O folheto apresenta uma prática individual enquanto um processo de resistência e revolução. Assim, como colocou Patrícia Hill Collins, a autodefinição do "eu" é um processo fundamental para mudanças coletivas dentro das comunidades negras. O caminho para empoderar-se passa diretamente pela construção e ressignificação das imagens construídas em relação aos nossos corpos, é preciso repensar tudo que falaram sobre nós. Ressignificando essas imagens, Jarid Arraes atrela o cabelo crespo a atributos a ele negados com versos que trazem as afirmativas de que:

> Acho lindo esse cabelo
>
> Bem armado, bem altão
>
> Seja com cacho formado
>
> Seja bem mais encrespado
>
> Uma linda inspiração.

Os cabelos cacheados e crespos, que aparecem de forma recorrente de forma negativa, ganham adjetivos de "lindos" e mantêm suas características de "bem armado, bem altão". Cabelos que durante muitas décadas não foram postos enquanto referencial de beleza aparecem como "uma linda inspiração". Arraes prossegue:

Coisa linda é o cabelo

Todo livre e natural

Coisa bela a cabeleira

Armada e fenomenal

Chama muita atenção

Pela sua afirmação

Com um profundo ideal.

Além dos atributos de beleza atrelados ao cabelo crespo, a sua relação com um ideal profundo de sujeito. Esse ideal pode ser visto como uma afirmação identitária positiva e uma imposição contra os padrões racistas determinados em relação aos corpos negros. Denise Santos classificou, enquanto *paradigma do cabelo* crespo, o processo de ressignificação e construção de uma identidade positiva em torno do cabelo ao demarcar a década de 1960 enquanto um momento catalisador de exaltação dos traços culturais negros e o surgimento do movimento *black power*, que trouxe o cabelo enquanto um símbolo político[352]. Segundo a historiadora, na luta por direitos civis, os membros do movimento *black power* traziam um discurso de valorização étnica, pois possuíam preocupações em relação à autoestima da população negra, algo que é possível constatar nos próprios discursos dos Panteras Negras, por exemplo.

No texto de 1968, publicado pelo grupo e intitulado "A mulher preta", assinado por alguém que se intitula um revolucionário preto, encontramos um panorama da relação entre beleza e gênero dentro do espaço de militância. Eles apresentam o reconhecimento da beleza física negra como uma forma de despertar da consciência para outras camadas da vida, nos manifestos a mulher negra tem a atribuição de representar a comunidade e ser referência para "seu homem e filhos"[353]. Embora o texto reforce, em

---

[352] SANTOS, D. B. dos, 2019.

[353] SAMYN, Henrique Marques (org.). **Por uma revolução antirracista**: uma antologia de textos dos Panteras Negras (1968-1971). Rio de Janeiro: Edição do autor, 2018. p. 189.

muitos momentos, que é um dever da mulher negra encontrar e desvelar a beleza para estimular os homens (filhos e parceiros)[354], ele dá-nos um panorama de como a relação estética é importante dentro do movimento:

> Agora, é tempo de a mulher preta usar a própria imaginação e estilo. Hoje, a mulher preta está vendo a beleza que jaz dentro de si. A beleza natural de sua mente, de seu cabelo e de seu corpo. É como se uma semente que foi plantada estivesse nos estágios iniciais de seu crescimento[355].

Em muitos discursos, notas e comunicados, vemos a presença do campo estético na fala dos Panteras Negras. Assumir os cabelos, a cor, os traços é um processo de autodefinir todas as imagens estipuladas pela branquitude sobre esses corpos, assim, o cabelo emerge como um forte símbolo de resistência. É nesse sentido que o *black power* aparece no folheto de Jarid Arraes, como um símbolo de resistência e resiliência que possui todo um conjunto de significados:

> E o black muito power
>
> Na altura é resistência
>
> O sinal de uma certeza
>
> Grande de resiliência
>
> O volume vai garfando
>
> E o poder vai aumentando
>
> Com imensa eficiência.

Como vemos, o cabelo tem um papel na constituição da autoestima, o cabelo crespo será relacionado ao poder negro. No Brasil, temos, na terceira fase dos movimentos negros[356], o surgimento da relação estética e

---

[354] No texto, a mulher negra é vista como a "luz" dessa comunidade negra, ao passo que revela a importância da mulher negra dentro da comunidade negra, ele revela também alguns papéis de gênero atribuídos à mulher dentro do partido. A mulher negra é posta como inspiração e a ela cabe o dever de educar, criar e trazer consciência aos homens negros, inclusive seus companheiros, com esse sendo o objetivo principal de sua mudança, chegando a afirmar que, após sua mudança, "Ela então se torna uma artista, *existindo unicamente para o objetivo de ajudar o homem preto* a alcançar o auge de sua ambição". Se temos por um lado um texto que revela problemas perceptíveis em relação ao papel da mulher negra, por outro, o texto contribui para refletir sobre algo que as feministas negras refletiram e que abre este capítulo, é o fato de que quando estamos falando do empoderamento das mulheres negras, inclusive no campo estético, estamos ao mesmo tempo falando de processos individuais com grande impacto na comunidade negra (SAMYN, 2018, p. 188-189).

[355] SAMYN, 2018, p. 188-189.

[356] Segundo Domingues (2007), a terceira fase do Movimento Negro Brasileiro se dá com o processo de reabertura política e o fim da ditadura civil-militar brasileira que perdurou durante 21 anos e foi um forte desestabilizador dos movimentos sociais. A terceira fase se daria no eixo de tempo entre 1978 até os anos 2000.

política partindo da valorização dos símbolos associados à cultura negra (capoeira, samba, religiões de matriz africana, sobretudo o candomblé)[357]. Com forte referência do afrocentrismo, os movimentos por direitos civis estadunidenses e as lutas pela descolonização africana, esse processo de valorização dos símbolos, associados à cultura negra, ganharam um grande espaço no campo da estética. Como nos traz Lélia Gonzalez, no Brasil, tivemos um grande investimento do Movimento Negro Unificado[358] ao investir nos atributos qualitativos da população, no entanto, ela dá destaque ao pioneirismo do bloco Ilê Aiyê[359] em Salvador:

> No Brasil, o bloco-afro Ilê Ayê, de Salvador, iniciou o processo de subversão cultural que resgata, dentre outros, os valores estéticos da afro-brasilidade. E a "noite da beleza negra" foi assumida por outros blocos-afro e afoxés da Bahia, assim como de outros estados, no Rio de Janeiro coube ao Odara Dudu a restituição do orgulho cultural e da criatividade estética à comunidade negra[360].

Vemos junto à Lélia que, além do *black power*, os adornos que traziam as marcas das africanidades impressas em nossa população também foram resgatados, trazendo novas cores e formas de adornar-se, a exemplo, os turbantes e penteados afro. Nesse sentido, Arraes também destaca em seu folheto essa presença:

> E aí vem mais novidade
>
> Vem resgate ancestral
>
> Vem turbante colorido

---

[357] DOMINGUES, 2007, p. 118.

[358] MNU (Movimento Negro Unificado) foi lançado em 7 de julho de 1978, em um ato público nas escadarias do teatro municipal em São Paulo. Surgiu ainda no período da ditadura militar, fruto da junção de diversas Entidades Negras contra a exploração racial e desrespeito humanos a que a população negra era submetida, como consta no primeiro documento veiculado convocando a população negra a participar do 7 de julho. No documento, aponta-se que um dos motivos da organização era protestar contra o assassinato do trabalhador negro Robson Silveira da Luz, que foi assassinado pela polícia, e também contra o Clube de Regatas Tietê, que havia barrado quatro garotos negros do time infantil. O Movimento Negro Unificado lutou contra o mito da democracia racial e tinha em suas pautas a denúncia do desemprego, subemprego, exploração social, econômica e sexual da mulher negra, contra a colonização e descaracterização de toda a cultura negra. A carta de princípios do MNU informa que a união de forças se dá para exigir a defesa do povo negro em todos os aspectos políticos, sociais, econômicos e culturais

[359] O Ilê-Aiyê é um dos blocos de carnaval mais antigos do país, foi fundado em 1974 por Antônio Carlos dos Santos e Apolônio de Jesus na cidade de Salvador, com a proposta de valorizar, preservar e expandir a cultura afro-brasileira. Hoje é considerado patrimônio cultural da Bahia, com mais de 3 mil associados.

[360] GONZALEZ, 2018, p. 296.

Vem o lenço magistral

Linda a africanidade

Construindo a identidade

De uma gente atemporal.

O turbante aparece no folheto como um processo de resgate da ancestralidade e que insere, no dia a dia das mulheres negras em diáspora, o contato com a africanidade enquanto um componente de construção identitária. Ainda em relação ao adorno, ela prossegue:

O cabelo que é bem crespo

Dá a forma ao seu turbante

Dá volume, corpo e dança

Bota um dorso deslumbrante

O formato é a beleza

Dessa negra natureza

Que se faz exuberante.

A relação da construção de uma identidade negra, que valoriza símbolos que durante séculos foram vistos como pejorativos, dá-se através dos processos de ressignificação dos símbolos pela própria população negra. Em relação ao turbante, Rodney William fala desse processo de ressignificar algo que outrora significou opressão, apresenta o fato de que, durante o período colonial, mulheres negras eram obrigadas por lei a esconder seus cabelos, ou seja, além de um hábito cultural, era um instrumento de opressão, no entanto, afirma que foi um símbolo que fora "devidamente ressignificado, de acordo com os padrões religiosos dessa população, passa a ser também um símbolo de resistência"[361].

Vemos que o uso dos turbantes, em África, passa por diversas significações e usos no Brasil. Se em um determinado período histórico o turbante foi usado para esconder os cabelos, no pós-abolição ele será visto como um dos símbolos das africanidades que precisavam ser excluídas. Assim, o resgate do uso do turbante surge como uma afirmação política, um retorno a nossas histórias ancestrais, ou melhor, uma forma de pertencimento. Em uma metáfora bastante interessante que apresenta

---

[361] WILLIAM, Rodney. **Apropriação Cultural**. São Paulo: Sueli Carneiro; Editora Jandaíra, 2019. p. 74.

o turbante enquanto uma casa, Ana Maria Gonçalves apresenta-nos a conexão do turbante entre mulheres:

> Viver em um turbante é uma forma de pertencimento. É juntar-se a outro ser diaspórico que também vive em um turbante e, sem precisar dizer nada, saber que ele sabe que você sabe que aquele turbante sobre nossas cabeças custou e continua custando nossas vidas. Saber que a nossa precária habitação já foi considerada ilegal, imoral, abjeta. Para carregar este turbante sobre nossas cabeças, tivemos que escondê-lo, escamoteá-lo, disfarçá-lo, renegá-lo. Era abrigo, mas também símbolo de fé, de resistência, de união. O turbante coletivo que habitamos foi constantemente racializado, desrespeitado, invadido, dessacralizado, criminalizado[362].

O turbante aparece, assim, enquanto elemento perpassado por grandes significados simbólicos, que foi marginalizado, racializado, dessacralizado, mas que através do processo de empoderamento da população negra, ganha significados de orgulho e diálogo através de experiências que chegaram no nosso país através da diáspora. Assim, tanto o cabelo crespo quanto o turbante se tornam ferramentas para exaltação da beleza negra. No folheto, na décima sétima septilha, a fusão entre cabelo crespo e turbante resulta em um "dorso deslumbrante":

> Dá volume, corpo e dança
>
> Bota um dorso deslumbrante

Durante muito tempo, o dorso foi visto de forma pejorativa, relacionado às religiões de matrizes africanas e afro-brasileiras. O racismo religioso operou de tal modo que a amarração dos lenços nos cabelos das mulheres de terreiro passou a ser significante de algo diabólico. Apresentar um novo olhar e atribuir os devidos significados é fundamental para combater toda a violência do racismo e busca pelo apagamento dos símbolos que trazem, assim, uma memória ancestral.

Por fim, no folheto é apresentado outro elemento que é a diversidade de penteados em relação aos cabelos cacheados e crespos. Gonzalez[363] fala-nos do resgate cultural e diversidade estética da população negra, algo que é relevante no folheto. Arraes elenca vários penteados e

---

[362] *Ibidem*, p. 75.
[363] GONZALEZ, 2018.

possíveis usos dos fios que buscam retratar a versatilidade que encontramos ao pentear-nos:

Se o desejo é variar

Você pode até trançar

Fazendo uma escultura

Que você deve mostrar

Pelas ruas da cidade

Na bonita intensidade

Dessas tranças desenhar.

[...]

E os dreads trabalhados

Com cuidado são nutridos

O cabelo é tão cheiroso

Tão bonito e aguerrido

Que delícia de opção

É o dread a emoção

Dessa gente tão querido.

Jarid Arraes opta por desmistificar a ideia de que os cabelos crespos e cacheados não possuem versatilidade e opções de múltiplas de uso, versa ainda que "O racista é muito burro; Acha que é superior; Mas não tem diversidade, Como o crespo demonstrou". O *black power*, os turbantes, as tranças e os dreads mostram as possibilidades de reinventar os penteados. Além do processo de embelezamento, a estética é uma forma de africanizar e trazer orgulho de um passado que fora tão demonizado. Assim, nas septilhas finais, a cordelista relaciona o crespo a uma coroa que vem para escurecer a beleza:

O amor pelo seu crespo

É coroa pra reinar

Imponente a aparência

Negritude a ensinar

A beleza escurecida

De orgulho fortalecida

Feita para acalentar.

Cultivar amor por algo que é recorrentemente posto como feio e com o estigma que precisa ser modificado é, de fato, um passo muito grande. Como analisa Joice Berth, o cabelo torna-se desde muito cedo um fardo muito grande a se carregar, pois independentemente das escolhas estéticas e dos cuidados tomados, "os preconceitos raciais, estereótipos e clichês que foram implantados com a finalidade de ridicularizar esse atributo"[364] permanecem solidificados no senso comum. Para a autora, ainda há um longo caminho de trabalho árduo "de ressignificação para libertar mulheres negras dessas estratégias de desqualificação da estética negra"[365]. Vemos, assim, que Arraes busca inserir seu cordel nessas formas de estratégias para inserir um novo discurso sobre o cabelo principalmente entre crianças:

Lindo é ver uma criança

Que tem black na cabeça

A menina vaidosa

Com seu black prevaleça

Tão sincera a alegria

Poderosa essa energia

Para sempre permaneça.

Joice Berth afirma ainda que os cabelos são "um importante elemento estético de autoafirmação e de cultivação do amor a própria imagem"[366]. Ter elementos que instiguem essa percepção se faz fundamental sobretudo na fase infantil que, como vimos, é um dos primeiros momentos de tensões raciais, o título já nos chama atenção por atribuir um lugar de realeza aos cabelos crespos. Pensando em meninas negras, a representatividade positiva em histórias infantis, ainda é escassa nas salas de aulas, o folheto busca construir essa imagem e encerra com os versos:

Não há nada de errado

Em ter o cabelo crespo

Pode ser bem enrolado

Ou um black de respeito

---

364 BERTH, 2018, p. 95.
365 *Ibidem*, p. 95.
366 *Ibidem*, p. 95.

Pois em terra de chapinha

Quem tem crespo é rainha

Com exuberante jeito.

A última estrofe situa o cabelo crespo no lugar de realeza, incentivando seu uso natural e o desuso de aparelhos como a chapinha. Como falamos no início desta análise, essa obra é bastante conhecida e as diversas análises apontam para sua importância e inserção na sala de aula para alcançar as crianças. Vemos que a cordelista contribui com a inserção de uma escrita didática, como é recorrente no mundo dos cordéis, e sua produção nos traz possibilidades de inserir novos olhares sobre o cabelo, principalmente em ambientes escolares.

Como aponta Dailza Lopes e Ângela Figueiredo, a relação da população negra com o cabelo crespo requer uma reflexão muito mais que estética. Embora situada no campo do indivíduo, os significados dos cabelos possuem um significado para todo o coletivo[367]. O empoderamento de mulheres negras em torno da questão estética, pode ser visto enquanto um processo necessário para as construções coletivas, como mostram as pesquisas aqui apresentadas. Sendo através dos processos de transição capilares que muitas mulheres negras adentraram os espaços públicos de militância e se reconheceram enquanto mulher negra.

Vemos, assim, que o folheto pode também cumprir um papel pedagógico, contribuindo nesse reconhecimento encontrado na beleza dos cabelos crespos, além de proporcionar uma reflexão sobre a relação entre racismo e padrões de beleza ainda vigentes na nossa sociedade, trazendo diretamente para um novo olhar sobre si e sua comunidade. Acreditamos que as políticas de empoderamento estão dando frutos em relação à autoestima e à organização política das mulheres negras, um solo que vem sendo arado há tantas décadas e que possa de fato estar pronto para ouvir o grito de liberdade de tantas mulheres.

---

[367] LOPES; FIGUEIREDO, 2018.

CONSIDERAÇÕES FINAIS

A voz da minha filha
recolhe em si
a fala e o ato.
O ontem – o hoje – o agora.
Na voz da minha filha
Se fará ouvir a ressonância.
}O eco da vida-liberdade.

(Conceição Evaristo)

Conceição Evaristo, em seu poema *Vozes-mulheres*[368], apresenta-nos uma linha do tempo das experiências de mulheres negras que vai de sua bisavó até sua filha. A voz é o elemento central que ecoa desde os lamentos de sua bisavó, a obediência de sua avó, a revolta baixinha de sua mãe, sua própria voz que ainda ecoa "versos perplexos com rimas de sangue e fome"[369] e chega na voz da sua filha, que recolhe todas essas vozes que foram silenciadas, interrompidas, engasgadas em suas gargantas e a transforma em fala, ato e resistência. É na voz da sua filha que está sendo reverberado o eco da vida-liberdade.

O poema de Evaristo não trata somente de uma experiência individual, em sua escrita é possível perceber o processo geracional e as violências coloniais, no entanto, também os processos de resistência das mulheres negras frente às formas de opressão e exploração. Os lamentos, o silêncio, os versos e agora o grito, tudo foram formas de resistir, gerar e manter outras mulheres negras. Conceição coloca em nossas mãos a nova geração de mulheres negras, o bastão da continuidade da luta de nossas antepassadas. Estamos pisando no chão arado e solidificado por nossas mais velhas e reunimos todas essas formas de resistir para tomarmos o poder de erguer nossa voz.

---

[368] EVARISTO, Conceição. **Poemas de recordação e outros movimentos.** Rio de Janeiro: Malê, 2017. p. 24-25.
[369] *Ibidem*, p. 24-25.

O ato de poder falar e também de escrever, emerge nesse contexto como um ato político e de resistência. Um rompimento de um projeto de silenciamento que é composto por "uma história de vozes torturadas, línguas interrompidas, idiomas impostos, discursos impedidos e dos muitos lugares que não podíamos entrar, tampouco permanecer para falar com nossas vozes"[370]. Grada Kilomba coloca os atos de fala e de escrita como um processo de nos tornarmos sujeitos, na medida que, quando produzimos e nos tornamos escritoras e narradoras da nossa própria história, temos a possibilidade de rompermos com as imagens nas quais o projeto colonial nos enquadrou.

É nesse contexto que analisamos o trabalho de Jarid Arraes. Compreendemos que as voltas presentes neste texto até chegarmos a sua produção são necessárias. Primeiro, porque pensarmos a categoria raça enquanto construção social, requer apontarmos os responsáveis por construí-la. Pensar os estereótipos reforçados no século XX, é entender suas razões sociais e econômicas, é também nos munir de conhecimento para compreensão de conceitos como racismo estrutural e racismo recreativo. Os estereótipos cumprem a função de marginalizar a população negra até hoje.

Outro ponto que buscamos conectar é que não há em nosso país nenhuma produção neutra ou isenta. Nosso pensamento social, nossa literatura, nosso cinema, foram e são enviesados pelo olhar da branquitude. A análise de que a literatura de cordel representa o conservadorismo nordestino e, por isso, o sexismo é notório, parece-nos limitada quando colocamos em conjunto diversas obras que fortalecem o mesmo discurso machista e sexista, produzido em outras regiões do país. Nossa conclusão é de que a mulher negra é animalizada, objetificada, diminuída em todas nossas produções de saber, os folhetos inserem-se nesse quadro nacional, sendo não só uma exclusividade dessa literatura ou de uma região. Nosso país é racista e machista.

A pesquisa nem sempre toma o rumo que planejamos e, sem dúvidas, a priori, meu desejo era falar das representações positivas e isso acabou não sendo o único objetivo da pesquisa. Nas inúmeras pesquisas e leituras, percebi que no campo historiográfico pouco foi produzido sobre racismo e cordel. Diante dessa lacuna, busquei traçar algumas análises sobre os estereótipos presentes. Não seria possível pensar a resistência, sem uma análise comparativa que mostrasse ao que estamos resistindo.

---

[370] KILOMBA, 2019, p. 27.

Os caminhos dos folhetos na atualidade são diversos e isso propiciou encontros incríveis. As mulheres que estão na cena do cordel, travam embates significativos para romper com as violências de raça, gênero e sexualidade, por isso foi preciso contextualizar a produção de Jarid Arraes no cenário mais amplo. A pesquisa tomou seu rumo e encontrou diversas vozes que se levantaram nos arquivos, nos folhetos, nas redes sociais e mostraram o caminho.

Partindo da teoria feminista negra, erguer a voz em face às opressões sofridas é resistir, é dar continuidade histórica a um grupo que durante séculos precisou fugir dos cerceamentos da voz. Falar e escrever como um ponto fundamental de tornar-se um sujeito no mundo que desumaniza e inferioriza mulheres negras. A oralidade, além de sua importância na epistemologia feminista negra, é o que deu origem à poesia de cordel, foi através das rimas, das pelejas, dos causos falados que chegamos na escrita com uma tradição de contar e preservar a história. O cordel, com suas influências diversas, tornou-se uma literatura do povo e para o povo, que comunica os problemas sociais, ainda assim, diverte. É informação e lazer.

Unindo a tradição oral do cordel com a epistemologia feminista negra, Arraes proporciona-nos emergir em uma literatura política e que tem um compromisso social com a história da população negra. Como vimos em seu folheto "Feminismo Negro", as mulheres negras enfrentaram diversas barreiras até se estabelecerem enquanto um movimento autônomo. As intersecções de raça, classe e gênero, colocam-na nos piores índices sociais. Resgatar o processo de luta dessas mulheres se apresenta como um ato de resistir. A cordelista apresenta-nos intelectuais como Lélia Gonzalez e Sueli Carneiro, faz-nos mergulhar em seus posicionamentos e relevância; no folheto, ouvimos não só a voz de Arraes, mas também diversas "vozes-mulheres".

As análises de "Não me chame de Mulata" e "Meu crespo é de rainha" nos traz questões sensíveis de forma didática. A negação da identidade negra diluída em um morenismo e mulatismo, fragmentou a união de lutas dentro da população negra (pretos e pardos de acordo com o censo brasileiro), resgatar o orgulho de sua identidade racial e negar a violência de termos como o "mulata", que apresenta uma intensa carga pejorativa, é um processo de redefinir o olhar sobre si, daí a ligação com "meu crespo é de rainha". A redefinição estética é fundamental na construção de identidades positivas.

Se olharmos para a história dos movimentos negros, a beleza sempre foi uma questão importante. Na medida que se constrói uma população como o outro negativo, rever essas ideias se torna um compromisso do movimento. A branquitude, no seu egocentrismo, autodefiniu-se como detentora de todas as qualidades, o centro do mundo, das luzes. Assim, as qualidades de saber, beleza e cultura foram tomadas por um grupo racial e se estabeleceram enquanto padrão para outras culturas, assim tudo o que destoasse era visto como primitivo, feio e passível de mudança[371]. Ramón Grosfoguel afirma que o racismo e sexismo epistêmico fundamentaram nossas bases de ver e entender o mundo:

> O racismo/sexismo epistêmico é um dos problemas mais importantes do mundo contemporâneo. O privilégio epistêmico dos homens ocidentais sobre o conhecimento produzido por outros corpos políticos e geopolíticos do conhecimento tem gerado não somente injustiça cognitiva, senão que tem sido um dos mecanismos usados para privilegiar projetos imperiais/coloniais/patriarcais no mundo. A inferiorização dos conhecimentos produzidos por homens e mulheres de todo o planeta (incluindo as mulheres ocidentais) tem dotado os homens ocidentais do privilégio epistêmico de definir o que é verdade, o que é a realidade e o que é melhor para os demais[372].

Foram essa legitimidade e esse monopólio do conhecimento que justificaram os genocídios e epistemicídios de diversos grupos sociais. A detenção da verdade, do fazer histórico, do falar e escrever de maneira universalista, desenvolveu processos científicos racistas e que buscaram justificar as formas de exploração e exclusão. Erguer-se contra essa estrutura que promove essas hierarquias sociais se faz cada vez mais urgente e, para isso, é necessário confrontar-se e pagar as contas com a história. Nossa escolha de dividir este livro em três partes possuiu esse objetivo, denunciar as estruturas racistas e sexistas na produção intelectual e artística no Brasil, apresentar a permanência desses aspectos na literatura de cordel e seguir pensando nos processos de rupturas.

A inserção de novos atores sociais está permitindo uma revolução na construção epistemológica no país. É reescrita a história por um olhar

---

[371] ALMEIDA, Silvio. **O que é racismo estrutural**. Belo Horizonte: Letramento, 2018.

[372] GROSFOGUEL, Ramón. A estrutura do conhecimento nas universidades ocidentalizadas: racismo/sexismo epistêmico e os quatro genocídios/epistemicídios do longo século XVI. **Revista Sociedade e Estado**, v. 31, n. 1, 2016. p. 25.

visto de baixo, apresentando o protagonismo negro e confrontando as análises postas sobre esses sujeitos. O cordel insere-se nesse movimento de renovação. Situando os folhetos nesse processo, deparamo-nos com a produção de mulheres questionando a lógica patriarcal, heterossexista e racista; Jarid Arraes situa-se nessa nova geração de cordelistas que propõem mudanças.

Por fim, os folhetos possuem um potencial pedagógico que, sendo explorado em sala de aula, pode despertar interesse e questionamento, nesse quesito esperamos ter contribuído para o destrinchar dos aspectos históricos do folheto. Nossa análise parte da história e do importante diálogo com a literatura. Observando as ausências do debate racial do cordel no campo da história, que inserimos nossas análises. Desse modo, quando Conceição Evaristo[373] coloca que é na voz da sua filha que "Se fará ouvir a ressonância. O eco da vida-liberdade", esperamos estar entre uma das vozes dessas filhas de nossas mais velhas e que façamos ouvir nosso grito de liberdade.

---

[373] EVARISTO, 2017, p. 24-25.

REFERÊNCIAS

ABREU, Márcia. **História de cordéis e folhetos**. São Paulo: Editora Mercado de Letras, 1999.

AKOTIRENE, Carla. **Interseccionalidade**. São Paulo: Sueli Carneiro; Pólen, 2018.

ALMEIDA, Silvio. **O que é racismo estrutural**. Belo Horizonte: Letramento, 2018.

ARAÚJO, Joel Zito. O negro na dramaturgia, um caso exemplar da decadência do mito da democracia racial brasileira. **Estudos Feministas**, Florianópolis, 2008, p. 979-995.

ARRAES, Jarid. **As lendas de Dandara**. São Paulo: Cultura, 2016a.

ARRAES, Jarid. Entrevista com a cordelista e escritora Jarid Arraes. [Entrevista cedida a] **Camtra** – Casa da Mulher Trabalhadora, 28 jun. 2016b. Disponível em: https://camtra.org.br/entrevista-com-a-cordelista-e-escritora-jarid-arraes/. Acesso em: 6 de set. 2021.

ARRAES, Jarid. **Heroínas negras brasileiras em 15 cordéis**. São Paulo: Pólen, 2017a.

ARRAES, Jarid. Jarid Arraes: "Podemos e precisamos contar a nossa história". [Entrevista cedida a] SILVA, Jonatan. **Colégio Medianeira**, Curitiba, 31 out. 2017b. Disponível em: https://www.colegiomedianeira.g12.br/entrevista-jarid-arraes/. Acesso em: 6 set. 2021.

ARRAES, Jarid. **Um buraco com meu nome**. São Paulo: Jandaíra, 2018.

ARRAES, Jarid. **Redemoinho em dia quente**. Rio de Janeiro: Alfaguara, 2019.

A URGÊNCIA da "interseccionalidade". Kimberlé Crenshaw, **TED Women**, out. 2016. 1 vídeo (18 min). Disponível em: https://www.ted.com/talks/kimberle_crenshaw_the_urgency_of_intersectionality?language=pt-br#t-407955. Acesso em: 6 nov. 2021.

AZEVEDO, Celia Maria Marinho de. **Onda negra, medo branco**: o negro no imaginário das elites – século XIX. Rio de Janeiro: Paz & Terra, 1987.

BABHA, Homi. **O local da cultura**. Tradução de Myriam Avila, Eliane Livia Reis e Glauce Gonçalves. Belo Horizonte: Editora UFMG, 1998.

BARRETO, Raquel. Lélia Gonzalez, uma intérprete do Brasil. *In*: **Primavera para as rosas negras**: Lélia Gonzalez em primeira pessoa. Diáspora Africana: Editora Filhos da África, 2018.

BASTIDE, Roger; FERNANDES, Florestan. **Brancos e negros em São Paulo**: Ensaio sociológico sobre aspectos da formação, manifestações atuais e efeitos do preconceito de cor na sociedade paulistana. São Paulo: Global, 2008.

BERTH, Joice. **O que é empoderamento**. Belo Horizonte: Letramento, 2018.

BUENO, Winnie. **Imagens de Controle**: um conceito do pensamento de Patrícia Hill Collins. Porto Alegre: Editora Zouk, 2020.

CALDWELL, Kia Lilly. Fronteiras da diferença: raça e mulher no Brasil. **Revista Estudos Feministas**, v. 8, n. 2, 2000.

CAMPOS, Deivison Moacir Cezar de. **O Grupo Palmares (1971-1978)**: um movimento negro de subversão e resistência pela construção de um novo espaço social e simbólico. Dissertação (Mestrado em História), 2006.

CÂNDIDO, Márcia Rangel; FERES JÚNIOR, João. Representação e estereótipos de mulheres negras no cinema brasileiro. **Revista Estudos Feministas**, v. 27, n. 2, 2019.

CARDOSO, Lourenço. Retrato do branco racista e anti-racista. **Revista Reflexão e Ação**, v. 1, n. 18, p. 46-76, 2010.

CARDOSO, Lourenço. **O branco ante a rebeldia do desejo**: um estudo sobre o pesquisador branco que possui o negro como objeto científico. Curitiba: Appris, 2020.

CARNEIRO, Sueli. Gênero, Raça e Ascensão Social. **Revista Estudos Feministas**, v. 3, n. 2, p. 544-552, 1995.

CARNEIRO, Sueli. **Escritos de uma vida**. São Paulo: Editora Jandaíra, 2020.

CARNEIRO, Sueli. Mulheres em movimento. **Revista Estudos Avançados**, v. 17, n. 49, 2003.

CARVALHO, Noel dos S. O negro no cinema brasileiro: O período silencioso. **Plural**, v. 10, p. 155-179, 2003.

CARVALHO, Noel dos S.; DOMINGUES, Petrônio. A representação do negro em dois manifestos do cinema Brasileiro. **Estudos Avançados**, v. 31, n. 89, p. 377-394. ISSN: 1806-9592.

CARVALHO, Reinaldo. F. **"Cordel, Almanaques e Horóscopos"**: erudição dos folhetos populares em Juazeiro do Norte-CE (1940 – 1960). 2008. Dissertação. (Mestrado em Histôra) – Programa de Pós-graduação em História, Universidade Estadual do Ceará, Fortaleza, 2008.

CARVALHO, Gislene; OLIVEIRA, Letícia. Feminismo negro na poesia de cordel de Jarid Arraes. *In*: SOARES, Juliana; COSTA, Vanessa; VIERO, Felipe. **Dar-se a ver** [recurso eletrônico]: textualidades, gêneros e sexualidades em estudos da comunicação.

CAVALLEIRO, Eliane dos Santos. **Do silêncio do lar ao silêncio escolar**: racismo, preconceito e discriminação na educação infantil. São Paulo: Contexto, 2018.

COLLINS, Patricia. **Pensamento feminista**: conhecimento, consciência e a política do empoderamento. São Paulo: Boitempo, 2019.

COLLINS, Patricia; BILGE, Sirma. **Interseccionalidade.** São Paulo: Boitempo, 2021.

CORRÊA, Mariza. Sobre a invenção da mulata. **Cadernos Pagu**, p. 35-50, 1996.

CORRÊA, Mariza. **As ilusões da liberdade**: a escola Nina Rodrigues e a antropologia no Brasil. Rio de Janeiro: Editora Fiocruz, 2013.

CRENSHAW, Kimberlé. Documento para o encontro de especialistas em aspectos da discriminação racial relativos ao gênero. **Revista Estudos Feministas**, 2002.

CRUZ, Eliana Alves. Anatomia do pranto, uma poesia de Eliana Alves Cruz. **Revista Desvario**, 2021.

DALCASTAGNÈ, Regina. Entre silêncios e estereótipos: relações raciais na literatura brasileira contemporânea. **Estudos de literatura brasileira contemporânea**, v. 31, p. 87-110, 2008. Disponível em: http://seer.bce.unb.br/index.php/estudos/article/viewFile/2021/1594. Acesso em: 6 set. 2021.

DAVIS, Angela. **Mulheres, raça e classe**. São Paulo: Boitempo, 2016.

DAVIS, Angela. **Mulheres, cultura e política**. São Paulo: Boitempo, 2017.

DIAS, Maurílio Antônio. O cordel no prelo: trajetória e impressões. *In*: **Cordel nas Gerais**: Oralidade, Mídia e produção de sentido.

DOMINGUES, Petrônio José. O mito da democracia racial e a mestiçagem no Brasil (1889-1930). **Diálogos latino-americanos**, n. 10, 2005.

DOMINGUES, Petrônio. Movimento Negro Brasileiro: alguns apontamentos históricos. **Tempo**, Niterói, v. 12, n. 23, p. 100-122, 2007.

DOMINGUES, Petrônio. **Protagonismo Negro em São Paulo**: história e historiografia. São Paulo: Edições Sesc, 2019.

DOMINGUES, Petrônio. **A redescoberta da África**: O Grupo de Trabalho de Profissionais Liberais e Universitários Negros, 2020, p. 101-127.

DUSSEL, Enrique. **1492**: o encobrimento do outro: a origem do mito da modernidade: Conferências de Frankfurt. Petrópolis, RJ: Vozes, 1993.

E NÃO SOU uma mulher? – Sojourner Truth. **Portal Geledés**, 8 jan. 2014. Disponível em: https://www.geledes.org.br/e-nao-sou-uma-mulher-sojourner-truth/. Acesso em: 8 set. 2021.

EVARISTO, Conceição. Literatura negra: uma poética de nossa afro-brasilidade. Belo Horizonte, v. 13. n. 25, p. 17-31, 2009.

EVARISTO, Conceição. **Poemas de recordação e outros movimentos**. Rio de Janeiro: Malê, 2017.

FAGUNDES, Ana Maria; GOMES, Flávio. Por uma "anthologia dos negros modernos": notas sobre cultura, política e memória nas primeiras décadas republicanas. **Revista Universidade Rural**: Série Ciências Humanas, Seropédica, Rio de Janeiro, v. 29, n. 2, p. 72-88, 2007.

FANON, Frantz. **Pele Negra, máscaras brancas**. Salvador: EDUFBA, 2008.

FAUSTINO, Deivison. Frantz Fanon, a branouitude e a racialização: aportes introdutórios a uma agenda de pesquisas. *In*: MULLER, Tânia; CARDOSO, Lourenço (org.). **Branquitude** - estudos sobre identidade branca no Brasil. Curitiba: Appris, 2007. p. 134-149.

FEIJÓ, Janaína. A mulher negra no mercado de trabalho. **FGV**, Blog do Ibre, 26 jul. 2021. Disponível em: https://blogdoibre.fgv.br/posts/mulher-negra-no-mercado-de-trabalho. Acesso em: 6 nov. 2021.

FERNANDES, Florestan. **A integração do negro na sociedade de classes**. São Paulo: Editora Contracorrente, 2021.

FERNANDES, Florestan. **Mudanças sociais no Brasil**. Aspectos do desenvolvimento da sociedade brasileira. São Paulo: Global, 2013.

FERREIRA, Lílian Abreu; BRAGA, Danielly Caixeta. Substâncias ativas do alisamento capilar e seus mecanismos de ação. **Eletronic Journal of Pharmacy**, v. XIII, n. 2, p. 56-63, 2016.

FONSECA, Maria Gislene Carvalho. Movimento Cordel Sem Machismo: as transformações do cordel no ambiente das redes sociais online. **Intercom** – Sociedade Brasileira de Estudos Interdisciplinares da Comunicação 43º Congresso Brasileiro de Ciências da Comunicação – VIRTUAL – 1º a 10 dez. 2020. p. 1-14.

FREIRE, Paulo. **Conscientização**: teoria e prática da libertação: uma introdução ao pensamento de Paulo Freire. São Paulo: Cortez & Moraes, 1979.

FREYRE, Gilberto. **Casa Grande & Senzala**. São Paulo: Global, 2006.

FURTADO, Celso. **Formação econômica do Brasil**. São Paulo: Companhia Editora Nacional: Publifolha, 2000.

GALVÃO, Ana Maria de Oliveira. **Cordel**: leitores e ouvintes. Belo Horizonte: Autêntica, 2006.

GONÇALVES, Bianca M. Por uma História de Cordel: Entrevista com Jarid Arraes. **Revista Crioula**, n. 21, p. 497-508, 2018.

GONZALES, Lélia. O movimento negro na última década. *In*: **Lugar de Negro**. Rio de Janeiro: Marco Zero, 1982.

GONZALEZ, Lélia. **Primavera para as rosas negras**: Lélia Gonzalez em primeira pessoa. Diáspora Africana: Editora Filhos da África, 2018.

GOMES, Nilma Lino. Educação, identidade negra e formação de professores/as: um olhar sobre o corpo negro e o cabelo crespo. Desigualdades raciais na escola. **Educ. Pesqui.**, v. 29, n. 1, jun. 2003.

GOMES, Nilma Lino. **Sem perder a raiz**: corpo e cabelo como símbolos da identidade negra. Belo Horizonte: Autêntica Editora, 2019.

GRILLO, Maria Ângela de Faria. Evas ou Marias? As mulheres na literatura de cordel: Preconceitos e estereótipos. **Esboços**, Florianópolis, v. 14, n. 17, 2007.

GRIJÓ, Wesley Pereira; SOUSA Adam Henrique Freire. O negro na telenovela brasileira: a atualidade das representações. **Estudos em Comunicação**, n. 11, p. 185-204, 2012.

GROSFOGUEL, Ramón. A estrutura do conhecimento nas universidades ocidentalizadas: racismo/sexismo epistêmico e os quatro genocídios/epistemicídios do longo século XVI. **Revista Sociedade e Estado**, v. 31, n. 1, p. 25-49, 2016.

HAMILTON Mourão diz que não existe racismo no Brasil. **DW**, 20 nov. 2020. Disponível em: https://www.dw.com/pt-br/hamilton-mour%C3%A3o-diz-que--n%C3%A3o-existe-racismo-no-brasil/a-55682037. Acesso em: 6 out. 2021.

hooks, bell. **Olhares negros**: raça e representação. São Paulo: Elefante, 2019.

HOLLANDA, Heloísa. B. de. **Pensamento feminista brasileiro**: Formação e contexto. Bazar do Tempo, 2019.

JESUS, Carolina Maria de. **Diário de Bitita**. Rio de Janeiro: Nova Fronteira, 1986.

KILOMBA, Grada. **Memórias da plantação**: episódios de racismo cotidiano. Rio de Janeiro: Cobogó, 2019.

LUCAS, Alexandre. Hamurábi Batista – Um artista ponteiro. **Blog do Crato**, 2011. Disponível em: http://blogdocrato.blogspot.com/2011/01/hamurabi-batista-um--artista-ponteiro.html. Acesso em: 6 set. 2021.

LUYTEN, Joseph M. F. Feminismo versus machismo: autoras mulheres na literatura de cordel. *In*: MELO, José Marques de; GOBBI, Maria Cristina; BARBOSA, Sérgio (org.). **Comunicação Latino-Americana**: o protagonismo feminino. São Bernardo do Campo: Catedra Unesco/Umesp/Fai, v. 1, p. 141-155, 2003.

LOPES, Dailza; FIGUEIREDO, Ângela. Fios que tecem a história: o cabelo crespo entre antigas e novas formas de ativismo. **OPARÁ**, v. 5, p. 1-17, 2018.

MATOS, Edilene. Literatura de Cordel: poética, corpo e voz. *In*: MENDES, Simone. **Cordel nas Gerais**: Oralidade, Mídia e produção de sentido. Rio Grande do Sul: Expressão Gráfica, 2010.

MAXADO, Franklin. **Sitientibus**, Feira de Santana, n. 12, p. 93-100, 1994.

MBEMBE, Achille. **Crítica da razão negra**. Lisboa: Antígona, 2014.

MBEMBE, Achille. **Necropolítica**: biopoder, soberania, estado de exceção, política da morte. São Paulo: 1 Edições, 2018.

MELO, Rosilene Alves de. **Arcanos do verso**: trajetórias da literatura de cordel. Rio de Janeiro: 7 Letras, 2010.

MENDES, Sandileuza Pereira da Silva. **A mulher na poesia de cordel de Leandro Gomes de Barros**. 2009. Dissertação (Mestrado em Letras) – Programa de Pós-Graduação em Letras, Universidade Federal do Espírito Santo, Vitória, 2009.

MOURA, Clóvis. **O preconceito de cor na literatura de cordel**: tentativa de análise sociológica. São Paulo: Resenha Universitária, 1976.

MOURA, Clóvis. **As injustiças de clio**: O negro na historiografia brasileira. Belo Horizonte: Nossa Terra, 1990.

MOURA, Clóvis. **Sociologia do Negro Brasileiro**. São Paulo: Perspectiva, 2019.

MOURA, Clóvis. **Dialética Radical do Brasil Negro**. São Paulo: Anita Garibaldi, 2020.

MORRISON, Toni. **A origem dos outros**: seis ensaios sobre racismo e literatura. São Paulo: Companhia das Letras, 2019.

MUNANGA, Kabengele. Uma abordagem conceitual das noções de raça, racismo, identidade e etnia. *In*: SEMINÁRIO NACIONAL RELAÇÕES RACIAIS E EDUCAÇÃO, PENESB, 3, 2003, Rio de Janeiro. **Anais [...]**. Rio de Janeiro: [*s. n.*], 2003. Disponível em: https://www.geledes.org.br/wp-content/uploads/2014/04/Uma-abordagem-conceitual-das-nocoes-de-raca-racismo-dentidade-e-etnia.pdf. 2003. Acesso em: 15 set. 2021.

MUNANGA, Kabengele. **Negritude**: usos e sentidos. São Paulo: Ática, 1988.

MUNANGA, Kabengele. **Rediscutindo a Mestiçagem**: identidade nacional versus identidade negra. Belo Horizonte: Autêntica Editora, 2019.

NGOZI, Chimamanda Adichie. **O perigo de uma história única**. São Paulo: Companhia das Letras, 2019. p. 26.

NASCIMENTO, Abdias. **O genocídio do Negro Brasileiro**: processo de um racismo mascarado. São Paulo: Perspectiva, 2016.

NASCIMENTO, Beatriz. **Beatriz Nascimento, Quilombola e Intelectual**: Possibilidade nos dias de destruição. Diáspora Africana: Editora Filhos da África, 2019.

NASCIMENTO, Jairo Carvalho. **Erotismo e relações raciais no cinema brasileiro**: A pornochanchada em perspectiva histórica. Tese (Doutorado em História). Programa de Pós-Graduação em História da Universidade Federal da Bahia, 2015.

OLIVEIRA, Joana. Jarid Arraes, a "jovem mulher do sertão" que faz literatura retirante. **El País**, 21 jul. 2019. Disponível em: https://brasil.elpais.com/brasil/2019/07/16/cultura/1563309707_729625.html. Acesso em: 8 set. 2021.

OLIVEIRA, Letícia Fernanda da Silva. **De mártir a meretriz**: Figurações da mulher na Literatura de Cordel (1900-1930). 2017. 192 f. Dissertação (Mestrado Acadêmico em Letras) – Faculdade de Ciências e Letras, Universidade Estadual Paulista "Júlio de Mesquita Filho", Assis, 2017.

PAIXÃO, Marcelo; GOMES, Flávio. História das diferenças e das desigualdades revisitadas: notas sobre gênero, escravidão, raça e pós-emancipação. **Revista Estudos Feministas** [on-line], v. 16, n. 3, p. 949-969, 2008.

PESAVENTO, Sandra Jatahy. História & literatura: uma *velha-nova* história. Nuevo Mundo Mundos Nuevos [En ligne], Débats, mis en ligne le 28 janvier 2006, consulté le 14 octobre 2021. URL: http://journals.openedition.org/nuevomundo/1560.

PROENÇA FILHO, D. A trajetória do negro na literatura brasileira. **Estudos Avançados**, v. 18, n. 50, p. 161-193, 2004. Disponível em: https://www.revistas.usp.br/eav/article/view/9980. Acesso em: 5 out. 2021.

PINHO, Osmundo de A. **O efeito do sexo**: políticas de raça, de gênero e miscigenação. Unicamp, 2004.

QUEIROZ JÙNIOR, Teófilo de. **O preconceito de cor e a mulata na literatura brasileira**. São Paulo: Ática, 1982.

QUINTELA, Vilma Mota. **Literatura de cordel**: ensaios. 1996. Dissertação (Mestrado em Teoria Literária) – Instituto de Estudos da Linguagem da Universidade Estadual de Campinas, Campinas, 1996.

RAMOS, Alberto Guerreiro. Patologia social do "branco" brasileiro. *In*: GUERREIRO RAMOS, Alberto. **Introdução crítica à sociologia brasileira**. Rio de Janeiro: Editora UFRJ, 1957.

RIBEIRO, Djamila. **O que é lugar de fala**. Belo Horizonte: Letramento: Justificando, 2017.

RIBEIRO, Christian. Aspectos da quilombagem intelectual de Clóvis Moura: Marxismo e culturalismo no livro "O Preconceito de Cor na Literatura de Cordel". **Cadernos Cemarx**, Campinas, SP, n. 14, C 1-19, e021012, 2021. p. 12.

RODRIGUES, Cristiano Santos; PRADO, Marco Aurélio M. Movimento de Mulheres Negras: Trajetória política, práticas mobilizatórias e articulações com o estado brasileiro. **Psicologia & Sociedade**, v. 22, n. 3, p. 445-456, 2010.

RODRIGUES, João Carlos. **O negro brasileiro e o cinema**. Rio de Janeiro: Pallas, 2011.

RODRIGUEZ, José R. O universal também está nas margens. *In*: BUENO, Winnie. **Imagens de Controle**: um conceito do pensamento de Patrícia Hill Collins. Porto Alegre: Editora Zouk, 2020.

SAMYN, Henrique Marques. Negritude e gênero no cordel: ensaio sobre as "heroínas negras" de Jarid Arraes. **Macabéa** – Revista Eletrônica do Netlli, v. 5, n. 2, p. 92-102, jul.-dez. 2016.

SAMYN, Henrique Marques (org.). **Por uma revolução antirracista**: uma antologia de textos dos Panteras Negras (1968-1971). Rio de Janeiro: Edição do Autor, 2018.

SANTANA, Jiliane Movio. **Heroínas Negras Brasileiras, de Jarid Arraes**: perspectivas dos feminismos descoloniais na narrativa de cordel. Dissertação (Mestrado em Linguagens) – Pós-Graduação em Estudos de Linguagens, Universidade Tecnológica Federal do Paraná.

SANTIAGO, Bruna. **O pensamento de Angela Davis**: perspectivas de liberdade e resistência. Belo Horizonte: Letramento, 2021.

SANTIAGO, Bruna Gabriella Santiago; ARAUJO, Manuela Aguiar Damião de; SPOSATO, Karyna Batista. "Eu, empregada doméstica": as reminiscências da escravização no emprego doméstico no Brasil. **Revista de Direito**, Viçosa, v. 13, n. 2, p. 1-25, 2021. ISSN 2527-0389.

SANTOS, Denise Bispo dos. **Para além dos fios**: cabelo crespo e identidade negra feminina na contemporaneidade. Dissertação (Mestrado em História), 2019.

SANTOS, Francisca Pereira dos. **Graphos**, João Pessoa, v. 8, n. 1, jan./jul. 2006.

SANTOS, Francisca Pereira dos. Poéticas das vozes e das memórias. *In:* MENDES, Simone. Cordel nas Gerais: Oralidade, Mídia e produção de sentido. Rio Grande do Sul: Expressão Gráfica, 2010.

SANTOS, Francisca dos. Cantadoras e repentistas do século XIX: a construção de um território feminino. **Estudos de Literatura Brasileira Contemporânea**, n. 35, p. 207-249, 2010.

SANTOS, Joel Rufino dos. **O que é racismo**. São Paulo: Abril Cultural Brasiliense, 1984.

SILVA, Michelle Ramos. **Cordelistas paraibanas contemporâneas [manuscrito]**: Diálogo e ruptura com a lógica patriarcal. Dissertação (Mestrado em Literatura e Interculturalidade) – Universidade Estadual da Paraíba, 2010.

SCHUCMAN, Lia Vainer. **Famílias inter-raciais**: tensão entre cor e amor. Salvador: EDUFBA, 2018.

SCHWARCZ, Lilia M. **O espetáculo das raças**: cientistas, instituições e questão racial no Brasil, 1870-1930. São Paulo: Companhia das Letras, 1993.

SCHWARCZ, Lilia M. Teorias Raciais. *In*: SCHWARCZ, Lilia M.; GOMES, Flávio dos Santos (org.). **Dicionário da Escravidão**: 50 textos críticos. São Paulo: Companhia das Letras, 2018.

SILVA, Josemar Vinicius Maiworm Abreu *et al*. Risco do uso do formol na estética capilar. **Asociación Costarricense de Medicina Legal y Disciplinas Afines**, v. 34, n. 2, Set. 2017. ISSN 1409-0015. Medicina Legal de Costa Rica - Edición Virtual.

SILVA, B. G. S.; ARAUJO, M. A. D. de; SPOSATO, K. B. "Eu, empregada doméstica": as reminiscências da escravização no emprego doméstico no Brasil. **Revista de Direito**, [*S. l.*], v. 13, n. 2, p. 1-24, 2021.

SILVA, Carolinne Mendes da. **O negro no cinema brasileiro**: uma análise fílmica de Rio, Zona Norte e A grande cidade. São Paulo: LiberArs, 2017.

SILVA, Louane Nascimento. **A representação da identidade feminina nos cordéis de Leandro Gomes de Barros (1907-1920)**. 2017. Monografia (Licenciatura em História) – Universidade Federal de Campina Grande, Paraíba, 2017.

SILVA, Michelle Ramos. **Cordelistas paraibanas contemporâneas [manuscrito]**: Diálogo e ruptura com a lógica patriarcal. Dissertação (Mestrado em Literatura e Interculturalidade) – Pró-Reitoria de Pós-Graduação, Universidade Estadual da Paraíba, 2010.

SOUSA, Francinete Fernandes de. **A mulher negra mapeada**: trajeto do imaginário popular nos folhetos de cordel. Tese (Doutorado em Letras) – Programa de Pós-Graduação em Letras da Universidade Federal da Paraíba, Paraíba, 2009.

SOUSA, Vagner Alexandre de *et al*. Toxicologia dos cosméticos: avaliação dos riscos que os produtos capilares trazem à saúde. **Visão Acadêmica**, Curitiba, v. 20, n. 4, out.- dez. 2019.

SOUZA, Neusa Santos. **Tornar-se negro**: as vicissitudes da identidade do negro brasileiro em ascensão. Rio de Janeiro: Edições Graal, 1983.

UNDER 30 2020: conheça 30 destaques brasileiros. **Forbes**, 29 dez. 2020. Disponível em: https://forbes.com.br/listas/2020/12/under-30-2020-conheca--30-destaques-brasileiros/#foto3. Acesso em: 4 set. 2021.

WILLIAM, Rodney. **Apropriação Cultural**. São Paulo: Sueli Carneiro; Editora Jandaíra, 2019.

XAVIER, Giovana. Entre personagens, tipologias e rótulos da "diferença": a mulher escrava na ficção do Rio de Janeiro do século XIX. *In*: XAVIER, Giovana; FARIAS, Juliana Barreto; GOMES, Flávio (org.). **Mulheres negras no Brasil escravista e do pós-emancipação**. São Paulo: Selo Negro, 2012.

XAVIER, Giovana. Segredos de penteadeira: conversas transnacionais sobre raça, beleza e cidadania na imprensa negra pós-abolição do Brasil e dos EUA. **Est. Hist.**, Rio de Janeiro, v. 26, n. 52, p. 429-450, jul.-dez. 2013.

XAVIER, Giovana. **História Social da Beleza Negra**. Rio de Janeiro: Rosa dos Tempos, 2021.